品牌新中国

广告、媒介与商业文化

〔美〕王瑾 著　　何朝阳 韦琳 译

Jing Wang

BRAND NEW CHINA

Advertising, Media and Commercial Culture

北京大学出版社
PEKING UNIVERSITY PRESS

北京市版权局著作权合同登记号　图字：01-2009-1675

图书在版编目（CIP）数据

品牌新中国：广告、媒介与商业文化／（美）王瑾著；何朝阳，韦琳译.
—北京：北京大学出版社，2012.10
（培文·媒介与文化译丛）
ISBN 978-7-301-21276-9

I.①品… II.①王… ②何… ③韦… III.①品牌战略-研究-中国 IV.F279.23

中国版本图书馆 CIP 数据核字（2012）第 225495 号

BRAND NEW CHINA: Advertising, Media, and Commercial Culture
by Jing Wang
Copyright © 2008 by the President and Fellows of Harvard College
Published by arrangement with Harvard University Press
Simplified Chinese translation copyright © 2012
by Peking University Press
ALL RIGHTS RESERVED

书　　　名：	品牌新中国：广告、媒介与商业文化
著作责任者：	［美］王瑾 著　何朝阳 韦琳 译
责 任 编 辑：	黄敏劼
标 准 书 号：	ISBN 978-7-301-21276-9/G·3506
出 版 发 行：	北京大学出版社
地　　　址：	北京市海淀区成府路 205 号　100871
网　　　址：	http://www.pup.cn　电子信箱：pw@pup.pku.edu.cn
电　　　话：	邮购部 62752015　发行部 62750672　编辑部 62750712　出版部 62754962
印　 刷 者：	三河市欣欣印刷有限公司
经　 销 者：	新华书店
	890 毫米×1240 毫米　A5　10 印张　262 千字
	2012 年 10 月第 1 版　2012 年 10 月第 1 次印刷
定　　　价：	36.00 元

未经许可，不得以任何方式复制或抄袭本书之部分或全部内容。
版权所有，侵权必究。举报电话：010-62752024　电子信箱：fd@pup.pku.edu.cn

目 录

中文版序言	陈刚	1
英文版序言		3

导　论　建构中国广告 ... 1
　广告媒介 ... 5
　金领，蓝领及其他"领" ... 8
　主流消费者："面子"消费、安全诉求与民族主义基调 ... 14
　品牌塑造 ... 19
　网络广告和用户生成内容（UGC） ... 24
　本书各章概览 ... 29

第一章　本土内容 ... 32
　相反的趋势——本土化 ... 32
　WTO 倒计时 ... 36
　"本土"，构建而成 ... 47
　本土意识形态：中国特色的低端本土主义 ... 53

第二章　定位新现代女孩 ... 61
　贝克啤酒 ... 62
　第五季 ... 64
　有关"酷儿"的一切 ... 65

舒而美：新现代女孩	68
360度品牌管家	74
高洁丝和红点战役	79
论实地调查与生产者/消费者二分法	87
跨国广告与本土—全球问题	91

第三章　协作之声与合资品牌　96

向上、向下与交叉	100
合资品牌与"中国身份"问题	101
娃哈哈模型：品牌家族	105
达能方程式	111
可口可乐与宝洁	114
品牌中国？萨奇·萨奇之远见与北京共识	117

第四章　讲故事与企业品牌塑造　126

"我从未说过海尔和联想不是品牌"	127
企业文化与组织叙事：海尔之路	128
联想有争议的历史以及互联网上的故事叙述	139

第五章　中国有波波族吗？　155

波波热	157
论争：打破波波族的幻想	161
寻找"中产阶级"	163
阶级还是品味：信念飞跃	167
作为细分市场的波波族	169
米歇尔·马费索利和部落范式	172
新新人类：东亚环境	175
替代结论：Sammy视角，香港风格	179

第六章　Hello Moto：青年文化与音乐营销　　183
《手机》　　184
开创移动音乐　　185
从音乐文化到青年文化　　188
摩托罗拉和中国的移动数据　　189
"Hello Moto"　　197
另类青年与朋克综合症：民族志学解读　　200
数码照片叙述与"安全酷"　　204
亚文化与部落文化　　214

第七章　中央电视台与广告媒体　　217
电视内容产业：部分商业化　　219
82号文件：政策上的里程碑　　223
中央电视台广告拍卖：一场垄断游戏？　　229
所有的标王都哪儿去了？　　230
电视观众研究：反垄断的媒体组合策略　　235
省级卫星电视网：联合阵线的故事　　239
电视剧：一种广告媒介和品牌化娱乐　　246

结　论：奥运会倒计时　　255
威汉：西方遇见东方　　256
体育营销与娱乐营销　　259
德诺美和社会网络　　264
创意文化与知识共享　　267
消费者遇到技术、理论遇到方法之处　　270

参考文献　　277
致　谢　　298

中文版序言

这是一本值得细读的关于中国广告的书。

我敬佩作者的学术精神和学术态度。本书对有关中国广告业的发展、品牌、市场消费以及媒体研究的诸多资料进行了工作量很大的收集和梳理。在本书的每一个观点背后，都有充分的数据和资料进行支持。而且，为了进行研究，作者在北京奥美工作了两个夏天，利用这个机会，作者对中国的广告公司、广告主和媒体有了非常多的接触和较广泛的了解。对广告运作的具体环节及中国的广告活动和广告现象，有了更深刻的感受和体验，当然也使作者对研究的对象和方法有了远远超过一般学者的反思和拓展。

《品牌新中国》突出的学术价值正是对研究对象的重新设置，以及研究方法的批判性探索。正如作者所言，1960年代以来，文化研究学科通常将广告作为作者的"文本"来分析，为内容分析的方便必然使作为研究对象的广告文本静态化，并徘徊于本土化与全球化、消费者与生产者、抵制与操控之间的传统的过于简单的西方二元论思维。我想，作者在研究之前应该已经有了相应的假设，而通过参与式的研究，进一步明确了自己的思考，作为研究的结果，鲜明地提出要突破现有研究的瓶颈。作者强调，首先应该把广告看做生产流水线上输出的"产品"，而非简单的静态'文本',从生产过程的角度更全面地研究广告现象。而在研究方法上,强调不同的文化产业各不相同,实际上,作者发现广告并不是独立的文化产业,广告是一种依附性的营销工具,对广告的文化研究,必须接受并承认广告的这种商业营销的特质,在此前提下才有可能避免简单化的模式。而只有参与和实地调查,分析广告生产过程的诸多环节诸多因素,才能拥有分析中国广告活动和广告现象的更精细而客观的视角,而不是只围绕广告作品喋喋不休。

作者试图对2008年之前的当代中国广告业进行解释,并尝试重新建构新的分析的框架,这是一个良好的愿望和极有价值的探索。但这个过程肯定是很艰辛和漫长的。我们已经看到,作者在坚持从文化研究的角度对中国广告现象的追问路途中,向前迈进了重要的一步。

陈 刚

英文版序言

我想撰写一部有关当代中国广告著述的欲望，始于1990年代后期。当时我正在做另一个项目，偶然发现中国流行文化史上这一引人注目的现象：1988年左右，中国南、北方城市突然涌现许多多彩醒目的企业标识。那时，距"文革"之后商业广告重归中国，只有十年，而当时的电视和印刷广告，仍带着社会主义的辎重。

设想，一个保健饮料制造商，突然发现了视觉符号的货币价值！"无形资产"与喻义丰富的图像之间关系的显现，进一步触发了国内企业文化走向视觉文化。这个保健饮料制造商，就是广东省的太阳神企业。1988年，该公司导入源自日本的企业形象识别系统，强调企业的管理哲学、组织战略和视觉识别。从此，"视觉识别"这一概念风靡中国。

太阳神公司的著名标识，明亮的红色圆形背景之上嵌入形似中文汉字"人"的图标，以及它极为煽情的主题歌"当太阳升起的时候，我们的爱天长地久"，让这个保健饮料迅速家喻户晓。至1992年，太阳神已经从一个资产只有500万人民币（62.5万美元）的乡镇企业，成长为拥有10亿人民币（1.25亿美元）资产的大集团公司。其企业识别策略的巨大成功，引发其他厂商的狂热效仿。一时间，企业界言必称"形象设计"，该词甚至俨然成了风行的社会流行语。中国的大众消费者对商业符号、徽章、图标、设计专利和公司标识的价值，也开始有了日渐深入的认识。

企业标识与视觉媒介的联结，给广告和社会景观带来颠覆性冲击。几乎一夜之间，北京长安街上那些红白相间的宣传社会主义优越性的巨大布告板，被更为色彩斑斓的促销商品的广告牌比对得风头不再。我以为，后毛泽东时代，太阳神引进建立企业识别系统之举，无论是对商业文化的兴起，还是国内视觉文化的复兴，都是个分水岭式事件。我希望大家注意这样一个我们都习以为常的不自觉的错误思考方式：每当我们研究当代中国的商业影像之时，我们的注意力总是偏重媒体与广告，完全忽视了企业本身。那么，对于1992年以后的中国，我们如果对企业界的视觉转向没有应有的认识，又怎能理解"文化资本"的概念，也就是将文化象征性资本转变成经济资本这一越来越流行的说法？我撰写本书的第一个目的，就是要展示当代中国企业利益和营销信条与广告研究和品牌研究之间，所经常被人忽略的这种联结。

撰写这样一本书有很多困难。广告业界通常对学术研究者紧闭大门，我首先得排除障碍，寻求进入其中的途径。当我意识到这个"研究领域"不只单纯覆盖到广告业，而且也是处于媒体业和企业界的交叉点时，我的计划变得更加复杂。由此，我须考察此二毗邻行业，并绘制三者间产生的复杂的动态情势——此为本书的第二目的。

我的第三个目的，是试图开拓学术界与广告业界之间的交流，并以在这两个领域之间"居中"、流动式的视角进行写作。自2002以来，我纵览了美国商业学院教授的有关品牌和品牌塑造的文献资料，并苦读文化研究领域中那些视广告不过是平面"文本"的开拓性理论著作。我还有幸阅览了很多亚洲的平面广告与电视广告。这些缜密演练，让我对广告有了深刻的书本上的认识。但只有广告公司才能提供我渴望获得的业界知识。很庆幸，2002年和2004年两个夏天，我获得去国际广告公司奥美（Ogilvy & Mather）北京分公司工作的机会。在奥美，我获得了从头至尾全程的品牌塑造的实际操作经验。我还利用自己在公司的特惠职位之便，搜寻能引起一线广告人关心的业界论题。我似乎过着双重生活，身为学术评论家，亦深处公司每日危机四伏的日常业务之中。

文化研究学科，通常将广告作为作者的"文本"来分析，为内容分析之便而将之静态化。但我欲视广告为生产流水线上输出的"产品"，而非简单的"文本"，其动态特征，也只有通过现场实地调查、亲身参与方能洞悉。这是本书第四个目的，或许也是本书最难但却最有趣的地方。我首先思考以生产为中心的种种议题，尤其是品牌塑造的过程，而不是解释广告中的文化的表象是什么。这个方法论极为重要，可以使我们把广告研究以及流行文化研究从以表征（representation）问题为重的方法论转向成为对文化生产过程的分析与研究。

长期以来，传统的知识分子居高临下地批评商业文化"卑贱"，谴责消费是"大众欺骗"。但若未开始研究之前就认定商业文化绝对的负面价值，怎么可能对其做出符合实际的评价？而我们做研究时如果在某种程度上从企业视角来审视问题，是否还有可能保持文化批评者的立场？我希望自己能超越1960年代文化研究的思维模式，即"生产者（即欺骗者）"与"消费者（即受害者）"相对抗的二元论，和其他志同道合的研究者共同寻求新的方法论。社会性控制手段之制度化与合法化的过程与现象以及商业文化背后的意识形态，并不是此书所论及的范畴。但通过聚焦研究生产场所本身（这里是指广告产业），我试图将参与式的研究变成一种颠覆二元论的具体手段，用它揭穿拉锯于本土化与全球化、消费者与生产者、抵制与操控之间的传统的过于简单的西方二元论思维。

对广告进行常规的文本分析，会引起很多问题。而将产业视角融入广告研究中，则可从多方面弥补批评的盲点。面对中国这样的市场，把广告当做文本内容来分析会很成问题，因为中国的广告和其他地域的广告一样，越来越针对目标受众而作，学者不在受众的行列中。归根结底，一则广告，学术批评者是否喜欢，并不重要。从这个角度说，长期以来，人文学科中的广告研究是依据文化批评和社会理论的经典著作而发展的，但如今我们也该尝试将广告与品牌的制作者（同时也是精明的消费者）作为研究的对象。要知道，广告公司里最好的品牌策划人，往往也是最精明的购买者。同样重要的是，广告公司提供了多种接近真实消费者的途径。公司不仅倚重定期举行的目标消费者焦点小组的访谈，而且品牌策划人员（亦即综合服务广告代理公司中细分出的一个特殊工作领域）自己就能信手拈来各类产品的"消费者的各式各样丰富的观点"。广告公司越大，企业客户就越多，产品分类也就更多样，消费者极富洞察力的意见的范围就越大。综合服务广告代理公司也能为客户提供多层次的市场研究（这对中国这样发展不均衡的市场，是极为重要的），让品牌策划人了解更多不同的细分市场中的消费者。

"以生产过程为中心"的广告研究方法论，并不只表达品牌生产制造者的观点。它让我们更容易进入消费者世界，了解消费者的想法。将这一方法与文化分析结合起来运用，具有几大优点。它将媒体、广告和企业三大领域综合地纳入同等重要的文化范畴，从而弥补了商业文献中广告研究上的短视。而这种方法论也能突破人文学科探讨广告的理论模式，远非只用概括的心理分析去阐释所谓的"消费是欲望话语"。

美国有关中国广告的研究，主要集中在案例分析、品牌塑造的实用技巧及逸文趣事上。这些著述过于夸大对中国市场的评估，且多关注电视和印刷媒体上的活动，未较深入地探究流行文化趋势，忽视数字革命对营销策略和广告行业的冲击，而关于市场细分研究的众多假设，往往模糊性别、年龄、社会经济状况以及中国的地域细分。本书中所引用的关于以上这些议题的最精彩的文献，都是来自于在中国出版的中文刊物。

撰写《品牌新中国》一书，意在从品牌和营销文化的角度来解析中国的崛起。目标读者群包括产业界、广告业、媒体界的从业人员以及学术圈的读者和对中国深感兴趣的普通读者，能同时深入制造商、营销者和消费者的世界之中，才有可能为试图在理论与实践之间搭建桥梁的研究者开辟一片新天地。

此项研究之初，我视其为"纯"学术研究，但我坦言，在广告公司经历了品牌策划的实战之后，我已非当初作为单纯学者的我了，而是希望能通过本书与在这众多领域中的从业者们对话。

导论　建构中国广告

1979年，商业广告回归中华人民共和国。从此，一个稚嫩、蹒跚的行业，开始阔步向前，到2005年，业已实现总营业额180亿美元，比前一年增长12%，占GDP（中国国内生产总值）的0.78%，第三产业的1.92%（广宣2006，38–39）。① 中国发展的惊人规模全倚赖它的成长神话。截至2005年，全国广告公司已达84272家，广告媒体9650家。总从业人数，从2001年的700000人，增加到2005年的940415人（同上）。

中国的商业广告在毛泽东时代被扼杀于萌芽状态。如果说而今疯魔恣肆的消费文化不啻是对当年"共产主义革命"的嘲弄，或许不会有人反对，但若夸张地巧言毛时代的中国与改革后的中国"断裂"，我们可能会忽视掉中国社会主义的面目与其市场化行为之间的无形联系，而这正是很多中国企业成功的原因。比如饮料业领军者娃哈哈的"蜘蛛战役"（即"农村包围城市"的渠道策略），就是中国作全球范围式行销的实质。像联想、海尔这样的明星企业，其企业品牌很大程度上有赖毛话语（Mao-speak）与其著名的"不断革命"理论共筑的管制力度。此

---

① 全书各处用了美元和人民币两种货币。因为美元并不总能反映出波动的汇率，我便在需要准确性的语境处使用人民币，在需要对比阅读中国统计数字的语境处，提供对应的美元数额。

类商业模式已兴旺起来，正待将雄心勃勃的中国超级品牌推向全球——它提醒我们，中国社会主义传统的根深蒂固。若忽视当代中国深植的社会主义根源，低估当代中国思想意识的影响力量，你会感觉中国市场难以撬动。

《品牌新中国》带领我们近距离观察这个市场——它与富裕的西方社会相比所呈现的特质及共同点。本书通过分析如波波热和追求"安全酷"（safe cool），的独生子女一代等议题，以批判的眼光审视当代中国广告，探索中国品牌现象（从产品品牌到企业品牌），解读它们如何被塑造、它们给国际广告及文化和商业全球化带来的种种挑战。成为世界贸易组织一员后的"新中国"会是什么样子？对此，众说纷纭、见解不一。有人预测"专制国家即将终结"；有人则认为，中国走上世界舞台只是形式上的面向全球的自我宣传，丝毫未削弱政府的控制力量（Keane 和 Donald 2002，208）。除少数例外（比如赵月枝富有洞见的关于当代中国被融入全球资本主义的论述，见赵月枝 2003），大部分论述中国进入世贸的批评文献均强化了西方自冷战以来持有的二元论的观点，或者把全球化的共产主义中国视为"他者"，或者将其视为自愿丢失身份而接轨变成"我们西方"的一员。①

但 2001 年后的中国，二者皆非。它一方面深受全球协作观念影响，与其共生共存，但另一方面又极力避免成为美国的翻版。如何重新塑造"中国国家"这个品牌将比以往更为艰难，而且，正在崛起的"新中国"之真实面貌是无法单凭意识形态的先入为主的偏见去理解识别的。

---

① 赵月枝在 2003 年的论文中谈到，我们分析中国的全球融合时，呈现出二元论思维的谬误。她指出，视"'开放'及加入世贸组织为中国传播产业的新开端，其实模糊了一个重要事实，那就是，中国传播体系即便在改革之前也一直是开放的，只是程度不同而已"。她举出很多例子证明，即便在毛泽东时代，中国也并没有断绝与外国的交流。她认为"非常需要考察那段历史"，因为在我们看来，对于中国，"正是那一时期的抑制，帮助维持了历史上'闭关'与'开放'的二元论思维"。（赵月枝 2003，60）

然而,"新中国"一词不可就字面意义来理解,它只是一个隐喻。虽然中国人以"创意中国"这一流行语作为发展前景(Keane 2007),可中国仍被看成世界工厂,而不是创新者乐园;昨天的中国,并不会仅因为上海已攫取世界奢侈品市场营销者的注意而消失;"中国中产阶级"的人数被严重夸大了,"新中国"仍是一个等级分化严重的社会,2610万家庭仍生活于贫困之中——2004年人均收入不足77美元(国家统计局 2007;Zhu 2004,87-88)。城乡之间可支配收入的差距,从1998年的2.51:1,上升到2003年的3.23:1(陆学艺 2004,176)。尽管农民占国家人口的70.8%,但这一年他们只消费了国家商品产量的35.1%,以致农村人口的消费能力,至少落后城市居民十至十五年(同上,177)。这些数据表明中国分化严重才是真现实。一方面它似乎已经改头换面、焕然一新了,但在很多方面它仍是那块古老的、数世纪以来就始终深陷在贫困与种种社会弊病之中的国土。

我虽探索农村消费者对于广告主日渐增强的重要性,但本书讨论的新中国,涉及的主要还是融入全球经济的中国的城市面貌。我这里涉及的城市,不仅仅指大多数西方观察者关注的北京、上海、广州这样的一线城市。二线城市如杭州、南京、沈阳、天津、武汉和其他富裕的省会城市及三线城市如常州、无锡这样具有一定规模和相对富裕的中心城,也须给予应有的重视。

"'新中国'的国家品牌"与"在中国发生的种种品牌现象",是本书的两条主线。"本土"这一范畴的建构为本书的第三条主线,无论从学术还是从企业的角度讨论新世纪国际广告,它都不可或缺。作为一个为边缘群体代言的文化研究学者,强调我们随处可观察到的社会抗争现象是具有很大的诱惑力的。但本书不重复"行叛逆之道的本土公司"与"垄断操控的跨国公司"这样一个二元论观点,而是探索协同作用(synergy)驱使下的本土与全球化交叉的前景,以及跨国广告主和中国国内广告主两者如何建立并巩固与本土受众之间的情感联系。后一项任务极为急迫，尤因我们当前的文献在品牌和广告分析上的偏见，即过多关注第三世界的市场中跨国公司客户（MNCS）和跨国广告公司（TNAAs）的本土化问题。而"本土化"其实并不是只有跨国公司客户和跨国广告公司才关注，本土客户也急于投身其中。娃哈哈的例子就已充分说明这一点。娃哈哈公司不遗余力地把非常可乐伪装成一种本土的"中国人的可乐"，而实际上它是欧亚混合品种。现在几乎没有纯正的"本土"品牌了，而一个品牌表面上的国家招牌已无法说明目标消费者是如何看待此品牌的真正身份与属性的。事实上，跨国公司客户和跨国广告公司进入中国市场，全面凸显了混合品牌与合资模式的优势地位。那些已混合的品类，不断在促使消费者重解本土与本土化的意义。当旧有的"本土"对抗"全球"这个思维模式完全瓦解以后，会出现什么样的新风景？对此，我们仍需拭目以待。

理论上说，超脱这种二元论概念主要依赖两个方面，一是我们在多大程度上把"营销"作为分析工具，二是视实地调查为理解文化（无论商业文化还是流行文化）如何被制造的关键。而且，对广告业品牌塑造的系统考察，提供给学术界的，大多局限在符号学、文本分析（Barthes 1972；Williamson 1978；Wernick 1991，1997；Goldman 1992；Kellner 1995；McFall 2004）、历史学（Marchand 1985；Richards 1990；Lears 1995）和意识形态（Anderson 1984；Jhally 1990；Mattelart 1991；Leiss，Kline，et al. 1997）研究内。《品牌新中国》一书，将营销观点融入品牌塑造、生活方式和企业文化研究之中，从而填补了当代流行文化研究中的一项空白。这一探索，不单是在中国一国内所做的实践，而是一种方法论的探索，它让我对广义上的广告研究，对在西方颇为敏感、有争议的关于"中国中产阶级的出现"和"全球青年文化"兴起的假定，做出创新考察。

广告媒介

"广告"在现代汉语中,是"向公众传送",或者更广义地说,是"让公众知晓商品"的意思,早在人类社会商品交换形成之时即开始发展。中国与其他地方一样,最早的广告媒介是口头吆喝和小曲。《诗经》(前1027—前476年)周颂中有一处记载,描述了走街串巷的小贩吹竹笛卖蜡烛的轶事。其他各种各样的小曲,比如打着串片的补锅匠、摇着"拨浪鼓"的破烂王和打着小铜锣的货郎们的吆喝,至今在中国仍到处都可听到。人声是另一种几乎不会过时的商业媒介。上世纪50、60年代长大的台湾人,仍记得卖豆花(soft bean curd)的小贩黎明时穿透黑夜回荡不止的悦耳叫卖声。今天的观光客漫步于北京闹市王府井繁华小吃一条街时,热情招呼他们的,仍是吆喝着自己特色小吃的伙计们。

随着市场的深入发展,文字开始成为超越口头媒介的另一种宣传方式。宋朝时期(960—1279年),书法写就的招牌开始在全国各地兴起。清朝时期(1644—1911年),光顾同仁堂药店和全聚德烤鸭店,首先映入眼帘的,是两个颇有文人风格的有名的书法店面标记。同一时期,悬挂在客栈门轴上的无数对联广告,诗意与商业并存。但是第一则具有真正现代意味的中国广告,据说是北宋时期(960—1127年)济南刘家针铺的平面广告,由广告文案和一个标记组成。该广告突显了刘家针的上乘质量,并用一只捣药的白兔作为店铺的标记。

1840年第一次鸦片战争之后,中国开始出现更多现代广告。个体广告主发展成有组织的同业公会,掌控着一个巨大的包含商业信息与劝诱的网络,通过报纸及后来的广播等现代大众媒体来传送信息。现代平面广告首次出现在外国人创办的报纸《上海新报》(1861年左右)和《申报》(1872年左右)上,专门迎合受过教育的精英。但那时的普通大众很少有机会接触平面媒体(包括后来的广播)。为将信息传达给大众,外国广告主不得不诉诸民间百姓更喜闻乐见的另一媒介——中国年画，也称日历广告。今天，中国小城镇的杂货店在农历新年即将到来时，仍会在收款台慷慨分送这样的年画给顾客。这些年画主题范围甚广，从风景名胜、名人肖像、历史人物、宗教仪式、儒家孝道传说到花、虫和动物的静物画。早期的现代招贴广告，大多数情况下与所售卖产品之间关联很小，广告产品往往被放在画面里一个不起眼的角落。我最喜欢引用的例子是一则手电筒招贴广告，描绘的是一个儒家故事：一名传统打扮的年轻女子用母乳喂养她的婆婆。香烟是展示得最醒目的产品，无论外国牌子还是中国牌子。

五四时期（1917—1921年），平面广告与日历广告同时兴起，出现在《东方》和《良友》这样的流行杂志和期刊上。即便李大钊、陈独秀创办的《每周评论》（1918）和毛泽东创办的《湘江评论》（1919）这样的共产主义出版物，也公开征求广告主，并用广告推销"中国造"商品、宣传进步刊物、反对帝国主义意识形态。鲁迅，现代中国最著名的左翼作家知识分子，非常实事求是地谈论过广告的优点。他在评论一篇18世纪的讽刺小说（刘半农编校）时说："既要印卖，自然想多销，既想多销，自然要做广告，既做广告，自然要说好。"（鲁迅《为半农题记〈何典〉后作》1926，286）。

与此同时，在商业大都会上海，为了满足商业客户的需求，新兴的设计艺术产业随着日历艺术的发展而蓬勃发展。① 上海的大百货商店如新新和永安，还流行橱窗展示广告。引人注目的霓虹灯广告从1930年代起即充满闹市区，直到共产主义空想家取缔之。广播和电影广告，与铁路沿线的民墙广告一样，在第二次世界大战后繁荣兴旺。1940年代大学开始设置广告课程，并派遣学生出国专门学习广告。大中城市的广告公司迅速增多。中华人民共和国建立后，这种趋势减缓下来，直至1958

---

① 这些设计艺术家中最著名的是张光宇、梁鼎铭和郑曼陀。

年中国建立第一个商业电视台。此时,广告开始大胆尝试利用各种可想象得出的媒介,包括火车车厢内的扑克盒、午餐饭盒、棋盘、乘客杂志和装饰性壁挂等,都可以用来展示商业信息。餐馆的橱窗广告也极度流行。在拥挤的东来顺火锅店(地处北京繁华商业区),厨师们在临街的玻璃箱后,向行人展示切肉片的操作技术,将橱窗购物提高到了创意的新水平。(陈培爱 1997;余虹和邓正强 2000;赵琛 2001)。

"文化大革命"(1966—1976 年)突然把商业广告扼杀于萌芽状态,直到 1979 年 1 月,上海电视台播出一则滋补酒广告,这是后毛泽东时代的第一条中国电视商业广告。当年稍晚些时候,北京市政府把民主墙(从 1978 年 11 月开始,允许民主激进分子在这里发布新闻和观点)从西单移到月坛公园,并把原来的集会地点变成了广告墙。很快,户外广告牌便雨后春笋般地急剧增多。后毛泽东时代的第一本广告杂志《中国广告》于 1981 年在上海创刊。四年之后,权威期刊《国际广告》创立。1983 年,中国广告协会成立,协调广告代理公司和官方监管部门(监管跨国广告公司的进入准则及相关事宜的国家产业和商业行政部门)。但后毛泽东时代的广告得以量变,源于一个具有历史意义的政策转向,那就是,1993 年,北京允许新闻媒体作为企业单位而不是事业单位来经营。政府补贴的急剧下降,迫使国营媒体不得不寻找广告主,作为收入新来源。商业广播也获得了存在的理由。1995 年,中国广告法开始实施,从而建立了广告业的新秩序。商业文化和商业言辞很好地融进了中国的流行文化和社会景观,以致中国严肃的学者不能再视广告为混乱的、不值得研究的物质文化了。

本书关注 20 世纪最后十年和 21 世纪的头十年。在这段引人注目的时间里,中国加速融入了全球市场系统。本书站在流行文化研究、广告研究和媒体研究三大领域的交叉点上,将营销的观念和实践的优势与文化分析的优势相结合,探讨的主题包括全球品牌和国际广告、中国本土广告公司与国际广告公司的竞争、本土建设、波波主义和奢侈消费、

"新人类"营销论题、新现代女孩的心理特征、独生子女一代和酷文化、蓝领阶层的兴起和国际广告公司对偏僻农村的长驱直入、中国企业的新意识形态（即"协同作用"）、公司故事讲述和企业文化塑造、作为卖点的中国民族主义未来之路、媒体政策对广告的冲击、中国中央电视台及崛起的地方媒体，以及浮出水面的创意文化和网络营销。

2001年，中国加入世界贸易组织，引发有关"'全球化'对中国广告业的影响"的广泛争论。一方面，美国式品牌塑造模式继续涌入中国，另一方面，很多人则在质疑艾尔·里斯（Al Ries）和杰克·特劳特（Jack Trout）的经典之作《定位》（*Positioning：The Battle for Your Mind*）对于中国市场的适用性。还有人怀疑，亚洲独特的企业品牌塑造，是否劣于美国的产品品牌塑造的范式。《品牌新中国》一书，以商业、社会经济和文化的视角，将这些争论置于可对话的交叉空间。

金领，蓝领及其他"领"

没有广告媒体，商品无以被公众知晓。同样，没有消费者，商品便无法售出。因此，以生产为中心的方法，一定首先考虑消费者观点。① 我在不同章节中，考察了中国消费者中各种不同的群体：第二章详论女性消费者，第三章详论快速消费品的大众消费者，第五章详论波波主义，该章的一部分及第六章，着重考察独生子女一代中的特定群体——"新新人类"。显然，中国消费者不能模糊地一概而论成中国"中产阶级"。

---

① 文化研究中有一个传统观点，与我本书提出的观点，以及我用于研究品牌与广告的"以生产为中心"的方法相悖。法兰克福学派传统的文化研究者们惯于将（操纵的）生产者与（受欺骗的）消费者对立。这样的二元论观点，必定认为生产者忽视消费者，绝不会为消费者着想。我提出的"以生产为中心"的方法，既不同于以意识形态为导向的方法，也不同于以文本为中心的方法。

关于"中国消费者",我们先看看西方营销者流行的假定,再看看中国大陆营销者的认识,两种观点并置在一起比较,立即显现出两种截然相反的营销目标———一个追逐中国的金领阶层,或曰奢侈品消费者,另一个则关注蓝领消费者。但首先我们得了解中国金领有多大的奢侈品消费能力。

从上海举行的2005《金融时报》奢侈品首脑商务峰会上所获的答案,虽非直接但很乐观。与会的来自乔治·阿玛尼(Giorgio Armani)、布莱奥尼(Brioni)、古奇(Gucci)、路易·威登－轩尼诗(LVMH)及其他西方奢侈品牌公司的著名的首席执行官(CEO)们都相信,2010年左右,市场将达最高峰,届时,为避国内新增的奢侈品税,将有1亿中国旅客从国外购买质优价高的商品(Movius 2005)。但对目标群体的收入基准点未作精确说明。奢侈品消费者在西方虽被概略分为立志追求派(Aspire)、努力获取派(Acquire)和全部拥有派(Repertoire)(后两类构成真正的顾客基础),但中国金领消费者大多显然只能属于第一类。① 他们渴望某品牌,却无奈囊中羞涩(Furman 2005)。可是,对于这类中国目标消费者,因为缺乏他们的金融概况信息,导致有预测认为,在可预见的未来,中国奢侈品市场竞争将超过美国。② 此惑人数据在网上和中国新闻中反复出现,③ 绘制出一幅美好图景,因而加速全球

---

① "努力获取派"的消费者更关注奢侈品的物理属性。他们沉醉于附在这种消费模式上的排他性意义。相反,"全部拥有派"的顾客则非常关心他们与奢侈品品牌的情感关系,购买经验和与品牌建立亲密关系的过程远远重于从产品本身所获得的东西。

② 格雷格·福尔曼(Greg Furman)的报告指出,在美国,估计仅有270万消费者拥有100万美元或更多的流动资产。(Furman 2005)

③ 如三篇文章:《中国奢侈品的迅速扩张》(《经济信息日报》,2005年5月30日);《全球奢侈品品牌口号传入中国》(《国际广告》2005年第7期,见http://jjckb.xinhuanet.com/www/Article/2005530922211.shtml);《中国人民正迈向顶极奢侈消费》(《每日经济新闻》,2005年10月21日,http://www.nbd.com.cn/luxury,2006年2月登陆访问)

奢侈品牌涌入中国淘金。普拉达（Prada）首席执行官帕特里齐奥·贝尔泰利（Patrizio Bertelli）预言，"到2010年，中国消费者将花费5000亿美元购买奢侈品，现在即可感觉这种趋势，比如互联网和手机的普及。到2020年，中国奢侈品市场甚至将超过美国"（Movius 2005）。与《金融时报》峰会同期举办的上海国际品味生活展（Extravaganza Shanghai）商业论坛上，参会者也都表达了与贝尔泰利预言极为一致的信息。这些言论让许多外国企业家觉得，不仅中国新贵，中国"中上层社会阶层"都将开始流行奢侈生活方式。① 所有这些吉言都指向中国金领摇篮——长江三角洲，其地理区域覆盖上海市及其邻省江苏和浙江。据报道，2005年，当地居民GDP已超过4000美元，而中国人均GDP只有1490美元（新华社2005a，b）。普拉达和宝马（BMW）或许视其为未来的黄金地带。但《国际广告》2005年第7期刊登的一篇文章，则提出不同看法，两名中国市场分析师指出：

  为什么（生活在长江三角洲的）人感到自己的钱不值钱了？
  在不高的消费比重中，住房消费的比重却持续上升。长三角地区的房价上涨已经超过了居民的承受能力。去年浙江城镇居民年人均收入增幅为10.4%，但人均购房支出的增幅高达21.7%，2004年的住房支出已经占到全部消费支出的22.6%。除购房外，居民用于食品、衣着、医疗、文化和娱乐等方面的消费支出增长乏力，增幅仅为9.5%。（蔡玉高和朱立毅2005，56）

---

  ① 据报道，伊朗依（Inna Iranyi，Shorex市场行销主任）在《金融时报》峰会上说："中国充裕的新鲜资金让富裕的中国消费者对豪华商品感到应接不暇…中国奢侈产业市场预计将以8%的速度增长…到2008年，中国将成为世界上第二大奢侈品市场。"（Iain Marlow and Miao Qing，《奢侈生活方式捕获注意力》[Luxurious lifestyle catches on]，《上海英文星报》2005年5月26日。转引自《中国日报》http://app1.chinadaily.com.cn/star/2005/0526/ls17-1.html. 2005年12月登陆访问。）

该文还引用了对白领丁先生①的一段访谈:"拿着白领的工资,过着蓝领的日子,赚钱再多都'交给'房子了……不敢旅游,不敢买四五百元的衣服(50—63美元),大热天也不舍得开(买)空调……"(同上)

政府放松教育上的限制后,情形变得更糟。有经济实力让孩子上更好的学校的父母们(更富裕的阶层及贝尔泰利预言的未来目标消费者),开始脱离免费义务教育系统,花钱让"小皇帝小公主"上私立学校。结果,高昂学费让家长必须更加紧缩预算,削减奢侈品消费。

长江三角洲的居民都感到经济紧张,其他一线城市的小康之家情况一定更糟糕。据报道,2007年第一季度,三大直辖市的家庭人均可支配收入分别是:北京756美元,上海871美元,天津525美元(《上海引领全国》2007)。如此低的数字,无以证明上海峰会参会者达成的普遍乐观共识。那么,是什么让这些执行官们设想有1亿的潜在奢侈品消费者?答案或许在于,跨国营销商们将中国白领与真正的金领阶层合二为一了。前者约占人口总数的8%(近1亿消费者)。这些人中,只有一小部分家庭年收入超过43600美元——中国顶级消费基准(2006年北京奥美策划师所做投影)——贝尔泰利设想的中国奢侈产业将发生的飞跃,或许只是幻想。北京奥美策划总监爱德华·贝尔(Edward Bell)在估计今天的中国有多少真正的金领时说:"归根结底,我个人认为,真正的顶极消费成员,只有那些狡猾的商人(1980年代后期和1990年代早期火线销售时代,从政府机构的朋友那儿购买了国有资产的人)和合资公司的高层员工。北京和上海大概有100万。"(Bell 2006)

如果中国的金领阶层尚在形成,白领阶层还在省吃俭用,那么,中国蓝领家庭(比白领更大的群体)则无疑该处于消费业的核心位置

---

① 原文为陈先生,中文资料显示应为丁先生。——译注

了。① 重量级跨国公司如可口可乐、宝洁，开始将自己产品分为高档品牌和平民品牌，生产高低层次皆有的多样化产品（见第三章）。的确，2004年以来，热门话题一直就是发掘蓝领市场的"商机"。

中国蓝领工人年龄跨度从18岁到69岁，其中，80%的人个人月收入为1000元（120美元），70%的家庭月收入为3000元（365美元）。他们更倾向使用国产品牌，比如海尔（白色家电）、大宝（化妆品）、李宁（服装）、"七匹狼"（服装）和"大红鹰"（香烟）；② 他们主要由以下人员构成：传统工业领域训练有素的员工，交通、商品流通和建设领域的熟练技术工人，纺织女工，柜台售货人员和公司销售人员，出租车司机，高档餐厅的厨师，甚至包括从事现代农业技术的农民（杨惠姝和黄钢2004；《解读中国蓝领》2004；王卓和邱小立2004），被认为属高于"灰领"（低等水平的技工和服务人员）的阶层，品牌使用模式上更接近白领中的尾端水平。对这类人群的心理描述，听起来有点庸常：自信、乐观、负责任，心理和情感都很健康。他们比白领少些浪漫，生活方式与自己的收入匹配，花费上不攀比。其实，很少有品牌受蓝领夫妻的支持。因为，很多品牌虽为该群体而造，但却在用白领的语言和形象作品牌塑造，结果疏离了真正的目标消费者，实在荒谬。让事情更为复杂的是，中国蓝领并未形成一个同质体，而是分成了三大子群：深蓝（deep blue，蓝领的主体）、普蓝（ordinary blue，品味上更接近灰领）和锐蓝（sharp blue，群体中最年轻的一群，受教育最高，最有上进心，消费模式更接近白领的尾端）。如果蓝领阶层消费

---

① 2004年，零点研究出版了调查报告《蓝色的春天：中国蓝领群体生活方式及消费特征研究》，为研究中国"蓝领"阶层吹响了号角。http://www.horizonkey.com/showsoft.asp? soft_ id=190. 2005年12月登陆访问。

② 大宝护肤品的成功，证明了从这一群体赢利的潜力。该化妆品品牌针对低端目标消费者，1998年获得高达34%的市场份额，超过了更多富有魅力的竞争对手。见《蓝领定位：大宝成功的唯一秘决》，《成功营销》2004年第7期，http://finance.sina.com.cn/salesconduct/20040707/1710856493.shtml. 2005年7月登陆访问。）

得起的手机这一媒体，能用来传播内容和商品——这是可向所有人分销的低价渠道，那么，蓝领工人便有可能加入中国利基市场消费者行列，形成中国市场中的"长尾"（Long Tail）。"长尾"是克里斯·安德森（Chris Anderson）提出的概念，指美国数以百万计的小利基市场，单个市场需求较少，但通过经济划算的数字分销渠道，整体上的稍量能匹敌甚至超过一些畅销商品（Anderson 2006）。安德森认为，传统的零售经济模式要求商店只库存热稍品种，而与之形成对比，由亚马逊在线（Amazon.com）和谷歌（Google）开创、数字搜索引擎激活的新商业模式，将创造真正的市场赢家，因为巨量的小众市场（长尾）行为——其购买冲动、售卖和分销——最终将超过大稍量品种带来的大额回报。

很难获得中国蓝领阶层的确切统计数字，但其成员遍布全国各地，渗入大都会、省城、地区城市、小城镇和乡村，人口总数加起来，至少是集中在中国沿海地区的"中产阶级"人数的五倍。乍一看，这些工人似乎很难归入安德森长尾理论中提出的同一联盟。的确，如果3G电话促进移动数据传输服务和移动商务技术相继发展起来，美国与中国的同类市场将更具相似性。同时，手机制造商及诸如中国移动这样的运营商需要协作，供应别致的手机款式和便宜的预付服务，以支持多媒体信息系统（MMS）和音频、视频流同步技术的使用。中国3G电话什么时候能发展成价格便宜的大众市场手机，现在还不得而知。但一旦成为现实，中国的长尾定将变成被奢侈品产业忽略的累计数亿的蓝领市场。诚如零点研究公司首席执行官所述，这是一个被忽视的群体："目前，中国品牌全都追捧金领和白领……但中国白领总数加起来甚至不到总人口的20%。我的意思是，在中国，白领和金领品牌其实没什么竞争优势，可制造商和营销商却一点不关注蓝领市场，这样的最终结果，说不定会

竹篮打水，两头不靠！"（访零点 2004）①

企业若欲在中国寻求稳固的市场立足点，有必要关注中国市场的两端——金领和蓝领。跨国公司如摩托罗拉（Motorola）和诺基亚（Nokia），正面向农村用户推出价值 466 元（58 美元）的低档手机，从波导和 TCL 手中收回失地（"市场大参考" 2005）。从低端市场增加收益量，的确已成跨国公司的一个重要策略，而之前它们的利润都是从高端消费者中获得的（臧中堂和程涛 2005）。此一新兴的竞争态势，打破了国内同行的市场份额格局。例如，2005 年的统计数据表明，国产手机的市场占有率从 50% 下降到了 34%。② 跨国公司进入这些更贫穷但却人数更众多的市场，也将把中国的农村大众推到品牌塑造与市场营销舞台的中央。

主流消费者："面子"消费、安全诉求与民族主义基调

蓝领消费者让我们进一步了解中国主流消费者这个概念。讨论这个问题，似乎有悖定位理论强调的"细分"概念。我虽完全同意市场区分的营销观点（第二章专门讨论"定位"，第五章就利基市场和高档品牌定位作独特审视），但至少，我们可以对中国大众消费者做个全面陈述。中国当前强调市场碎片化的理论，委实有些夸张（"中国广告业全年经营额"2007），因为发展中国家的消费行为，与渴望的生活方式不一定

---

① "零点研究"是中国一家提供全面服务的市场研究公司，1992 年创立，业务覆盖全方位的消费者和企业对企业（B-to-B）市场，重点关注各色各样的产品，如汽车、资讯科技（IT）/电子、电信、金融服务、房地产、家用电器、快速消费品、媒体、物流。营销领域研究围绕消费者使用和态度，市场细分和目标消费者，消费者需求，企业形象，品牌资产和品牌评估，产品概念开发和测试，等等。但它的首席执行官估计白领群体占中国人口总数的 20%，这显得有些夸张。有关中国"中产阶级"所占人口百分比的详细讨论，见第五章。

② 见《市场大参考》，《国际广告》2005 年第 9 期同，第 132 页。

一致。尤其是务实的中国大众消费者,消费多少,取决其钱袋的大小。近年来,心目中的理想品牌与真正购买的品牌之间,差距在增大,这表明品牌塑造未必驱动购买欲望了,其驱动力正在下降。一组统计数据显示,将"品牌知名度"作为购买彩电的决定性因素的,1990年代前半期在北京占59.6%,2003年下降到33.9%(黄升民和杨雪睿2005)。最优质的品牌并不总是最畅销,尤其是电器和计算机类产品。

因此,营销人员没有一直着重探寻中国大众消费者个人的"欲望"。观察市场还有其他规则。广东营销教授、咨询师卢泰宏主编的《中国消费者行为》一书,罗列了中国人消费行为的典型特征。有些大家都很熟悉,无需详述,比如中国人重存钱防未来,中国人对价钱非常敏感,中国人在孩子教育上很舍得,等等。他枚举的例子中,有两大特征还需作更进一步的考察,那就是,送礼文化和面子消费中,体现了购买者和使用者的分离(卢泰宏2005)。

送礼和面子消费,对我们理解消费者行为非常关键,尤其是节日期间。以中秋节为例,一个很流行的说法叫"买的人不吃,吃的人不买"。你若觉得这说法自相矛盾、让人费解,表明你对中国的送礼文化了解不够。购买高档月饼的人,大多把月饼送给比自己更富裕、地位更高的朋友或上司,自己吃的则是比较便宜的、最普通的品种。这就是面子消费的症结所在,建立在发展了千百年的儒家文化的等级与社会网络体系的礼仪之上。购、用分离这一现象代代流传,"文化大革命"都没能成功破除"四旧"文化的这一基本法则。①

中国送礼应该说没有淡季,如果会利用这一文化,实在是一个利润极其丰厚的营销机遇。保健饮料脑白金成为中国第一礼品品牌,就因为它从这个角度切入做广告,结果深入人心了。对其他类别产品如化妆品和保健食品来说,把产品和礼品概念联系起来同样有效。只要营销正

---

① "四旧"指古老的中国封建风俗、文化、习惯和思想。送礼不仅是一种风俗和习惯,也是中国文化无意识的组成部分。

确,这些产品均能与传统礼品烟酒竞争。从这个角度说,脑白金采用很低俗的营销策略,却成了很大的赢家,其创造的中国最著名的广告语之一,虽一直遭广告精英人士耻笑,却是连孩童都能朗朗诵之:"今年过节不收礼,收礼只收脑白金。"

此外,中国的面子消费,让关于中国地位消费的各路跨国营销理论变得更为复杂。这些外来者往往过分夸大中国人在"拥有与炫耀"上的偏执("Luxury" 2005),结果更像是在描述暴发户(中国那一小撮显富的人)的行为特征。大多数中国主流消费者,诚如脑白金案例之显现,觉得高人一筹往往表现在送礼的品牌,而不是自己拥有的品牌。送礼表现的,往往不是对地位的炫耀,而是中国日常生活中更为朴实的目的:维系人情与关系,其中礼尚往来很重要,而且礼品等级也很多样。

除此悠久的"面子"意识,主流消费的另一特征,也常为跨国营销商低估,那就是安全诉求。鉴于假冒商品泛滥,中国消费者,尤其是母亲这一主要购买群体,在食品和保健品上,总是先考虑安全,再考虑营养成分(Tang Ruitao 2005)。舒肤佳香皂,就因为在中国作为强劲杀菌产品营销,而不是作为润肤品出售,结果卖得奇好。这一偏爱安全产品的根本倾向,贯穿于所有快速消费品,促使智·威·汤逊公司(J. W. Thompson)首席执行官为他的中国分公司总结说,"中国文化的基本核心,不是'渴望拥有',而是安全需求"(同上,118)。2005年,众多食品污染事故接二连三登上新闻头条,其中甚至包括大名鼎鼎的商家(如肯德基、雀巢、光明乳业),中国关注食品安全因此达到高峰(刘琳和张建松 2006, 69)。2007年,中国出口美国的宠物食品因污染而导致6千多万听猫、狗食品被召回(Manning and MacLeod 2007),此丑闻让国内对食品安全的关注,一下子暴露在国际聚光灯的照耀之下。中国消费者此时对食品安全标准的信任,已降至谷底。为安抚大众,中国政府将中国食品药品监督管理局前局长判处死刑(Beck 2007)。对于不同地区、不同社会阶层的中国人来说,他们首先要满足的,是"安全",而不是"欲望"。

中国人的民族主义,或许是影响主流消费者的另一特点。富裕时,民族主义是国内生产商不太使用的一张无关紧要的牌。诚如葛凯(Karl Gerth)《制造中国》(*China Made*)一书中的描绘,消费民族主义时代早已过去(第三章比较详尽地探讨了该论题的沿革)。但随着2008年北京奥运会的临近,以及中国与美国太空竞赛的不断升温,有可能产生新一轮民族主义消费热。2003年奥美著名的营销调查《爱国者的悖论》(*Patriot's Paradox*),调查中国年轻人对民族品牌和国际品牌的看法,发现最爱国的人使用国际品牌的程度,与民族主义情感不那么强烈的人使用的一样多(奥美2003)。奥美是在珠江三角洲做的调查,该地区因毗邻西方影响占主导地位的香港,比起中国其他地方,它受民族主义的影响或许更少。另一项报告因地域选择上的关系,或许结论更为客观:"我们的研究中,中国的大学生年轻、思想开放,无论中外品牌,只要他们感觉价值高就买。但民族主义诉求对年长一些、政治上保守的消费者,仍有很强的影响。有时,纯粹的人口统计也很紧要。"(欧阳等2002/2003)。例如,北京人比上海人和广州人更偏爱国产商品。更有趣的是,欧阳等人的调查,强调了代际细分的重要。卢泰宏曾就此建构了一个有益的分析模型(卢泰宏2005,206):

X世代:出生于1977—1989年间,占中国消费者的23%;

中国婴儿潮一代:出生于1961—1976年间,占中国消费者的44%;

"文化大革命"一代:出生于1945—1960年间,占中国消费者的33%。(卢泰宏2005,206)

这一代际图缺少Y世代——出生于1989至2000年间(2008年时在

8到19岁之间），约占中国总人口的14.5%。① 这代人的消费能量还不足以在卢泰宏的列表中列出。

随着时间的推移，民族品牌与国际品牌间可感知的业绩差距，可望减小。婴儿潮一代和"文革"一代在品牌选择上会呈现不同，当其他一切情况都同等时，他们有时喜欢民族品牌胜于外国品牌，有时又不是。婴儿潮一代孩童时即接受强烈的爱国主义教育，受此影响，国产商品如果优良，他们对之并无偏见，即使外国品牌在心目中位置更高。"文革"一代明显偏爱国产商品，尤其是那些生活在反帝国主义的发源地中国北方的人。对于跨国营销商来说，中国品牌与外国品牌之间的真正战役，将在中国婴儿潮一代打响。必须同时瞄准高端、主流和蓝领消费者，这充分说明，对跨国公司和跨国广告公司而言，中国绝非一个简单的市场。中国企业努力改进产品与服务，挤占低端市场，宣扬国内生产商，持续挑战跨国公司。中国市场这一竞技地更为让人着迷的，是跨国广告公司不像他们的中国同行那样，专为一家客户服务。中国广告公司还很少招揽跨国公司客户，可延揽中国广告人加盟，则是每一个跨国广告公司的目标。诚如盛世长城国际广告公司（Saatchi & Saatchi）北京分公司的查尔斯·辛普森（Charles Simpson）所说，他坚信能赢得正密切关注品牌塑造的国内客户（Hu Jing 2005, 116）。当在跨国广告公司工作的国内客服人员的比例稳步上升时，不知道在外国商家的驱策之下，会不会有越来越多的中国企业接受西方的品牌塑造理论。

---

① 关于X世代和Y世代的人数很难计算，并且在统计文献中不断变化。麻省理工学院比较媒体研究项目的成员之一宋时，经过仔细研究，并向中国人民大学的一位人口研究专家咨询，得出了下面的数据，比大多数从网络上和中国营销文献中精选的更为可信。他的计算建立在中国人口和发展研究中心提供的数据基础上（2007, 177, 181）。2005年，X世代约占中国总人口的19.8%（2.59亿人）；Y世代，约占14.6%（1.91亿人）。在X世代和Y世代中，有约1.119亿至1.42亿独生子女——占总人口的8.56%—10.71%。根据这些数据，年纪最长的一代（"文化大革命"一代）人数正在持续下降。因此，卢泰宏的数据并不完全精确。

品牌塑造

"联想是品牌吗？海尔是品牌吗？不是。它们只是商标名称而非品牌。中国人还没有把握真正意义上的品牌，品牌塑造是要在理性和感情两方面与人们建立关系。品牌需要全方位贯彻始终如一的主张。"（Paterson 2004）奥美全球主席夏兰泽（Shelly Lazarus）此番言论在中国新闻上一披露，即遭猛烈攻击，她不得不收回评论，声称："我从未说过联想和海尔不是品牌。"她的北京同事，奥美大中国区董事长宋秩铭也不得不帮她开脱，解释"她真正的意思"，是批评海外的海尔而不是国内的海尔；"正盯住全球市场的联想而不是北京的联想"（《国际广告》编委会 2005，14、12）。宋秩铭说，毋需担心，海尔和联想这样的中国品牌，已经与中国国内消费者建立起坚固的情感联系。

这事小题大做了？非也。夏兰泽质疑中国是否有真正品牌，引发一段时间内中国广告相关者的自我反省。但2004年已完全不同于1930年代，西方人居高临下之评论引发深刻自卑情结的时代，早已不在。夏兰泽事件后，相关讨论客观、适度、发人深思，表明中国民族主义已深入广告领域。仍有专业人士怀疑，海尔和联想这样的企业品牌是否真的不过是著名商标而已？并进一步质疑中国企业是否已受害于恶性价格竞争？假设亚洲的贸易文化不如美国的营销文化，营销和定位就一定促进销售而不会相反吗？还有，中国的仿冒商品是否正威胁品牌发展？最后，激进的商家怀疑，定位是否能解决他们关注的一切？① 第二章和第四章将涉及、探讨这些问题。夏兰泽言论引发的讨论，并未达成共识。

---

① 据吉尔摩（Gilmore）和杜蒙（Dumont）的深入观察，第二代更高质量的假冒商品以与"正品"同样的价格出售。我也注意到一线城市出现的这种现象。然而，假冒商品虽因其酷而打动比较年轻的一代，但我怀疑它们是否能真正成为奢侈品的主流。见吉尔摩和杜蒙（2003），第6页。

但中国商人对此言论的反应,明显没广告人激烈。广告人比较倾心美国的定位营销理论,对她的批评因此更敏感。① 实地领导中国企业市场运作的商人,手头有很多成功案例反驳夏兰泽的经典品牌塑造方式。对于中国这样一个多样化的国家,实验证据很有用。假如它由 170 多个市场组成②(每个市场大约有 100 万人),要成功必定要有灵活性。中国文化重视"地缘文化"(王瑾 2005b,10—11),自然会质疑总体理论的有效性,尤其是来自西方发达国家的理论。不应把这种反应看成中国中心主义症。不同的地理与物质限制,导致不同的问题,需要不同的解决方式和实验。而且,偶发的对外国观念与模式的争论,从未阻挡中国人理性地追求"普遍真理",无论它是高级文化理论,还是营销模式。③ 对来自麦迪逊大道(Madison Avenue)的观点,中国商人尽管在不断争论它是否实用,但仍最热切地阐释和促进着美国的品牌建设理论。

"品牌"(brand)是什么?一般的解释是这样的:产品是工厂所生产的东西,品牌是消费者所购买的东西。"brand"一词在美国原指在牲畜身上烙印。买家借烙印标记辨识不同农场出售的牲畜。因牲畜而扬名的农场主发现,自己烙在牲畜身上的标记比较受追捧,烙印与识别之间的联系因此而建立起来。大规模的商业标记出现于 19 世纪后期和 20 世纪早期,那时,保护商标所有者的商标法已制定(Blackett 2004,14)。许多今天著名的美国品牌,比如柯达(Kodak)、美国运通(American Express)、李施德林(Listerine)、可口可乐(Coca-Cola)、亨氏烤豆(Heinz baked bean)和桂格燕麦(Quaker Oats),都可追溯至那个时期。但对早期的大众消费者来说,品牌与商标并没太大差别。那时,上流阶

---

① 亲西方学派的一个例子,是郑学益的文章《为何中国的品牌和世界的品牌有这么大的差距?》见国际广告编委会(2005),第 13 页。
② 这一洞见源自奥美战略规划部总监爱德华·贝尔(Edward Bell)。
③ 关于中国人接触和运用西方文化和文学理论的问题,在改革早期有详细讨论。见王瑾(1996)。

层与普通大众的社会直觉和情感基本相似,广告人因此"常无需区分诉求点"(Marchand 1985, 66)。20世纪早期广告代理公司的主要任务,是广告而不是品牌塑造。直到很晚以后,1960年代,新起的阶级——大众区分,开始要求要有区分的营销策略,不能模糊笼统了。让消费者参与,是在向他们出售情感联系。广告告别了里斯和特劳特所称的只关注产品特征和顾客利益的"产品时代"(Ries and Trout 2001, 23—24),进入"形象时代"。图标和形象很快占据主导,促使消费者对物品产生莫名的情感联系,比如眼罩(哈撒韦男人),比如刺青的手腕(万宝路男人)。后来,同样的奇迹出现在巨大的耐克标志"嗖的一声"和缝制在衬衫上的小鳄鱼上。

扛起品牌象征主义新时代大旗的,是广告业的梦想家大卫·奥格威(David Ogilvy)。[①] 奥格威认为,品牌是一种错综复杂的象征,是产品属性、名称、包装和价格、历史、名声和广告方式的无形总和(D. Ogilvy 1955)。他最著名的广告推广活动,"哈撒韦男人",引领了一种全新的广告方式,被詹姆斯·特威切尔(James Twitchell)恰切地描述为心理策略:"不能改变产品时,可以改变产品的意味"(Twitchell 2000, 136)。因此,大卫·奥格威选择塑造衬衫下的男人,而不是衬衫本身。他的推销说辞,就在男模特儿戴着的那个简单的黑眼罩上,神秘、危险和浪漫组成的混合感觉,成功地与哈撒韦衬衫联系在了一起。广告人认为这一创新的意义不亚于牛顿的万有引力定律,不认为它标志了广告主欺骗大众消费者的开始。

从那以后,产品的物理属性与广告文案的关联,开始变得更小。从

[①] 奥美的非凡,在于展示思想的领导力,这是大卫·奥格威本人开创的传统。公司是世界经济论坛和《财富》全球论坛的合作伙伴。据《媒体》资料(2005年12月14日),它还以Verge的名义在亚洲范围内为客户与产业发起数字研讨会。在华语世界,庄淑芬和她在台湾和大陆的团队共同编辑了几本图书,与大众分享奥美经验。其中,有一个以"奥美的观点"为题的系列(北京:企业管理出版社,2000年)。

出售产品到兜售品牌形象,这一方向性转变,为诸如"品牌标识"和"细分"这样的新营销理念(不是每一族群都为眼罩所吸引)的出现铺平了道路。但到 1970 年代,批量生产的周期变短,美国市场充满了与原产品同类的仿造品,让消费者真假难辨。即使品牌形象,也无益于消费者做出购买决定。对规模较小的新兴品牌,形势更加危险;主要领导品牌的各类产品已牢牢占据市场,后来的跟进者几乎已无空间。竞争激烈的市场中,排名第二的品牌比如百事可乐(紧随可口可乐之后)和艾维斯出租车公司(紧随赫兹公司之后),不得不另辟蹊径,开拓自己的天地。

1970 年代中期首次出版、堪称营销圣经的《定位》一书作者艾·里斯和杰克·特劳特,称此为"找到利基,寻求空隙"(Ries and Trout 2001, 54)。他们认为,品牌若善于营销自己的定位,无论排名第 2 还是第 380,都没有关系。策略如下:充分考虑了你的竞争者的定位以后,在潜在顾客的心中创造一个位置,然后瞄准该"空白"。经典定位案例有:"汽车租赁行业中,艾维斯不过是老二,那为什么还租我们的车?我们更努力呀";以及"动起来,你是百事一代。"百事广告推广活动,在广告史上开创了以生活方式和态度作为身份标记的先河。第二章将论述中国的定位案例研究。

1970 年代后期,创意在美国已不再被视为促使广告推广活动成功的最重要的因素。营销开始从言语和视觉意象,向战略规划和"品牌管理"微妙转变。广告公司创意部开始感觉到为品牌经理工作的压力,而不是与他们共同工作的压力。到 1980 年代中期,传统的"品牌形象"一词,越发被金融术语"品牌资产"所取代(Feldwick 1999, 70;2002, 36)。与此同时,研究市场营销的机构开始努力进行商业研究,评估、追踪和寻求展示如何充分利用品牌资产。"品牌资产"的核心,虽经检验与大卫·奥格威的"品牌形象"很相似(Aaker and Joachimsthaler 2000, 17),但公共关系和赞助似乎已表现出比以往强烈得多的影响。

2004年，品牌资产理论鼻祖大卫·艾克（David Aaker）在美国出版了《品牌组合战略》一书，很快，对新西方模式极其敏感的中国人便翻译了此书。今天，在中国书店，大卫·奥格威的中文版畅销书与艾克的著述比肩而立，提示着我们这样一个奇特的并存场景，西方的现代和后现代理论在毛时代结束之后旋即同时涌入中国的每一个领域。一度闭关锁国的中国曾经各方面都非常节制。从1949年到1978年，除毛主席本人外，中国不存在品牌，也没有大众消费观念。1978年至1990年这一改革开放的前期阶段，市场由国有商标（中文叫"牌子"）垄断。直到1990年代后期，诸如"品牌"和"品牌战略"之类的术语才开始日渐通用，为原有的"名牌"一说注入新义，与西方品牌概念呼应。①

但从历史的角度说，中国企业首次接触西方风格的"品牌塑造"，是二十年前，当时整个商业领域突然转向形象设计。并不是大卫·奥格威启发了中国人。1988年，广东太阳神保健饮料公司经日本引进IBM开创的管理工具——企业形象设计（CIS）。② CIS由三个子系统组成：MI（理念识别）、BI（行为识别）和VI（视觉识别），分别涉及公司的管理哲学、实际发展和组织战略及视觉识别。诚如序言所述，太阳神实施了CIS战略，特别是VI，结果一夜之间获利高涨。到1990年代中期，CIS书籍中国书店随处可见，将经营良好的企业的视觉识别作为成功案例进行介绍。总之，由太阳神和其他十几个公司发起的成功的VI推广活动，让中国公众更加意识到企业标识、吉祥物和形象文化的重要性。一时

---

① 美国消费者知道名牌、商店品牌和无牌商品的确切定义；中国消费者或许不知道如何区分它们。强势的国产品牌比如联想和海尔，以名牌或品牌，甚至牌子而著称。

② 中文出版的有关CIS的著述，将CIS起源归于1950年代的IBM。但进一步考察文献后发现，主要是视觉识别（VI），尤其是企业设计——艾略特·诺伊斯（Eliot Noyes）和他的团队设计的IBM标识，吸引了他的中国倡导者。MI和BI系统是否也由IBM和美国发明，这点并不清楚，至少我是这么认为的。这类文献，典型例子是梅雨编著的《中国CI教程》（北京：改革出版社，1999年），第20—21页。

间,品牌资产的核心,"无形资产",无可比拟地捕获了社会想象力。那正是中国人在广告业自然繁荣、发展至下一阶段之前(即寻求西方广告与营销模式),① 最深入接触西方风格品牌塑造的时期。现在,中国一线和二线城市的全面服务广告公司(无论国内、国际),似乎都紧跟美国先驱品牌理论家和管理者的步伐。"广告"已被"营销组合"取而代之,成为公司的中心言论。中国人无疑会紧随美国营销的理论发展,但他们是否会一直认可其提高它们技术基础的趋势,尚不得而知。通过宽带进行一对一对话的"关系品牌建设",就是个典型的例子。数字个人主义行为,从X和Y世代渗入进其他中国人群(他们使用的主要媒体不是互联网,而是手机和电视)之中,需要多久?② 中国的长尾经济只是幻想吗?

网络广告和用户生成内容(UGC)

数字个人主义行为不会很快建起,诚如中国"中产阶级"一二十年里不可能翻倍。然而,如果X和Y世代(出生于1978—2000年间),已经超过总人口的30%,其中上瘾网民占人口数的9.5%到10.7%,数字媒体和它对消费的影响就不能完全忽视了。本书主要探讨电视,但亦涉及数字媒体。

电视是中国人的主要广告媒体,因为国家电视台观众有11.7亿,普及率达98.2%。普通观众平均每天收视三小时。与之相比,2005年,中国人上网只有7.2%,而美国人有60.6%(Dobson2005)。2003年,中国网络广告占国家广告收入的1%,电视广告则占23.64%,报纸广告

---

① 艾克(Aaker)和乔瑟·米赛勒(Joachimsthaler)的著述《品牌领导》2001年由国营新华书店发行。

② 在营销术语中,"数字个人主义行为"可定义为一种习惯,即终端使用者通过新媒体技术,寻求"至爱品牌与品牌的关系"。见Love(2001),第111页。

占 22.53%。（张海潮 2004，21—22）。网络广告 2004 年微升至 1.5%（Jiang Wei 2005，19）。尽管网络广告增长缓慢，通用汽车（GM）、可口可乐、摩托罗拉（Motorola）、宝洁（P&G）这些跨国公司仍率先发展娱乐在线品牌①。对中国 Y 世代而言，互联网是发展最快的广告媒体。

与欧洲的 3—4%（2005）和美国的 5.5%（2006）的份额相比，前面引用的网络广告只占国家广告收入 1.5% 的份额，似乎不那么微不足道了（赵曙光和张志安 2004，147）。②《商业周刊》最近报导中国网络广告收入升至 2.3%（D. Roberts 2006），但利润率太低，以至有人怀疑，新浪、搜狐这样的大门户网站何以生存。答案在于它们的多元化商业模式，其主要收入来源是游戏和短信服务（SMS），而不是广告。③ 2003 年左右，新浪约 64% 的收入来自在线游戏、手机游戏和为中国移动这样的运营商提供短信内容。搜狐同样如此。④ 与之相较，谷歌 99% 的收入与广告有关。⑤ 但有观察人士预言，中国网站的这种收入构成现状会很快改变。的确，到 2006 年，搜狐的广告收入已占总收入的三分之二（D. Roberts 2006）。

网络无疑是全球青年人品牌的活动阵地。2005 年 4 月，可口可乐和百事可乐建构了一种新模式，与全球数字娱乐软件巨头合作。两次商业

---

① 统计数据显示，欧洲网络广告发展同样缓慢，尽管消费者平均花费 20% 的时间在网上，但欧洲公司的网络广告只占总体广告的 3—4%。见 Dobson（2005）。

② 欧洲数据见前面的注释。美国数据，见温迪·戴维斯（Wendy Davis）《美林（Merrill Lynch）：在线广告花费超过 160 亿美元》，OMMA（Online Media, Marketing and Advertising），2006 年 5 月 9 日。http://publications.mediapost.com/index.cfm?fuseaction=Articles.san&Nid=20221&p=305145. 2006 年 6 月登陆。

③ 与短信有关的服务能带来实际收入，这不奇怪。2002 年，中国发送短信 900 亿条，比上年增长 379%。见赵曙光和张志安（2004），第 126—127 页。

④ 引用的数字 64%，指新浪 2003 年第三季度的数字。到 2004 年，搜狐的网络广告流和它的离线交易之间的比率，大概是 40%∶60%。见赵曙光和张志安（2004），第 127—134 页。

⑤《记录在线广告花费》，ClickZ 网络。http://blog.searchenginewatch.com/blog/060531-173738. 2006 年 6 月登陆。

联合，商品均以游戏叙述者身份出现，给游戏和博客界一个惊喜。可口可乐联手"魔兽世界"（WoW），百事可乐与"梦幻国度"联合①。上海麦肯在商品投放市场前若干周及投放之后，策划了一个联合品牌塑造活动，主办了一个两天的狂欢节，在现实中真实复制魔兽主题区的达纳苏斯、暴风城堡和雷霆崖，2万名消费者漫步其间。可口可乐和魔兽图标装点了1万个网吧（Madden 2005a）；同时，为iCoke品牌的魔兽世界建立的中文站点揭幕，同期发布的还有由非常流行的S. H. E担任模特儿的广告，她们在一场幻想的战斗中战胜丑陋的食人怪兽。广告中，S. H. E的三名成员（Eella，Selena和Hebe）对抗一位厌恶女人的音乐主管。为推销更多唱片，他要求她们穿着暴露。三个女孩一怒之下喝了一口可口可乐，变成三个夜间精灵，她们身着华丽的中世纪服装，与自己傲慢的上司（这会儿是魔兽世界中的兽人）战斗。三个女孩使用神奇绝技，把他变成了一个半裸的小小滑稽玩意儿。这个角色扮演的奇幻剧，以可口可乐标志语结束："要爽由自己"。百事对此叫板反应灵敏，也宣布与在线游戏"梦幻国度"联合营销。百事可乐电视广告蓝色风暴系列"鸟人"篇，是一出蓝鸟人被困及英勇救援之历险的情节剧。②

很难说可口可乐的魔兽世界和百事可乐的梦幻国度，哪个更讨好中国4000万游戏玩家，但有一点可以确定，那就是，仅靠整合不能吸引Y世代人。观众参与若不是被带入真实情景，生产者主导的品牌娱乐表演，比如像S. H. E和鸟人那样的插播广告，其被动内容不能吸引非常需

---

① 见http：//game.5617.com/moshou/index.aspx（魔兽世界）和http：//mland.sdo.com/new/home/index.asp（梦幻国度）。鸟人见http：//www.pepsi.com.cn/blueonlinetv.asp?id=9。。可口可乐WoW广告见http：//icoke.sina.com.cn/moshou/tvc.html。。2006年5月登陆。

② 与可口可乐广告相比，百事的目标受众心理年龄要低一些。正如比尔·毕晓普（Bill Bishop）在自己的商业博客中评论的，百事在战略上决定投资梦幻国度，似乎很有问题，因为那是"女性游戏"，他问，"盛大（梦幻国度的经销商）难道不知道，玩游戏的人中，只有五分之一是女孩吗？"见Bishop（2005）。

要互动的终端使用者。中国大规模的受众参与主要是手机,不是数字媒体。《超级女生》就是典型的例子。《超级女生》是美国电视节目《美国偶像》的衍生,它增加了短信投票项,给赞助商蒙牛乳业带来1.85亿新酸乳饮料的销售业绩(Madden 2005b)。在2005季最后争夺赛期间,这场真人秀的主办方湖南卫视现场,每秒价值1.4万美元,收视率超过中央电视台(CCTV)黄金时间电视连续剧的广告(杨海军2005,30)。这一成功表明,网络运营商最好的选择,是与电视和手机媒体一起创作植入性内容,以求互动规模的最大化。

付费搜索平台是另一个问题。MSN面向全球推出的广告中心,或许预示,网络广告重新变强。在日本和韩国,搜索营销正成为广告主的主流媒介,预计中国亦会如此。至2007年,按点击率收费是日韩搜索广告最广为接受的体系。但中国互联网信息中心发出了另外的警示:鉴于34%的中国网民只使用一种搜索引擎,41%的网民使用不超过两种,没有优良品牌的搜索引擎可能会破产(Wertime 2005)。至少可以这么说,中国网络商人目前的观点非常庞杂。或许,奥美中国区常务董事韦棠梦(Chris Reitermann)最为清楚地表达了互动营销的模糊之处,"推动中国网络广告花费的关键因素,在于无历史的直销,也就是说,比起美国或欧洲同行,中国商人可能更快喜欢上网络的虚拟基础架构"。(Savage 2005a)另一方面,他警告我们当心"过于宣传了网络的前卫能力"及博客作为广告媒介的潜力。据报道,印度对于中国,就是一个值得警醒的例子:印度的在线与无线社区尽管发展迅速,但它的互动营销却发展缓慢。

或许,"互动营销以何等速度取得进展",并不是问题的真正症结。我们最好问一问,广告商在线显形,什么类型的互动内容对他最有利。创造中国网络空间最精彩、适切内容的,越来越不是广告人和商家,而是年轻用户们自己。援引北京奥美的一份研究报告,"技术的民主化,意味着亚洲青年人的想象力暴涨"。创造力掌握在个体用户手中,他们制造的媒体景象具有真正的销售价值。2006年恶搞电影《无极》的热闹，就是最好的佐证。《无极》由著名导演陈凯歌执导（他的《霸王别姬》在西方最为有名）。嘲讽可以无害，本案例外。业余爱好者胡戈的《一个馒头引发的血案》，在讽刺才能上堪比英国剧团巨蟒（Monty Python）。① 胡戈将剪辑制作的地下视频，昵称《馒头》，在他的朋友圈里发送。很快，朋友将它贴到视频共享网站。一个月之内，凡网民必看，导致陈凯歌威胁说要采取法律行动，引发一轮轮关于知识产权界线问题的社会和法律方面的争论。这种争议，在中国史无前例。与广告直接相关的，是"馒头"实际上成了陈氏电影有效的营销工具。许多"馒头"粉丝，包括我自己，就是在看了恶搞版之后，购买了陈氏原版电影，以便更好地品评后者。这是一则逆向广告的优秀案例。

另一个用户生成内容产生销售的例子，是广为流传的"后舍男生"视频。黄艺馨和韦炜是广州美术学院的大学生，他们为自己喜爱的后街男孩的歌曲对口型，剪辑后上传至谷歌视频，② 结果瞬间成了名人，并与摩托罗拉和百事可乐签约代言。大众对摩托罗拉网络运动的反应尤其势不可挡。两个男孩在网上为歌曲《只要你爱我就好》（As Long as You Love Me）做着惯常的对口型把戏。同期举行的对口型和歌曲混音比赛，获得1400万的页面浏览量。访问者云集摩托罗拉网站，投票达130万，挑选比赛赢家。（Roberts 2006）。这次促销不仅产生了强烈的新闻效应，还使摩托罗拉新手机销量大增。

网络发掘出的长线业余明星，将步后舍男生后尘，一个个等候成为未来的品牌大使。与此同时，社会网络媒体正扩展品牌内容的概念边

---

① 胡戈的恶搞版可在 YouTube 上观看。http://www.youube.com/watch?v = AQZAcTlxaKk&search = Mantou. 2006年3月登陆。中国关于胡戈事件的争论，见新浪博客：http://blog.sina.com.cn/im/html/2006 - 02 - 14/316.html. 2006年6月登陆。

② 他们的表演可在以下地址观看。http://video.google.com/videoplay?docid = 6440135875935340811 和 http://youtube.com/watch?v = BpWvXQ_Fj78&mode = related&search = . 2006年5月登陆。

界,提供与博客和播客合作的可能性。中国缘(聚友网的翻版)自诩能将植入性广告整合至 Web2.0 网页。进入中国缘用户框中的无缝集成广告,和其他网页装饰项目,已经吸引了跨国公司比如可口可乐,作为用户。① 或许,社会网络广告中的这个最新进展,进入中国尚需时日。需要明了的一点是,预制和生产者驱动的内容已不再吸引网民。相较于广告人的创意,用户生成内容是一匹黑马。可以想见,当中国城市中的独生子女一代(后舍男生的追捧者和胡戈的网络粉丝)中,有 6700 万到 8500 万人参与创建基于数字的主流文化时②,网络广告将无疑长足进展。但对于其余的 12 亿受众,电视仍是王牌,也是企业赞助商之间竞争激烈的主要空间。电视是中国建立和培育品牌的理想媒介。

本书各章概览

《品牌新中国》一书,广泛考察了广告、媒体和企业三大相互交叉的领域,涉及的品牌涵盖食品饮料、蒸馏酒、白色家电、手机、计算机、门户网站、汽车、妇女保健、地产和企业品牌,以及中国这个国家品牌。我选择这些品牌和种类,主要是因为它们与关键性调研相关,而不是依据它们在自己领域的地位。

第一章将分析锁定生产地——广告公司,从公司的角度考察本土化趋势。我调研了"本土内容"的建构,选取了一个分别由跨国公司、合资企业和中国本地客户委托的混合的广告推广活动为样本。

第二章以"定位"理论及例子开篇,集中展现品牌塑造过程中的流

---

① 见 http://www.life365.com/member/login.html。在中国缘网站上,当用户为其主页选择爱茉莉(Espoir)化妆品作背景时,她不仅下载了爱茉莉的广告,而且面向每位她邀请到博客和相册中的朋友,代言了这个品牌,为其作了广告。

② 2005 年,城市独生子女占全国独生子女人口的 40.45%;城镇独生子女占 18.36%;农村独生子女占 41.18%;可能只有城市和城镇独生子女(1.119 亿到 1.42 亿中的近 60%)才有条件上网。

动性和不可预期性。我以两个女性护理产品的推广活动，说明进行品牌定位的重要。人口统计学上的分析，自然瞄准新现代女孩——快速消费品的黄金市场。我用奥美360度品牌管家工具，做了两个案例研究，由此将品牌传播呈现为一项整体工程，当广告公司、客户和消费者之间建立起平等的合作伙伴关系时，品牌传播才有意义。此章最后部分探索超越消费者与生产者、本土与全球之二元对立论思维的新政治文化，对营销研究和文化分析的融合，以及它对流行文化学术上的影响，提出自己的思考。

第三章考察中国企业交叉思维、协同决策的新步伐。我追踪娃哈哈—达能合并事件及论战，评价全球品牌在中国产生协同作用的现象。与宝洁的"多品牌"（house of brands）策略方法相比，娃哈哈的"品牌家族"（branded house）构架，被视为"协同驱动模式"。为更深入探索协同的意义，本章在研讨合资品牌和品牌延伸策略之外，最后讨论了国家品牌塑造（即塑造"新中国"这个品牌），这需要国际广告公司、中国政府和正走向西方的国内超级品牌同时发力，多方面积极主动地合作。

第四章继续探讨互惠流的主题，但关注转向两大超级品牌——海尔（白色家电）和联想（计算机）的企业文化。我重点探索的，是对企业品牌塑造与产品品牌塑造间概念差别的论辩。全章都在探讨企业品牌塑造，部分原因在于想从组织叙事（organizational storytelling）的优势入手，探讨企业文化，以展示可汲取的经验教训。这不仅让我们了解到海尔丰富的轶闻趣事和传播其名声的卡通系列，还可以看到围绕联想，由中国博客写手引发的两次网上论辩。

第五章通过考察中国的城市波波热，论述生活方式文化和营销之间的相互关系。在一个布尔乔亚人数极少、波希米亚方式不存在的国度，怎么出现了想象的"波波族"阶层？为清楚阐释"流行文化变成营销热"现象，我介绍了"新新人类"概念，并描摹了连接时尚文化与消费者细分之间的途径。

第六章追踪国际手机品牌塑造背景之下，中国的音乐与青年文化之间的关系。通过摩托罗拉案例研究，探讨刚刚兴起的中国移动数据产业，以及为什么国际手机制造商在中国销售移动音乐，竞争要如此逐级加码。城市独生子女在该研究中占据重要地位。一些国际公司热捧的假定受到考验。音乐"部落文化"与音乐"亚文化"之间的概念区分被强调。我还阐明，这一区分在帮助商家更清楚地定义无线音乐目标市场的同时，亦彰显出中国主流酷文化的线索。

第七章探讨媒体购买和媒体计划——广告成品的媒体投放。我考察了中国国有媒体复杂的商品化过程。节目内容产业的恶性循环——开放、缩减和重新调整后的部分开放，本质上具有中国的和社会主义的特性。这揭示出中央电视台年度广告拍卖，和中国有里程碑意义的媒体政策的双重背景之下，媒体、广告和企业间复杂的结构性依赖；特别关注已成广告媒介的电视连续剧，讨论植入式广告的未来。

结论部分，正值北京奥运会前夕，讨论网络营销新发展，讨论正为中国广告的创意内容和形态转变铺路的草根数字文化。人们期待"新中国"奥林匹克奇观的迫切心情，史无前例。最后，我以为，本书在理论和方法论上开辟了先河。

第一章 本土内容

全球广告,其核心理念与营销概念背道而驰,即没有充分关注某一国目标群体的需要、欲求、态度、心理定势、传统和期望。

罗德里克·怀特(Roderick White 2000)

1980年代和1990年代后期,当品牌开始关注全球化时,我们看到它突然转向国际广告。新世纪,我们正目睹一次意义重大的转身——回到对特定市场的关注。

玛丽·特雷莎·瑞尼(Mary Teresa Rainey 2001)

跨国广告公司扬·罗毕凯(Young & Rubicam)的玛丽·特雷莎·瑞尼和总部设在伦敦的征服咨询公司(Conquest Consultancy)的罗德里克·怀特均表示,跨国广告公司退出全球主义已是事实。他们认为,跨国广告公司的成功,在于充分了解目标市场的特定文化价值。

相反的趋势——本土化

以上两段引文,总结了产业界对全球营销和广告转变认识的普遍趋势。2005年,当穆依(Marieke de Mooij)首次提出她的"国家文化价值体系"理论时,反对全球化的观点听起来远比1990年代后期更易让人接受了。(de Mooij 1998,2003)① 市场顽固地保持着民族性,她这一颇受争议的观点,在形势发生有趣的转变之后已得到证实。标准化广告越来越不受市场青睐,企业纷纷涌向新的潮流——"本土化"。约翰·菲利普·琼斯(John Philip Jones)描述了这一几近狂热的变化:"'充分本土化'的营销活动所占比例,从20%增至35%,部分标准化和部分本土化的营销活动所占比例,从10%升至55%,而'完全标准化'的营销运动所占比例,则从70%降至10%之低点。"(Jones 2000,5)这些数据证实了曾经趋向同一性的跨国广告公司如今的新战术。跨国公司已不止一次因使用同一诉求而遭遇失败。最近,耐克的时髦广告片《恐惧斗室》,因亵渎"龙"图腾及对中国功夫大师的不敬,而在中国一败涂地("中国禁令"2004)②。商场中充满了失败的全球广告战役。(第二章将有更多案例)。向"本土化"转向的趋势,已是风头更劲。21世纪,"去当地",是跨国品牌获取成功的入场券。

"本土化"这一问题,需要从广告公司和样品广告这两个角度进行检视,样品广告对地域非常敏感,由国内、合资和跨国广告主制作,以确立它们在中国的品牌。对于当前关于"文化全球化"的学术讨论,他们的经验是最佳的注脚。只有从未在广告公司待过的极端民族主义的广告专家和理论家,才会将"全球化"与"本土化"对立,视二者为敌对话语。

与此同时,该领域精明的从业者们正忙于伪装自己的品牌(有时作

---

① 穆依的所有著述均指出,收入水平的趋同,不导致不同国家人群的价值模式的一致。她运用霍夫斯泰德(Hofstede)的 5-D 文化模型,坚持认为,民族文化模式比收入更能解释不同国家消费者的行为差异。这意味着文化多样化会影响营销和广告,她由此揭示了国际营销和全球品牌塑造范式的不当之处。其著述表现出对欧洲文化特殊性的偏向。5-D 模型区分国家文化的5个维度:权力距离的强弱,个人主义与集体主义,男性文化与女性文化,避免不确定性的意愿的强弱,以及长期或短期取向。

② 耐克广告片见 http://www.asianmediawatch.net/nike/,2005 年六月登陆。

为"国产品",有时作为"进口货"),根本无意选择任何一种固定的身份。将产品塑造为"本土"或"全球"品牌,是不是很重要?每次我问及此,广告人们,无论来自英国、澳大利亚、美国、中国、日本或保加利亚,其反应无一例外地轻笑着反问:"何必问?"扬·罗毕凯广告公司保加利亚分部的前客户经理、现为总部设在波士顿的希尔·好乐迪(Hill& Holliday)广告公司的新媒体战略家的伊利亚·维德拉什科(Ilya Vedrashko),清楚地表达了这一典型观点:

> 我认为理解全球—本土矛盾的关键,在于这样一种观念,即视品牌塑造是发生在消费者头脑中的事,属哪个企业、在哪里制造不重要,除非它们被清楚、特意地加以表明。以健力士(Guinness)为例,该品牌隶属英国帝亚吉欧集团(Diageo Group),但对于大多数消费者而言,它被看作最强烈的爱尔兰符号之一,同圣帕特里克(St. Patrick)的符号一样强烈。在俄国,相当长一段时间里,它被作为广受欢迎的高档进口品牌出售。现在,2005 年 7 月 1 日,帝亚吉欧与荷兰喜力啤酒(Heineken)建立了合作伙伴关系,将在圣彼得堡开始酿造健力士。但它在俄国消费者心目中还能长久保持为"进口的优质爱尔兰啤酒"吗?其品牌"标识"已是一个混合体。能说它是英国、爱尔兰或者俄国的吗?(Vedrashko 2005)①

品牌的身份是消费者作出的投射,它只不过是成功广告的结果。格雷广告公司(Grey)亚太区首席执行官埃里克·罗森克兰茨(Eric

---

① 见《喜力与健力士合作后,期待强劲增长》(Heineken Counts on Stout Growth after Guinness Deal)。http://www.cee-foodindustry.com/news/news-ng.asp?n=57560-heineken-counts-on. 2005 年 7 月登陆。我很幸运,有机会了解 Ilya Vedrashko 关于国际广告的观点,因为他离开产业界后作为比较媒体研究的研究生来到麻省理工学院。2005 年春季,Ilya 进修我的"广告与流行文化"课程,我们得以有充足时间就广告交换观点。

Rosenkranz）认为,"广告公司并不拥有品牌……真正创造品牌的是消费者"（Rosenkranz 2001，35）。如果某品牌被目标群体认定是"本土的",它即使由跨国公司拥有,也是本土的。第二章的高洁丝案例和谈协作的第三章提供的许多中国案例,都说明了这一逻辑。舒而美卫生巾即便被金佰利（Kimberly-Clark）公司收购,始终被使用者认为是中国本土品牌;娃哈哈拼命试图将非常可乐营销为"中国人自己的可乐",不显露其欧亚根源。为对抗"全球"而建构"本土",此举毫无意义,因为两者并不互相排斥。国内和跨国广告主在实际操作中都在推翻这种僵化的二元论。下面再看另一段引文,来自星空传媒（Star TV）负责广告销售的前执行副总裁布鲁斯·奥尔特奇克（Bruce Oltchick）:

"今天,什么能让一品牌成为本土品牌?"问题好大……答案是,"消费者对品牌的感知。"美国有一最好的例子:大多数美国人认为哈根达斯是个外国品牌,其实不是,它是美国品牌。品牌成为"本土"的关键,在于它与消费者的密切程度,他们之间的相互关联。事实上,谁拥有品牌、谁制造品牌、谁营销品牌等,这些都与它毫不相关。（Oltchick 2004）

或许,麦当劳是个众所周知的跨界品牌认同的例子。詹姆斯·沃特森（James Watson）及《金拱向东》（Golden Arches East）的其他作者指出,东亚人已不认为麦当劳是"外国的",因为它已经融入当地人的生活。沃特森认为,文化全球化不应被看作简单的"西方化"。（Watson 1997）。越来越多建立在差异细微的民族志学基础上的流行文化研究,提供了相似的观察结论:思想上的二分法比如全球对抗本土,也许是一个错误的观念,它"掩盖掉的,远比揭示出来的要多"（Condry 2006，2）。

一旦抛却本土—全球二元论思维,我们便需要用新方法取代其框架。但我们需要超越"文化真实性"这样的循环,因为这一视角围绕着本土—全球轴心并构建了有关国际广告的流行论争。我发现，取而代之，从生产场所自身即广告公司入手，探索一系列以生产为中心的主题，会更加有用，这些话题包括，国际广告代理公司的4A模型，国际广告代理公司在中国的势力及其与国内广告公司的小冲突，以及因另外一种4C（中国人/消费者/民意/沟通）理念造成的挑战所激起的波澜。

本章的核心要点是本土生产，皆由国内广告专营公司（具有特定创意能力的广告代理公司）和跨国广告公司所实施。"中国的"内容已用各种不同方式加以阐释。当我们列举包含"本土化创意"的广告活动时，它们虽由跨国公司、合资公司和本土公司大量生产，但我们会发现，每一活动都采用不同方法，去接近"本土的"美学与创意概念本身。描摹所有公司的概况，也能揭示出本土公司与跨国公司相比所显露的相对优势与劣势。同样重要的是，我们如果将分析焦点从国际—本土轴心，转移至分层的中国国内市场，或许，"本土化"便获得了新的含义。

WTO 倒计时

为更好地理解中国广告公司的环境，我们先从2001年12月的一份协定开始，即中国与世界贸易组织（以下简称WTO）签署的具有重大历史意义的协议。2005年底，中国自1978年以来首次允许外国广告公司在华独资经营。对"帝国主义收购"的担心，导致就WTO可能给中国广告业带来的冲击，在国内引发激烈论争。从贸易杂志上精选出的观点来看，相关论战都似曾相识，在中国现代史上反复出现，那就是，反抗的民族主义者与全盘西化的倡导者之间的争斗，而在该问题上，双方都反映出对WTO的妄想与偏执：

- 全球化是主导范式，中国广告专业人士应热忱迎接之。
- 中国文化是美好的。我们必须强调"民族性"，坚持文化保护和保存，抵制外来因素渗透广告行业。

- 全球化是服务于文化帝国主义的一种（文化）想象。溯本求源的方式无益。中国逃脱不了最终完全臣服于发达西方资本帝国主义的命运。（许椿 2003，91）

从无限乐观主义到极端悲观主义的这种种反应，无论是怯懦地默认西方，还是为保存"中国身份"而进行激烈斗争，均描绘了国内广告业面对 WTO 挑战时所处的困局。但诚如第三章展示的，民族主义和全盘西化的极端情绪，绝不是 2003 年所表达的最主要反应。几乎同一时间，出现了另一更为强势的话语，"协作"，表明中国企业看好本土与全球之间的顺畅交流，以及由此产生的展望中国规则与国际标准相融合前景的信心。本土广告公司和跨国广告公司间倘若在品牌建设、营销和企业管理这几方面不再有认识上的差距，那么，排除臣服或抵制，中国人还拥有很多其他选择。中国国内广告公司的多功能性不应被低估。

防御战略

2005 年，中国有 84272 家广告公司，比上年增长 10.6%，实乃惊人（广宣 2006，38）。该行业尽管极度拥挤，但中国广告主与广告公司之间的合约期很短，给众多公司提供了生存空间。与广告公司合约平均持续 10.5 年的美国和平均持续 5.6 年的日本不同，中国企业往往不断变换广告公司这个合作伙伴。2003 年，黄升民做过统计，发现 41.3% 的企业会在不到两年内与广告公司解除合约，34.9% 的企业维持 3—4 年的合作关系，只有 4.8% 的企业能与广告公司保持 7 或 8 年的合作（黄升民 2003，178）。此不断变换广告公司之症，表现出广告行业内普遍存在的几种异常状况。第一，国内中小型广告公司是从其他广告公司劫取广告业务的主体。它们就像小鱼，只需很少的业务量，就能在行业大海中生存下来。第二，它们用最低的价格招揽生意。第三，恶性竞争导致了主张广告公司"零代理"的声名狼藉的经营方式，这进一步缩减了所有广告公司已经在不断缩小的利润率（赵楠楠 2002）。① 廉价服务不值钱，中国国内广告公司与客户达成协议的手段远比跨国广告公司多。中国广告市场是个混乱的竞技场，规则随兴而定。小广告公司是多面手，有时，最适应此。

或许有人会说，随着时间的推移，因为需要塑造品牌的专业技能，广告主会逐渐丢弃草台班子似的小广告公司，转向寻求国际 4A 广告公司。然而，培养中国企业对专业化品牌传播的渴求，尚需时日。中国的 WTO 协议，触发广告业更快地剧变。从 2004 年 3 月起，外国广告公司可以在合资广告公司中拥有最多达 70% 的多数股份（屈建民 2004）。到 2005 年底，它们已可以独资身份进入中国。比起对二、三线及更小城市的广告公司的冲击，这股浪潮预计将对一线城市的国内大广告公司产生更为不利的影响，因为前者是跨国广告公司理想的合资伙伴。进入未知的中国内地市场的跨国广告公司，热切希望找寻了解特定地区行情的当地公司合作。② 在二、三线城市，合资模式促使地方广告公司与跨国广告公司之间建立起合作而非对抗性关系。在这场假想的战斗中，真正的火线冲突，发生在跨国广告公司与国内一线城市及直辖市重量级的广告

---

① 1995 年，北京相关部门颁布了中国的《广告法》，规定在代理制度的执行中，广告代理费应在广告费用的 10—15% 之间。但实际上，大多数广告公司仅收到 2—8% 的代理费。随着零代理的实行，形势更加糟糕。争夺客户的竞争日渐激烈，以致广告公司愿意牺牲自己的代理费而招揽客户。正如第七章指出，在 21 世纪早期，媒体给予广告刊播者的折扣高达 80—90%。因此，广告主为得到折扣直接与媒体洽谈，而完全避开了广告公司。零代理则被广告公司作为激励机制吸引客户。广告公司如果将自己的代理费返还给客户，它们将如何赚钱？中国媒体有非正式的"返点"制度：广告公司的媒体购买费用累积若超过 2000 万元，媒体给予的返点率是 5%（100 万元）；媒体购买费若超过 1 亿元，返点则是 10%。因此，广告公司从大客户那儿累积媒体购买费（通过零代理吸引）至最大数量，以获取 5—10% 的返点。广告公司经常获得丰厚利润，以致除了采用零代理外，还能返还 1% 给它们的客户。众所周知，一些 4A 公司也实施了零代理。见寇非（2003），第 239—244 页。

② 二、三线城市将遵循同样的合资模型，犹大如 20 世纪 80 年代和 90 年代跨国广告公司最初进入一线大都市时一样。广告行业的合资模型通常驱使跨国广告公司和它们的国内合作伙伴之间建立起合作性而非对抗性关系。

公司之间。

　　WTO协议成熟前夕，许多中国评论家提出的建议中，重新阐释了参与广告产业内即将到来的决斗的各项条件，指出，获胜的关键因素已从"创意"和"发掘人才"，变成了资本和规模（郭瑾2005，15）①。既然创意产业首先并主要是一项产业，那么，国内大广告公司也许应该开始考虑"整合"，以应对"外来冲击"。

　　产业整合作为防御战略，有丰富的先例。然而，"行政命令促使集团化"的中国式模型，显然违背西方所理解的合并的意义。通过政府主导的集团化，产业和媒体领域形成许多比较强势的集团，以便更好地抵御大规模的"外来渗透"（王瑾2003，249—250）。没有谁能比社会主义国家更娴熟地运用WTO这张牌了。中国有线电视网络公司成立于2001年，主要由国家广播电影电视总局（SARFT）控股，以吸引全国各地的本地有线电视运营商，并最终占领了三分之一的有线电视市场（中国在线2001）。实际上，21世纪早期视听媒体领域的大规模合并，重演了1990年代印刷媒体重组的历史（赵月枝2000）。还有很多其他规模经济的例子。2001年12月，一些国有广播公司合并，组成了中国广播电影电视公司。这次新合并接管了"中央平台，外国电视公司可以通过该平台传输卫星信号到中国"（中国在线2001）。第七章将回到这个主题，考察中国媒体政策改革背景下政府主导的合并。当前，急迫的问题是，已经在印刷和视听媒体业发生的规模性综合举措，是否也会发生在相对自治的广告业。

　　令人吃惊的是，截止2007年初，北京政府的态度仍然是不干涉。国家工商行政管理总局（SAIC）的一位官方发言人强调了适者生存的重要性（屈2004）。相反，一些广告业内的评论家则建议国内顶尖广告公司自愿合并，以在跨国广告公司制动以前抢占合并先机（郭瑾2005，

---

　　①　1990年代晚期，中国广告论述中着重强调了对"人才"的重视。

16)。从这儿,我们看到了一个耐人寻味的现象,即中国对"中央集权"的反应,无论有无政府推动。此"合并"建议之下潜藏的是一种防御机制,它由2005年12月倒计时引发,届时,此前将中小型国际广告公司拦在外面的保护闸将全部开放。

乐观情绪盛行

并不是每个人都感到恐慌。一些评论家反驳了外国垄断理论,建议持观望态度。这些观察人士相信,中国的广告市场足够大,可以让竞争的各方并存。他们认为,不仅如此,国内大公司可以与跨国巨头一起富有成效地工作,培育出一个可自我调节的、更为规范的中国广告市场。这些预言,以及其他一些与此相似的"协作"预言,已被部分证实,中国广告人的新信心,来自中国GDP的稳步增长。许多人视日益具有竞争力的中国企业为国内广告产业包治百病的万灵丹。某种程度上,跨国广告公司在中国的繁荣发展,依赖于它们的跨国公司客户,以此类推,国内广告公司也能指望兴旺发展的国内公司客户,为其提供稳定的收入流。

同时,报道奥美和盛世长城选择方向错误的视觉暗示的负面新闻,使业界对中国客户痴迷4A神话的批评格外强烈。许多4A广告公司被视为只是在因循肤浅的语言中国化这一老套做法(伏虎2004, 53)。① 国内广告公司士气大增,因为越来越多的跨国企业寻求本土广告公司以求

---

① 奥美为御苁蓉所做广告引起的争议,广告业内众所周知。产品做广告时宣称是一种肾脏滋补品。名为《水枪篇》的电视广告将男人的肾功能弱与水枪不能发射联系起来。广告播出后,产品销量反而下降。可该广告获得亚太广告节大奖。有关御苁蓉案例分析,可参见符定伟、毛晓明等(2002),第159—166页。2003年,丰田在中国杂志《汽车之友》上刊登了一则平面广告,表现一只石狮子作敬礼状,另一只石狮向一辆Prado陆地巡洋舰叩首。广告语是:"霸道(Prado),你不得不尊敬。"在中国语言中,Prado被翻译成"霸道",意指"最高权力"和"用权势统治"。这一图片激怒了中国人。消费者在网上发布严厉批评,直到丰田道歉。中国网民也设计了一则恶搞广告,表现两只巨大而愤怒的狮子击碎霸道SUV车,广告语是:"霸道,不得不拿下!"广告见http://ad-rag.com/107456.php(2005年6月登陆)。有关中国人对本事件的讨论,见桂世河和刘潆檑(2004),第113—114页。

改头换面（例如，达能［Danone］与黑马广告公司签约），跨国广告公司丢掉本土客户的事也越来越多，这些客户转而投入了国内新广告公司的怀抱（如味全和六神从达彼思广告公司［Bates］转投一个新的中国小广告公司）(Onicek 2003，38)。① 所有这些实例表明，"协作"也许并不只是牵强的抽象概念。尽管有一些令人沮丧的预言，但乐观主义的精神随处可见，相信即使中国加入 WTO 后，国内广告公司仍能持续繁荣。

可能的机会

进入新千年的前几个年头，既是危机时分，也是边界逐渐模糊和新机会出现的阶段。在一片"狼来了"的呼喊声中，跨国广告公司和本土广告公司的共生关系——既有良性竞争又相互促进、相互学习，则被认为是新世纪的"主旋律"（吴晓波 2003，12）。雄心勃勃的中国广告人开始相信，加上跨国广告公司带来的品牌资源，他们能完成全球知识的本土化。然而，这一在"广告共同体"方面的互惠承诺，不应从表面来判断。互惠并不总能转化成平等。4A 发言人经常过度热切地合并这两个概念。例如，来自跨国广告公司李奥·贝纳（Leo Burnett）的一位广告人说，他认为，"国际 4A 公司和国内广告公司之间不再有区别。要开拓国外市场，广告公司必须百分百本土化。因此我想无论我们谈论李奥·贝纳、奥美还是电通（Dentsu），这些公司已经视自己为'本土公司'"（引自 Onicek 2003，40）。

这番协作言论也许使人想起早期的讨论，即消费者心目中，外来品

---

① 2003 年，广告业内的重大事件就是本土客户从达彼思上海分公司大批流失。这批客户叛逃到的新广告公司星美是一家本土公司，由之前就为这些客户服务的中国高层董事建立，只是那时的老东家是达彼思上海分公司。有一点很明确：本土客户关注的，是只要其绝对信任管理品牌的人，那么，这与为其服务的广告公司是否是国际 4A 没有太大关系。见 Onicek（2003）。

牌与本土品牌界限已越来越模糊。但不能使用同一交迭逻辑，来评定广告公司的身份。跨国广告公司尽管很容易宣称自己已找到新的"本土化"身份，但本土广告公司全球化却几乎不可能。主张协作是一回事，可忽视中国广告公司固有的劣势则是另一回事。并非所有广告公司都是平等的。

跨国广告公司在三方面有明显优势，即人才招募（高薪水的诱惑）、资源调度及积累的塑造产品品牌的专业知识。① 看一眼 2003 年对中国十大广告公司的调查就能了解主要形势（国际广告和 IAI 国际广告研究 2004，12—15）。外国广告公司与中国广告公司（带星号）在营业额上的巨大差距意味深长：

公司名称	营业额：单位（美元）
盛世长城国际广告有限公司②	33800 万
麦肯·光明广告有限公司	32700 万
上海李奥·贝纳广告有限公司	32500 万
北京电通广告有限公司	29100 万
北京未来广告公*	14700 万
广东省广告有限公*	13500 万
上海广告有限公*	11650 万
上海灵狮广告有限公司	8375 万
北京大禹伟业广告有限公*	4800 万

---

① 跨国广告公司最强有力的核心竞争力之一，是它们可以为"区域机构发展和覆盖全国"调动资本资源。见 Mitchell, Rupp et al. (2004)，188。这也是规模经济原理如此强烈吸引国内战略家的原因。当中国市场层层开放时，其庞大规模对本土广告公司来说，可谓喜忧参半。它们一方面主张区域优势，另一方面又因缺乏扩展势力范围的资本而从未远离大本营。相反，跨国广告公司却可以将它们扩张的步伐迈入多个区域市场。

② 为萨奇·萨奇公司（Saatchi & Saatchi Compton）在中国的合资公司。——译注

我们再看另一图表（陆长生 2004，119—120），比较各广告公司的年增长率，同样可见竞争力的不对等：

公司名称	2001—2003 增长率
盛世长城国际广告有限公司	93%
麦肯·光明广告有限公司	95%
北京电通广告有限公司	111%
上海奥美广告有限公司	49%
广东省广告有限公*	50%
上海广告有限公*	48%
北京广告公*	5%
上海美术广告公*	22%

平均来看，2003 年十大国内广告公司的总营业额仅相当于十大跨国广告公司总利润的 53.8%（陆长生 2004，120）。

公平地说，国内广告公司的一个显著优势，是拥有自治权，这意味着更为迅捷的沟通渠道，有益于高效率决策。与之相反，跨国广告公司却因受繁琐冗长的指挥链之累而工作受阻，指令由总部（通常设在纽约或伦敦）发出后，传达到亚太区，再到大中华区（中国香港、台湾或大陆），最后才到中国大陆分支机构（如北京、上海或广州）。有时，甚至最小的决定，也要层层上报，直至到达广告公司全球总裁。区域执行官若不愿意为所作决定承担责任，便出现踢皮球现象，消磨了中国客户的耐心，他们不习惯（也许永远都不习惯）这种僵化的业务程序。简言之，国内广告公司可以充分利用其自治权，确保快速执行客户要求的活动，同样重要的是，能以迅雷不及掩耳的速度，对多变的政府政策作出反应（第七章探讨政策变化给广告业带来的影响）。

但国际广告公司手中握有王牌："4A 称号"。这个只取首字母的缩写词，意为协会认可的广告代理公司（the Association of Accredited Advertising Agencies）及美国广告执业特权。许多中国人甚至误认为"4A"是"美国广告代理公司协会（American Association of Advertising Agencies）"。以美国标准为基础的品牌塑造手册在中国书店炙手可热，此说绝非夸张。手册详细规定了分支之间的劳动分工①——国内大广告公司正照搬此模式。到2007年，强调细分重要性的美国经典品牌塑造范式，在中国已得到接受。

达彼思广告公司发动的力波啤酒推广活动，和达美高广告公司（DMB&B）创作的哈尔滨可口可乐风车电视广告，这两个案例很好地展示了4A广告公司在中国实地操作的方法。隐藏在这两大促销活动背后的创意感觉，常被产业评论家称为"完美的本地化"。特别是力波啤酒电视广告，极易被误认为是"真正的"中国广告。二者运用不同方式销售"场景"，但都展示了跨国广告公司在中国如何进步，从浮浅的本土主义，发展到比较娴熟地诠释"本土内容"。此发展的明确迹象，是步入21世纪后方式方法的变化，即座右铭"全球思考，本地执行"越发被"本地思考，本地执行"代替。许多广告公司比如达彼思和李奥·贝纳，尽管公司文化中"全球标准"的淡化速度很慢，但很明确，潮流不仅已转向本土创作活动，而且还朝向更深层次的"本土内容"。2000年以前，在传递真正符合文化逻辑的创意活动和嵌入中文母语特性方面，很少有外国广告公司取得成功（丰信东2005，108）。但现在，最好的外国广告公司已摆脱了象征性的中国化。② 这种调整不可避免，因为4A公

---

① 这些品牌手册也包括每个分工经理的头衔（包括客户经理、客户总监、大客户经理、艺术总监、文案总监、创意总监、生产经理，这些都与缩写匹配）；客户、创意简报样式；联络报告和情况报告样式；定位和创意策略规范性的提示（朱海松2002）。

② 用丰信东的话来说，根本在于领会中文思考方式。丰氏认为，只用中文写作文案还不够，广告人还应尊重母语，掌握语言逻辑。他编撰了一本《现代汉语广告语法辞典》，由北京的中国青年出版社出版。

司代理的本地中国客户增加了。灵狮（Lowe）宣称，其业务量中有40%是本土客户；智·威·汤逊宣称有30%的本土客户；奥美上海称有50%的本土客户（聂艳梅和马晓莺等2003，23，14）。本土广告主与4A广告公司的联合似乎也越来越触手可及。

但即便2005年前后，大多数中国制造商仍习惯寻找本土广告公司为其服务，其中最著名的有叶茂中广告公司、平成广告公司和蓝色火焰广告公司。本地客户常充满好奇地接触4A公司，但在接受广告公司提供的战略建议时，却临阵退缩、半途而废。新千年早期，具有4A标记的著名国内品牌电视广告仍不多见。相较而言，合资品牌企业更大胆，愿意与4A广告公司合作。

"力波啤酒，喜欢上海的理由"

2001年，跨国广告公司达彼思上海分公司发动了一场力波啤酒广告推广活动，为该合资品牌寻求市场复兴。乍一看，这一广受欢迎的广告推广似乎没有运用任何伎俩。平面广告和电视广告都强调了品牌与当地消费者的共同记忆联系，而在这些共同分享的记忆里，上海都是一个贴心的地方。电视广告采用简单的叙述模式，却获得轰动性成功，不仅传达到目标受众——上海年轻白领，也传达到普通大众。这次运动为中国的品牌塑造和广告翻开了新的一页，因为达彼思用一句反复提及的定位陈述："我们为什么这么喜欢上海？"找准了力波啤酒最本质的品牌特性。其基本策略概念很简单：力波，一个古老的上海啤酒品牌，一直和"我们"风雨同舟。广告运动中说，力波啤酒见证了上海在改革年代所有的成长之痛。这是一个独特卖点（USP），竞争对手比如百威和青岛啤酒，都不能诉求。不变的是，每一则力波广告都强调这个城市值得纪念的场景——对上海人来说曾经承载了深刻的象征意义。每个场景都预期引起当地人共鸣，唤醒只有当地人才能品味的记忆。电视广告以一个在上海成长的小男孩的口吻，讲述自己亲眼所见、亲身经历的故事，将其个人记忆融入当地公众记忆之中。为完成这一合成性工作，每则电视广告都展示了1980年代上海令人难忘的公共场所和公共事件：一百货公司举办轰动的泳装展示，特写女模特儿们露胳膊露腿（在当地历史上是第一次）和跳舞；上海证券交易所开张当日拥挤的人群；桑德斯上校（Colonel Sanders）雕像笑容可掬地站立在上海第一家肯德基店外；如今已长大成人的男孩生平第一次烫头发（上海昙花一现的时尚）的美发店；曾流行的宣传资本主义工作伦理的户外布告板；恒鑫广场正在建设的摩天大楼。

　　这个模式的成功告诉我们，地域也是卖点。它也证实了冯珠娣（Judith Farquhar）为"历史"保留的位置一说，尤其是中国社会主义的过去，已留存在今天的中国消费者心中。与"全球的"相对的他者，既不是当地的文化精髓，也不是永恒的民族之性。全球主义的他者，是拥有共同过去和共同场所的一群人（Farquhar 2001，125）。并不是任一场所都能提供时尚的跨越地区的经验，但对于生于斯长于斯的故乡，生命的记忆在不断累积。力波电视广告说上海是最好的生活场所。上海居民和广告界都为此得意。如果一些学术评论家质疑电视广告中呈现的都市风光看上去不确切，"不很像上海"，也没关系。[①] 对广告人和广告公司来说，至关紧要的，是上海本地人这一目标群体的反应，只要他们认为电视广告中的地点不是别处就是上海即可。这一点广告创作者显然做到了。

---

　　① 当把这则电视广告放映给学术人群时，这是典型的反应。他们不理解电视广告为目标受众（本案中是上海人）而创作。然而，不属预定目标群体的观点对广告人来说无关紧要。他们的典型反应是："噢，但恒鑫广场看上去就像任何其他大都市场景，它并不能有力地说明这是上海。"他们坚持使用诠释学阅读广告（此说由拘泥摄影棚的评论家提出），这很具有启迪意义。它表明人类学研究者囿于有问题的方法，视广告为纯粹的文本，而不是复杂的品牌塑造过程中的产品。消费者细分是品牌塑造的第一步，也是最重要的一步。详见第二章和第五章。

"本土"，构建而成

对力波啤酒的追捧很快蔓延到上海多个脱口秀节目之中，它们推出实地访谈，街头漫步的上海老人、青年复述广告口号，演唱力波主题歌。表面上，此次推广活动的创意与执行，均强烈体现本土的审美形式，脱离建立在抽象视觉提示基础上的形象策略，采用中国受众最熟悉的传统的讲故事方式。一些广告人提出尖锐批评，指责电视广告将外来上海人排斥在外（Huang and Ye 2001，72），这反而更进一步证实此推广活动在连接上海本地人这一目标受众上的成功。

但不能只看此次推广活动"本地性"的表面价值。第一，活动全都属于"感性品牌塑造"，这是一种最佳的全球营销策略（Travis 2000；Gobé and Zyman 2001）。达彼思不愿意公开支撑力波推广活动的 4A 方法。这知识若公诸于众，他们便不会在媒体上获得那么多"中国思维"的赞誉（聂艳梅和马晓莺 2003，17）。

第二，中国广告业推崇力波，就因为它是当时少见的市场细分的例子。直到世纪之交的今天，大多中国生产商与合资生产商还只是为自己的产品做广告，而不是建设产品品牌，因为 4A 广告公司提供的专业品牌传播服务太昂贵。力波塑造的品牌个性"故乡老友"，是此次推广活动成功的核心。不用说，通过与目标消费者建立情感联系来出售品牌，此种实践在当时有悖传统。这次战役是细分的杰作，这是我下一章将要详细探讨的现代美国的广告规则（Aaker and Joachimsthaler 2000，31—93）。另一令人好奇的细节，是对于大上海以外的其他中国人，该电视广告多么难懂。这也正是"本地"的真正意义所在，即拥有共同分享的历史和参照体系。

最后，我们得探询，是否真如传说的那样，此次战役创造了力波销售奇迹。答案其实很模糊。推广活动之前的 2000 年，力波在上海占有 16.5% 的市场份额，远落后于销量第一的三得利啤酒（占 57.75% 的市场份额），虽然据说三得利在日本本国仅占 6.12% 的市场份额（林三卓 2004）。力波推广活动在 2001 年晚些时候发起之后，下一年市场份额据说提高了 20%（"地方星啤酒"2004）。网上和网下的中国营销文献虽都指出，力波现在至少在上海，超过国内最畅销的青岛啤酒，但是，并没有追踪的数据证实，它的销量在持续稳定增长。不过，力波如今已牢牢扎根于大上海市场，这已是不争的事实。有一现象，广告人或许不愿听，但它确是事实，那就是，品牌知名度并不能自动转化成高销售额。与此同时，此次活动已作为本土化的成功经典，进入达彼思档案。

它的确很成功，尤其是如果我们了解了力波不是严格意义上的上海"本地"啤酒，而是伪装成"真正的本地品牌"的合资品牌。[①] 这则新闻让我们再次认识到，坚持清晰区分"什么是本土"、"什么不是本土"毫无意义。这次活动，即便没有获得持续高销售的效果，它无疑获得了这样一个主要功绩，那就是，将力波塑造成了唯一真正具有本地根源的上海啤酒。此案例说明，"本土"几乎总是构建而成。

可口可乐风车电视广告

地道的全球品牌可口可乐，运用了同样的本土化策略。可口可乐在哈尔滨制作了一支 60 秒的电视广告，以风车作为视觉主题，展现中国北方环境，并配以中国节日音乐。画面上，穿着色彩艳丽的中式棉袄的孩子们，在一个小港口边玩耍嬉戏，背景是中国红的海洋：小港口内一片片的红帆，远处乡村里，红色风车在北风中转动，老少乡亲都兴高采烈地在新年的瑞雪中互致祝福。随机选取的镜头和影像集合，表面看起来漫无目的，营造的却是小小悬念，当然，当中国红掩映下的可乐瓶在最后镜头中出现，悬念迎刃而解。

亚特兰大可口可乐总部的一名执行官证实，该"本土化"电视广告

[①] 力波生产商的股份遍布新加坡、泰国、荷兰和中国上海。见高韬（2005）。

取得巨大成功，它在亚洲其他地方、欧洲和美国也很受欢迎（"亚洲电视广告"1999）。哈尔滨可口可乐电视广告，将作为诠释该公司"本地思考"新理念的优秀执行案例，载入公司史册。我感兴趣的是，跨国公司宣称的是"本土"活动，展现的是当地风景及庆祝民族节日的当地人，而事实上，两大活动（力波和可口可乐）的传播战略和创意执行，都明白无误地带着4A烙印，它们是具有4A广告公司特征的品牌塑造模式。

哈尔滨的可口可乐电视广告，视觉语言明显西化：倾斜的拍摄角度，外加强烈视觉提示占主导的构图。我们还发现，没有（中国电视观众最习惯的）叙述者串联那些松散的影像。广告中没有故事，但视觉语言所透露的品牌特性依然是属于传统的可口可乐的，从早期的电视广告"山顶"（Hilltop）和"小气的乔·格林"（Mean Joe Green）到近些时候的北极熊系列都是如此：快乐、温暖、容光焕发、有社区意识、虔诚恭敬、喜庆和模糊个性。① 麦当劳、可口可乐和其他跨国企业这新生的"本土"感，的确能让赞美它的人从这支广告中充分领略到。正因为有一个需要"差异"（奇异的东西好卖）的繁荣的西方市场，这些企业在新营销战略上更注重的是本土内容，而不是当地文化特点的促销。可乐公司新真言（"生意在当地，近至家庭"和"当地思考，当地执行"）中，"全球"一词已经消失，这增强加了公司的业务量，销售额每年提升15亿美元。能只从表面理解"本土"的意义吗？答案显然是不能。

4A 与 4C

力波和可乐电视广告说明，"内容本土化"绝非看起来那么简单。与此同时，产业观点（"本土"与"全球"间的摩擦减弱）或许能减弱

---

① 美国国会图书馆的可口可乐电视广告集锦包括早至1954年到1999年的广告。美国更多最近的可口可乐广告见http：//www.coca-cola.com/usa/tvcommercials/index.html（2005年7月登陆）。关于中国可乐电视广告植入一款流行的电脑游戏的讨论，见http：//icoke.sina.com.cn/moshou/tvc.html（2005年7月登陆）。

文化政治。如果区分本土与全球没有意义,如果"本土"是一没有政治阻力的构建,不过是一种营销策略,或许,政治对广告没有真正影响?

经典的《亚洲麦迪逊大道》(Madison Avenue in Asia, 1984) 中,支持"广告帝国主义"理论的人会反驳说,不但不是该领域不受政治影响,跨国广告公司渗透主权国家的,实在是当代变相的殖民主义。此类及类似的批评,可以用一位菲律宾评论家的话来加以总结:"广告在发展中社会已经成为很有影响的力量,因此,格外需要去除它的西方化"(Anderson 1984, 61—62)。中国民族主义者一定完全赞同这一建议。2001年,一种富有攻击性的抵制话语,即4C概念(中国人/消费者/民意/沟通)及相关言论爆发并迅速蔓延,挑战权威的4A模型。

4A协会代表一种职业道德标准,因此也足以享有公众的充分信任,但4A没有管理或执行上的力度。有4A称号的公司承诺,以自律保护消费者不受欺骗性广告蒙骗,保护竞争者免受不公平竞争危害。1996年,中国第一家4A协会在广州成立;2001年上海成立4A协会;北京4A协会直到2005年才成立。中国4A宣称(至少在理论上),它们力求超越个体公司自身利益,它们的唯一目标是促进公平竞争,提升服务和管理标准。尽管言论听起来如此利他,4A协会,尤其是广州分支,仍被看成只限于跨国广告公司的私人俱乐部。

或许是因为大多国内广告公司受严格的入会标准所限,不能加入4A协会,本土广告业内的反叛者开始发起争论,挑战国际4A标准。① 对4A的排外情绪,可能也因中国广告人对中国进入WTO有焦虑而愈发增强。2001年,4C战役在广受欢迎的商业杂志《现代广告》上展开,公然反抗4A模式。尽管是仓促出台,杂志描述了4C的要素与目标,因为它反映了中国广告业(的确也是许多其他行业)一直持续不断反对西

---

① 广州4A协会最严格的准入条件,是申请公司年度总收入最低限额,2003年为250万元。这将许多国内广告代理公司挡在门外。候选代理公司必须是全面服务型代理公司,有三个主要客户,分别获得至少130万元的营业额。

方的潜流。每当国际危机触动中国人关于国家主权问题的敏感神经时，这种情绪总会被煽动得活跃起来。极端民族主义的言论激增，回应所见的压制中国的不平等权力关系。进入 WTO 无疑增强了该行业内一直伺机反对西方标准的极端分子的危机意识。

4C 不只是一个由数字和若干英文词首字母构成的商业话语。它是包含现代主义和后现代主义社会理论的宣言，让人想起马克斯·韦伯（Max Weber）、吉登斯（Giddens）、哈贝马斯（Habermas）、凯恩斯（Keynes）、利奥塔（Lyotard）和福柯（Foucault）。概括地说，4C 概念理论上嵌入一个对抗的二元论框架之中：中国人对美国人，消费者对广告主，民意对霸权，沟通对广播。2001 年 9 月以来，许多 4C 宣言陆续提出。一篇引起我注意的文章开篇即是对本土广告公司的情感诉求，"直视中国消费者的眼睛"（杨文 2001，16）。此文建议国内广告公司，要牢记据说是中国人独有的、与"西方"对立的三大心理特征，分别是以家庭为中心的主体对以个人为中心的主体、实践理性对纯粹理性、自我与他者的统一体对主体—客体二元论的西方认识论。诚如第二个 C 字母所指，该模式特许以消费者为主体的认识模式，挑战以广告主为中心的 4A 体系。此文作者认为，4C 理念从"广告主到消费者"的转变，是传播概念的重大突破。4C 反对广告主向消费者说话的单向广播模型，提倡以对话式、以双方可为基础的沟通模型取而代之。接着，是福柯式预言性批判，视霸权为广播模型所固有。

从广告产业的角度来看，4C 的前提充满疑问。首先，广告人是否能做到批评消费主义这个广告存在的首要理由？第二，现代西方的品牌和营销概念完全围绕消费者洞察，意味着 4C 提出的从生产商到消费者的范式转变早已发生。第三，今天，在中国城市，很少有广告主和广告公司以诉诸"同质的"中国消费者市场这个过时概念而获成功。地区差异已被列入城市分级的营销术语中，这一话题我将在第五章中深入讨论。现在，二线城市（如成都、武汉、沈阳和重庆），已经比一线城市（北京、上海和广州）更具营销吸引力，因一线城市被认为已过度饱和。甚至三、四线城市也已开始吸引跨国公司的注意力。不同层级的城市，市场文化明显不同。为深入推动细分的观点，每个城市群中，消费者再进一步被细分成子群体。地方与区域市场发展的不均匀，使得在中国营销既是挑战又是件头痛事。北京典型的"品牌寻找者"（brand-seeker），在上海或许只算得上是"品牌使用者"（brand-adopter），因为北京人通常没上海人时尚。有一棘手问题，我们甚至还未涉及，那就是，在中国如何将各种消费者群体和差异越发增大的不同媒体的受众相匹配（详见第七章）。4C 以单一心理模式为特征认识"中国"大众市场，是过时的，必定导致营销失败。4C 的实用价值很小。

然而，4C 的迅速终结，并不意味着反对 4A、反对跨国广告公司情绪的结束。中国广告人总怀有本土情结。我不断遇见类似陈述："只有对抗主流，才能找到我们自己的出路……所谓国际主流，只是我们自己创造的一种虚幻的主导叙事。圈内（领域内）几乎没有任何（精明）创意人承认，那就是主流。"（广州编辑部 2004，12）此引言摘自张小平的访谈，他是广州 4A 协会的主要组织者，因而这话听起来更加让人迷惑。反讽之处显而易见：4C 提倡者与中国 4A 组建者，在反感全球标准上没有多大分歧。看来，在 4A 公司工作的国内人才，很多都是伪装起来的反叛者。再来掂量一下另一 4A 广告人说过的话：

> 那些号称本土化领先的广告公司（国际 4A 公司）的老板们并不理解本土思维，只是开始说普通话了。
>
> 你如果有很强烈的本土思维，在大多数的国际广告公司是痛苦的，没有人能够和你做太多的碰撞和沟通。
>
> 你问我谁控制中国 4A 未来的话语权？嗯，西方外国人、中国香港人和台湾人代表"执政党"，我们国内人才代表"在野党"。
> （伏虎 2004，51，54）

这三段引文很说明问题，它们证实了我的观察，即本土广告人，不论在 4A 公司管理层晋升到多高的位置，人越聪明，他就越可能有朝一日创办自己的广告公司、成为本土专家的想法。

本土意识形态：中国特色的低端本土主义

讨论完跨国广告公司如何构建"本土"之后，现在应该转向本土广告公司支持的本土美学了。他们的成果经常被简单地归结为是世俗、嘈杂、直白的大众审美。你若是西方流行电视广告的行家，或者是位低调生活（one–downsmanship）（见第五章）的美国波波族，你会觉得，国内广告公司创作的典型的中国电视广告，实在是美学上的反叛。我自己看本土广告，偶尔会有惊喜。中央电视台播放的一则脑白金（导论中讨论过的一个流行的中国保健品品牌）广告，毫不掩饰地将场景转化成轰耸动、喧嚣的群体效应，给我印象很深。

有 4A 广告人在场时，我常不得不忍住自己对脑白金电视广告的欣赏，因为他们憎恶低端本土主义。[①] 可跨国广告公司的专业人士需要考虑广告的黄金法则：广告只要能深入目标消费者心中，有无美感无妨。此原则尤其关乎眼盯中国内地市场的跨国公司。21 世纪第一个十年正慢慢消逝，跨国 4A 公司在更为努力地学习、仿效简朴的中国美学。例如，奥美运用传统的剪纸艺术，在农历新年期间为中国移动做广告。（图 1.1）穿着华丽、老百姓熟悉的民间诸神（比如红脸关公和胖乎乎的寿星），手里拿上手机后更加快乐！（劳汉 2005）[②] 此番热闹、多彩的视觉形象，增加了让普通中国人感觉亲切的戏剧效果。

[①] 我 2002 年访问北京期间看过几次的一则脑白金广告，以一游行为中心。不只我一个人欣赏它背后的创意。见劳汉（2002），第 133—134 页.

[②] 关公就是关羽，3 世纪的英雄，其军事名声在东汉时期崛起。他是军阀刘备的结拜兄弟，以忠诚、勇敢和正直著称。后被几个宗教教派神化，作为护法神和战神崇拜。

耐克采用了不那么直白但同样认真走大众路线的方法。这个运动业巨人，2004年遭遇挫折，因为在《恐惧斗室》的全球推广活动中表现了一功夫大师被打趴下，不得不向中国人道歉。智·威·汤逊上海分公司扭转了耐克在中国的运势，它制作了一系列5秒钟的电视广告，按照中国本土精神，用有创意的夸张行为，展现耐克精神，让人过目难忘。场景简要表现普通北京人在一天各种离奇的瞬间中卖弄自己的运动反应或运动意识。比如《爆米花篇》中，街道小贩炸爆米花，"砰"的一声爆响，惊起一个正系鞋带的青年男子如奥林匹克赛手般飞速冲出。该广告（广告语是"随时"）恢复了耐克的形象，并在第11届中国广告节上获奖（小彤2005）。我们在这些活动中看到的不是什么新东西，而是进一步强化可口可乐和万宝路已在中国熟练掌握的本土化趋势。两大跨国公司在制造中国感受上实乃专家。可口可乐制作了几支著名的电视广告，充分利用了中国人在足球赛上的感伤（见第三章）。万宝路的很"中国的"电视广告，一句"祝贺新年"，所有不利全部抵消（中国电视上不允许播出香烟广告）（孟祥升2002，291）。取代万宝路彪悍的乡村牛仔的，是中国西部黝黑、狂野的乡村鼓手，在热烈庆祝丰收。万宝路的标志——男子气概（Twitchell 2000），用本土化方式淋漓尽致地表现出来。

据有中国特色的本土主义的两位最坚决代言人叶茂中、吴晓波所述，这场本土主义诉求之争，国内广告公司具有优势。叶的广告人生涯始于1993年，1990年代后期，贸易杂志已将他作为广告黑马，广为举例。吴晓波，平成广告公司首席执行官，塑造过许多著名本土品牌，比如，手机品牌宁波波导的推广活动，就凝聚了他的智慧（《2003中国广告业年度十大广告公司经理人》2004，19）。

尤其是叶茂中，非常具有感召力，因为他将民族自豪感与实用主义很好地协调融合，且非常热情执着地投身广告业，其公司磁铁般的吸引力，吸引了无数著名的本土客户。叶的座右铭是，始终不渝地"迎合消费者，绝不指导消费者"（同上）。他在独立撰写的《创意就是权力》

中提出大量营销建议，其中有"我们做广告就是取悦大众"，"不应迷信4A 广告公司"，"广告公司若宁要 30 秒广告，不要 15 秒广告，则是犯了大忌"，"在 30 秒的电视插播广告里，你要尽可能提及品牌名至少 3次，15 秒里至少 2 次"，"真正的创意基于全面的营销研究"，"一则好广告有两大目标：首先，驱使消费者购买产品；其次，促使消费者喜欢品牌"。其公司的吉祥物是狼。叶认为，"狼非常善于团队合作，亦很强健、凶猛"（叶茂中 2003，360—410）。

中国消费者，尤其是一、二、三线和更小城市的中产阶级和中低产阶级，非常喜欢叶茂中的广告。北方消费者比南方消费者更喜欢他那北京特有的敏感。目标受众阶层越低，他的品牌创意越有吸引力。我留有深刻印象的，是他为商务人士饮用的保健饮料所作的推广活动，叶巧妙而不露痕迹地提及男性目标受众的性威猛。创意表现围绕一简单、巧妙的有双关含意的汉字"干"，它即可以是"干涸、枯竭"的意思，也可以是"干杯"的意思，还是"肝脏"的"肝"的谐音。画面上，一男经理在公司聚会上喝酒，与此同时，妻子在家中不安地来回走动，担心他喝酒伤肝，给"耗干"了。受众观看海王金樽保健饮料系列广告时，对它的暗示发出会意轻笑，立即记住了品牌名称，这意味着它的任务已完成一半。

"有中国特色的本土主义"，究其核心，是发生在消费者与广告语之间密切的语言接触。在中国，熟练的文字游戏，常比简洁利落的视觉形象更能迅速创造品牌资产。当然，我指的是大众消费市场，不是利基市场。叶茂中的广告，就因为他对双关语和俏皮话高度的敏感性和判断力而极具大众吸引力。取悦中国人（无论是有文化的中国人，还是没文化的中国人），声音比影像强得多。一起来看看叶为伊利冰淇淋创作的广告口号："太夸张了吧？!"和"伊利四个圈，吃了就知道。"译成英文，听起来拗口，可中文原文的简洁，与音调节拍很相符，读起来轻松愉快、朗朗上口，孩子，伊利的目标消费者，特别喜欢。叶在 2002 年为蒙

图1.2 蒙牛乳业随便冰淇淋电视广告画面,展现一个小顾客变成了蝙蝠侠。蒙牛乳业和叶茂中广告公司

牛乳业（伊利的主要竞争者）做的广告，运用言语技巧达到新的创新水平。他为名为"随便"的冰淇淋编了一系列主题为"转变"的画面，表现孩子吃了冰淇淋后，即刻连续变成蝙蝠侠（图1.2）、蜘蛛人和哈利·波特。8到16岁的孩子喜爱这支电视广告。品牌名称"随便冰淇淋"，音调很有韵律，读起来像在练绕口令。这类听觉塑造上的本土主义案例，著名的还有娃哈哈的"喝了娃哈哈，吃饭就是香"和贝克啤酒的"喝贝克，听自己的"。

叶茂中的作品，除了双关广告口号，还有很多与其他著名本土广告人不同的地方。他推销的本土主义品牌，具有一种独特的文雅气息，源自他巧妙地从西方文化的亮点中取材。他不仅利用蝙蝠侠、蜘蛛人和哈利·波特等美国流行偶像，还在海王金樽系列广告中运用贝多芬第五交响曲开头乐章，取得很好的戏剧效果。但是，你若认为他的创意才能"很国际化"，他会生气。在他眼里，叶茂中三个字本身，就代表出售"中国本土主义"的本土品牌。

叶茂中的例子，再次证实广告专业人士均熟知的一个常识，一个牌子，要想成为"本土"品牌，一定要让消费者从情感上认同。亲密关系可以通过各种手段建立：叶式本土偶像认同（即"强人"[strongman]现象）、肯德基式产品顺应、本土化后的创意内容（耐克的"爆米花篇"），或者定位上的顺应（万宝路在香港的经历）和强势的分销渠道（娃哈哈和波导），甚至通过精心策划的公关策略（可口可乐）。[①] 让问

[①] 1970年代，李奥·贝纳广告公司在香港投放万宝路标志性的牛仔电视广告，但销量远落后于其他品牌，万宝路几乎进不了香烟品牌前十名。广告公司重新调查后发现，牛仔会让讲究实效的香港人觉得该形象很失败，衣着都不能上档次，精神太消沉，不足以鼓舞人。后来，李奥·贝纳把牛仔换成位举止风度、穿着整洁的英俊农场主，由一群助手和秘书护送，乘私人飞机回自家农场，与亲朋好友一起奢华地共庆酒会。此形象置换，让万宝路在1980年代成为香港顶级香烟品牌。见翁向东（2002），第99页。第三章中，我将探讨娃哈哈蛛网式分销渠道战略和可口可乐公关的成功。有关波导分销渠道的效力，详见第六章，也可参见Michael Keane（2007），第10章。

题复杂的是，不同广告公司对本土化的理解不同。对叶茂中来说，本土化就是向大众消费者传达经过转化的特定创意方法（戏剧化地表现语言意、音上的双关）；对蓝色火焰（一家很成功、营业额超过 3 亿人民币的广告公司）来说，"本土化"就是纯粹的中国民族和文化①；对于跨国4A来说，本土化的范围更广，从在日常活动中捕捉运动本质（耐克），到在北方小村庄庆祝春节（可口可乐），及为一句中文广告语进行头脑风暴（别克）②。最后，遵循下列游戏规则（选摘），外国广告公司也能在本土化方面获得成功：

1、强调团队合作、社区和家庭价值，即便你的目标群体是青少年；
2、在幽默或者性诉求上要特别当心；
3、选择温暖、诚挚的公关活动，气氛要适度；
4、将现代感觉注入中国人熟悉的习语、暗示、故事或寓言之中；
5、运用讲故事和其他比较间接的创意方式去吸引南方人，但对北京人，则要用比较庄重和信息化的广告。（《在中国，按规则竞争》2005）

总之，何为本土广告或本土品牌，尚无确定定义。最终还是由消费者说了算。

对于匆匆进入中国农村市场的跨国公司，我最后还要提醒的是，它们将遇到的本土化需求方面的挑战，一定不只限于本章所涉之例。本土主义在偏远内地根深蒂固，因此，产品顺应，比营销和广告更为重要。很多我们在中国城市认为理所当然的产品，进入农村乡镇则很困难。快餐食品类就是一个例子。"瞄准服务水平低下的地区，那里竞争少，或

---

① 以下引文来自蓝色火焰发言人："我们的创意绝对纯粹——本土（中国的）文案，本土（中国人）艺术总监……请注意，我们自开业以来，业务从未依靠外资。"见袁莹和田斌（2003），第 29 页。

② 别克很为自己在上海播出的电视广告中的中文广告语自豪。"水滴"，暗示别克本质的纯正，喻指质量最好的油，不容许有任何水分。见孟祥昇（2002），第 156 页。

许西方公司能在那里建立市场垄断"（Eckert, Haron, et al. 2004, 172）——引自凯洛格公司（Kellogg）营销妙脆角（Bugles）的人员，他们设想要全面占领中国广大不发达地区的快餐食品市场。该想象显示，他们对中国农村消费者缺乏理解。在口味问题上，"地域"绝不只是个概念而已。依靠外国标志和温和的品牌策略，不能期望在独生子女家庭并不占多数的偏远乡村得到快速回报。汉堡类的快餐或薯片类的零食，不容易找到立足点。如果农村人哪天真喜欢上西方快餐了，我猜肯德基会比麦当劳经营得好，不光是因为与牛肉相比中国人更喜欢鸡肉，还因为肯德基菜单上的中式食品一定吸引农村人。

下次来北京，若拥挤的中国快餐店（突然想到台湾的永和豆浆）里没座，我很乐意去肯德基喝碗蘑菇鸡肉粥，品尝一下放了盐、胡椒粉和八角粉的炸鸡翅，说不定还会尝尝他们塞有大葱和甜面酱的"老北京鸡肉卷"。尽管它与包在薄如纸片的热面饼中、切得一丝不苟的正宗北京烤鸭相比，相差甚远，我还是宁愿吃这种肯德基食品，不吃麦当劳汉堡。如果还有顽固拒绝融合的事物存在，那就是我们保持忠实的本土口味，尤其对生活在二、三线城市、县城和（及）各类规模的乡村中的中国人来说。我尝过世界很多地方的美食，崇敬那些保留悠久历史传统的厨师，他们抵制流行的统一风格，继续满足本土和地域化的味蕾。"我喜欢吗？"（Am I lovin' it？）在此将麦当劳一次推广活动的著名广告语变为一句询问。① 这个汉堡王，最好在中国偏远内地消费者三思如何回答这个问题之前，加速产品顺应的步伐！②

---

① "我就喜欢！"推广活动 2003 年发起。它有一个中国版本，也使用嘻哈音乐和时髦的青少年，以扩大金拱的普及度。

② 关于麦当劳菜单本土化问题，尽管世界各地文献丰富，但与肯德基相比，麦当劳连锁在中国做了些什么，这方面文献显然逊色。麦当劳也许正在曼谷售大米汉堡，在印度售羊肉汉堡，在荷兰售素食汉堡，在日本售红烧汉堡，在德国售法兰克福汉堡，在乌拉圭售水煮鸡蛋汉堡。但当地接受度经常很冷淡。我的观点是，那些具有地域多样性的菜单，依然暴露了拘谨保守的框架思维。在 21 世纪里，产品顺应呼唤的不仅仅是同一模式中的变化。

第二章 定位新现代女孩

"喝贝克,听自己的!"(贝克啤酒)

"现在流行第五季!"(健力宝)

"即便我这样的小孩儿,喝过第一口也会喊酷儿!"(可口可乐)

"舒适的感觉像平时一样。"(舒而美)

"定位理论"是当代美国广告的基本原则,意即细分杂乱的市场。这是一个重要的传播工具,帮助品牌成就它的抱负和理想。产品品牌定位可以是想象型,比如前面引言中提到的酷儿(Qoo)描述;也可以是平实型,比如海尔的"真诚到永远"和沃尔沃的"安全"。细分其实就是"限定"。因此,洗发水品牌若定位"有头发的人",就是营销笑话了,在今天高度差异化的市场中,它面临"完全不相关"之危险。消费者绝非同等。(Stockdale 1999)。现在流行"窄播"概念,"广播"已经过时。例如,果汁饮料酷儿专为中国5—8岁的孩子生产;女性护理品牌舒而美的目标消费者是"寻求安心的女性";贝克啤酒吸引追求自由的人;广东健力宝生产的新休闲饮料系列第五季,目标指向追求时尚的年轻人。近来,即便中国的青年市场,也正变得越来越细分化。

考察几个案例研究,可以阐明定位理论以及它在中国的传播;查看一个典型的4A广告公司如何识别和创造一个品牌的"位置",也可以展示品牌塑造的效果。各个跨国广告公司研发的品牌塑造路线图,相互之间往往很相像,因为他们遵循的,是大卫·艾克、艾·里斯、杰克·特劳特及奥美的大卫·奥格威(他至今仍保持着有远见的品牌大师的传奇声望）等理论大师指引的相似途径。我的探索，主要依赖奥美的360度品牌管家为基本工具，它高效、易学、好用，在同类工具中非常突出。我是在奥美实地工作期间熟悉它的。

艾·里斯和杰克·特劳特说得很清楚，品牌塑造最重要的规则是："定位不是要你在产品上下工夫，而是要你在潜在顾客的心上下工夫。"（Ries and Trout 2001，2）。这个常被广告公司手册和理论文献在谈及品牌塑造时引用的观点，与美国广告从以产品为中心转向以消费者为主导的营销观点一致。贝克在中国的电视广告，为如何在潜在顾客的心中确立"地位"，提供了很好的例证。

贝克啤酒

贝克的定位，简言之，即"自由选择"。熟悉1989年以后的中国社会思潮的人，完全可以想象，基于"选择"概念的广告活动，是何等地受欢迎。1990年代中期，天安门广场的风波后才五年，该机敏的贝克广告运动，便给幻灭的城市青年提供了个人主义意识形态。用这一信息进行诱惑，时机选得太好：1990年代早期，是一个没有英雄和英雄主义的时代，人人都开始牟求暴利（王瑾1996）。流行文化充斥市场，街道开始变得热闹，商店标牌林立、商品琳琅满目；广告呈现出全面的影响力，过去我们将这种现象与西方联系在一起。个人主义的萌芽与恣肆蔓延的商业主义共存。试想贝克活动创造并宣扬的理念：尽管中国人不被允许偏离集体主义规则，但他们终于能自由消费为自己选择的商品。贝克啤酒活动将作为开拓"定位"概念最早的广告战役之一，留在人们的记忆之中。

有一支贝克啤酒的电视广告，始于一片怒放的向日葵，它们面朝太阳（请注意，太阳暗指毛泽东），突然，一朵向日葵转向西方，那里有一瓶贝克啤酒在吸引它。此时，一个男性声音插入："听自己的，喝贝克"。另一支广告展示了同一观念:一螃蟹家庭严格沿一条线横向爬行着,突然,一只螃蟹发现了沙滩上的一瓶贝克啤酒,未转身,它径直竖着朝啤酒瓶爬去,此时响起的,是同一句广告语。①

这样的两支电视广告,在只传递商品价格和实用性的社会主义广告占主导地位的 1980 年代早期,无疑非常显眼。一时间,圈外人经常说起,特别强调商品的使用价值,说明社会主义中国"物质落后"。贝克推广活动,是 1990 年代中期兴起的形象广告的先驱者之一。逐渐地,中国电视广告开始传达已持续"炮轰"西方人多年的那些信息:消费不是替换掉已不能再使用的物质商品本身,消费是特定生活方式的选择。鉴于邓小平的鼓励,中国的身份消费和市场意识形态,并不总与政党的意识形态矛盾。② 它们犹如难中不择伴,哪里顾得上结果如何。

中国商人其实很善于将"自由市场"和"政府"之间的表面矛盾,调整为一个独特的卖点。让贝克活动得以实施的,正是这种调整方式。使贝克啤酒变成文化事件的,不只是一只"特立独行的螃蟹"或一棵具有"自由精神"的向日葵的任性情绪。潜藏在"转向西方的向日葵"和"出列的螃蟹"这些有深意的形象之下的,是在意识形态上对社会主义代表的事物进行微妙的批评。其信息是煽动性的,属有意为之。

但贝克的推广活动一点不说教。和所有其他企业客户一样,公司的专一目标,就是找到能与潜在消费者很好地共鸣的位置,或者,更具体地说,找到他们心目中已设定的位置。精明的品牌塑造者不执意创造新东西,他们触动潜在顾客心中已有之物,开启、贯通二者之间的联系。品牌塑造,更重要的是共鸣,而不是教诲。贝克传达的,无非是年青一代在遭受政治禁忌限制的年代里,想违背原则的愿望。贝克啤酒没有树

---

① 我从美国有线电视新闻网(CNN)中国分社社长吉米·福罗库兹(Jaime FlorCruz)处获知贝克广告推广活动。
② 关于社会主义政府与资本之间的复杂关系的讨论,详见王瑾(2001b)。

立新的文化，只是在那个特别的历史关头，发掘出不受拘束的年轻人心中的向往。

第五季

当"差异化"成为 21 世纪中国广告的黄金法则时，贝克推广活动（销售态度）式的品牌定位不再能吸引眼球。类似仿效已充斥市场。第五季是中国南部最大的运动饮料公司之一健力宝集团开发的新的子品牌。健力宝的全盛时期在 1990 年代早期，那时，它的碳酸饮料号称中国魔水，畅销度与可口可乐和百事可乐齐名。可是很快，在管理低下和竞争激烈的双重重压之下，这家国营公司开始步履蹒跚。2002 年，董事会任命新总裁，重建健力宝。为使公司转向，他做出两大重要决定：将健力宝的龙头产品从运动饮料改为休闲饮料；改变原本单一品牌的策略，创造子品牌"第五季"，计划逐渐中断与健力宝的联系。两大策略都发挥了作用。子品牌销量在 2003 年早期达 6200 万美元（刘波涛 2003）。尽管健力宝的资产在随后的几年中涨涨落落（公司 2005 年被台湾统一食品公司收购），第五季一直保持着公司的旗帜品牌地位（《健力宝 2006 年力争重返饮料第一集团》2006）。

子品牌的成功，与它的定位策略息息相关。第五季瞄准 15—25 岁的青少年群体，发明了一个别致而引发好奇的都市隐喻，"情绪季节"，指四季之外的心理空间（肖志营 2002，55）。品牌依靠"另类"概念获得成功，对于与生活方式相关的产品，此为中国现在强劲的营销理念，我们将在第六章中详细探讨。第五季的品牌认同是，自恋、叛逆、梦幻和时尚，广告口号是"现在流行第五季！"，品牌定位是"享受一种放松的生活，随意表现自己"。听起来很接近其他高档休闲饮料的定位。中国城市的饮料消费者，很难决断，哪种品牌真正道出了他们的心声。但第五季的广告完成了这一重要使命，让健力宝从滋补品形象中分离出来，将其个性特征从"运动"转变到表达跟上时代的个人选择。

第五季酷吗？看过该饮料广告的人，反应各有不同。我最喜欢的电视广告，其实在拙劣模仿它的台湾竞争者康师傅。一位外表酷似任贤齐（任是其竞争品牌的著名代言人）的人骑车掠过一家夫妻店，瞥了一眼店中陈列的饮料，店主扔给他一瓶第五季，仍骑着车的"任"耍着康师傅电视广告中同样的特技，试图一下接住瓶子，震惊四座，结果失手了，没接住，摔下车来。画外音此时响起："没料就不要耍酷！"设定的这个比较模式，表现得很有味道，颇得爱玩乐的十几、二十岁的年轻人的欢心，他们即第五季的主要目标群体。

有关"酷儿"的一切

从看上去酷的饮料，到真命名为"酷儿"（Qoo）的饮料，我们仅只一步之遥了。酷儿是可口可乐公司2005年在东亚最热销的产品之一。诚如大多数亚洲酷儿迷所知，酷儿这个人物源于日本。讨论品牌定位时，酷儿的出生地很重要，因为"细分"不是日本营销的规则。相反，日本商人比较注重企业的品牌塑造。酷儿的巨大成功，因此是更为有趣的品牌定位案例。

酷儿是一种低钠盐饮料，在不同的区域，略呈不同个性。它在日本和中国大陆作为果汁推出，但在中国台湾做广告时，则被宣传为一种运动饮料（加有维生素B6、低聚糖和氨基酸），称有益孩子的肌肉生长、有益消化和神经系统。

在日本，这个蓝色小精灵是个男孩，即便最初品牌设计意在既吸引孩子也吸引他们的妈妈。可口可乐日本公司（CCJC）根据消费者反馈发现，家有3—10岁孩子的已婚日本妇女，喜欢低浓度的果汁饮料。研究表明，这些年轻妈妈很怀念自己的童年时光，酷爱日本卡通动画人物。而他们的孩子却不为可爱、甜美的人物所吸引，更喜欢比较世故、早熟的角色，比如樱桃小丸子和小新，前者是个极具想象力的可爱的9岁小女孩，后者是位幼稚园小朋友，他古怪滑稽的动作、姿态，是系列动画《蜡笔小新》的主题（Yoshito Usui 2002）。可口可乐日本公司和创意人面临的挑战，是在两大细分市场妈妈和孩子之间，找出巧妙的折中方式。最终，他们找出具有两类人都满意的品质的概念，那就是"酷儿"：一位成年人饮下第一口啤酒，满意地发出"酷儿"的声音，紧接声音出现的，是一个生动的卡通人物，看上去很早熟，虽为孩子面孔，但一点不孩子气。还为这个人物创作了主题歌"即便我这样的小孩儿，喝过第一口也会喊酷儿！"歌曲配的是蓝调音乐，以增强该角色老练成熟的感觉。还设计了一个完整的人物简介，信息包括酷儿"比桌子略高"，出生在森林，憎恨欺凌弱小，只会说"酷儿"，"体重为三个菠萝之和"，喜欢跳舞，大约7—10岁。从产品设计，到品牌个性及传播计划，酷儿是日本设计得最好的整合传播战略案例之一。

2001年，酷儿饮料走出日本，很快成为可口可乐在亚洲的第三大子品牌。但能否继续保持这个日本人物形象？挑战自此开始。酷儿进驻的各个国家采用的细分策略各有不同，最大的挑战，在于能否继续建立连续性。酷儿这个人物在引进新加坡时，被改变成了中性人物，半女半男。酷儿的早熟特征在德国被去掉，因为德国团队坚持认为，孩子品牌应当"只有孩子气"。中国大陆对该饮料取名虽非常贴近它的原创精神：酷儿（纯属语音上的巧合），但该品牌在中国经受了与德国类似的被幼儿化的经历。中国大陆的酷儿饮料广告，着重强调它富含钙和维生素，吸引担忧孩子钙吸收的父母亲。随着酷儿热蔓延世界各地，维持最初的品牌概念已越来越困难，因为，不存在稳定不变的全球性儿童群体。

图 2.1　可口可乐在日本的酷儿饮料。照片：Yuichi Washida

讨论贝克啤酒、酷儿饮料和第五季，我们应该弄清一点，广告不是连番重击消费者的大锤。广告的基点在细分，或者，在目标群体心目中占据位置。（中国的）贝克啤酒和（日本的）酷儿，证明了定位理论权威著作中提到的 "第一" 原则的有效性，即在潜在顾客心中留下深刻印象，最容易的方法，是第一个进入其中（Ries and Trout 2001，19—21）。但也有用第二来处理问题的定位策略。最受欢迎的策略，是力图第一个去占领第二的位置（百事可乐紧跟可口可乐之后），或争取重新定位你的竞争对手,击碎它已确立的形象,就像第五季对康师傅,扑热息痛对阿司匹林那样。

然而,有时,重新定位强劲对手非常困难,尤其是快速消费品(FMCGs)类商品,该领域是诸如宝洁和联合利华这样的大品牌控制着市场。一方面要与经济实力极其雄厚的全球同行竞争,同时中国、日本这样的国家又不提倡比较性广告。这种形势之下,与企图重新定位对手相比,重新定位自己的品牌,或许是个更为可行的选择。本章开头的第四段引言正说明了这一点。"舒适的感觉像平常一样"是合资品牌舒而美(C&B)的广告口号,它是金佰利公司拥有的女性护理产品。我讨论舒而美,用意若干:其一,它是个极佳的重新定位战案例;其二,我对该战役非常熟悉,因此,可以用舒而美作切入点,来检验奥美360度品牌管家工具;其三,高洁丝(Kotex)和舒而美的联合品牌(KC&B)(创意的重新定位计划的一部分),对于讨论全球性广告推广活动和国际广告,颇具意义;推而广之,通过KC&B案例研究,我们可以重新评估将"本土文化"与"全球文化"对立的旧范式的有效性,且有助于理解"代理"问题。必须指出,全球性高洁丝红点(Kotex Red Dot)推广活动,既有教育价值,又有娱乐价值。

舒而美:新现代女孩

舒而美这样的女性护理产品面对的消费群体,与化妆品、洗发水和时尚用品的市场群体部分重叠,覆盖十几到四十几岁的女性。这一广大群体,据说是目前中国最有影响力的人群,中国城市从事专业和技术工作的妇女占职工总数的38.1%,转化成人数,即有收入的妇女超过4200万(Kang 2005)。但中国潜在的女性消费者远远超过这个数字。商人们早就意识到,已婚妇女无论工作与否,都执掌着家庭财权。但直到21世纪早期,他们才开始宣扬自己的观察:年轻的中国妇女孜孜以求更为独立的性别角色,更愿在娱乐上倾注花费。

有效讨论舒而美,或者确切说来,有效讨论任何迎合第二性别的产品,用营销术语说,就是都需要从改变一、二线城市年轻妇女的自我感受(自体感受)开始。我说"年轻"妇女,是因为今天的中国,对于以自我表达为核心的产品种类,二十多岁的、消费自我表现类产品的青年,是企业理想的消费群体。在中国,力求捕获寻求这一趋势的消费者,已是商人的首要任务。

> 我是世界的中心,我是焦点。(Prystay 2002,A11)
>
> 事业是证明我的能力的一种方式,但"女强人"丢失了女人的本质。(奥美亚太 1999)
>
> 家庭和孩子是我的责任,但不是我人生的全部。(同上)
>
> 我得扮演各种不同的角色……大多时间,我从观众那里寻求赞许和认可。(同上)

从这些陈述中,寻求连贯性的商人发现这样一种模式,即当代中国年青女性努力塑造的,是聪慧、诱人、足智多谋的形象,她们需要有自己的空间和时间,也渴望犒劳自己。她们的母亲和祖母式的自我牺牲时代,已一去不复。想获得现代新女孩的青睐,广告主就得赞赏她的成就、激发她的幻想。李奥·贝纳的策划经理琳达·卡瓦里克(Linda Kovarik)表达了相似的观点:"我们看到,物质主义和自我中心正在增强。(中国的)女性正在用她们的母亲不曾有的方式表现自己。品牌需要提供时机让她们炫耀……我们作为商人,一定得探究更多的典型类型,比如,作为英雄的女性、作为爱人的女性、作为创造者及探险家的女性"(Prystay 2002,A11)。

跨国商人是否过高估计了现代新女孩对独立的渴望? 对此,芙蓉姐姐和流氓燕最近的博客,提供了一些线索。这些妇女引起广泛争议,被视为违背道德，引发了"贱文化"（李国庆 2005）的爆发。

> 我那妖媚性感的外形和冰清玉洁的气质，让我无论走到哪里，都会被众人的目光无情的揪出来。我总是很焦点。（芙蓉姐姐 2005）
>
> 我不服你（男人），不哄你，不捧你，不睬你。我自娱自恼，自怨自艾，自生自灭，……（流氓燕 2005）

这些引文，尤其是第二段，仅认为它在哗众取宠，不足以解释该现象。读这些文字，让人怀疑，"粗俗"冒犯是否真是问题的症结。芙蓉姐姐舔花和挤弄自己 C 罩杯巨大乳房的那些有伤风化的照片，会让我们误以为，在线淫秽正肆虐中国。但不可否认，她表达了一种反对政府禁令的态度（大胆宣称"我不受审查"）（Cody 2005）。同样声名狼藉的流氓燕，在网上张贴自己的裸照，在博客中发布网络女权主义声明，激情地主张，妓女作为人应该拥有全部权利。芙蓉姐姐和流氓燕的一个共同点，就是藐视公共审查。她们使用数字媒体作为病毒式传播的一种方式，与木子美如出一辙。木子美臭名昭著的性爱日记和做爱的录音带在 2003 年掀起中国博客热。① 大多数门户网站忽视了木网络日志的一个重要词条："我是怎么生活的，我就怎么记录，哪怕被干扰、被破坏，哪怕男人们谈'木'色变。"（王斌 2005）粉丝和非粉丝都想弄清楚，这些女人对公众关注的渴望，是否可以简单地理解为自恋。她们是招摇、爱出风头，还是个性解放？是妓女，还是反叛先锋？我们或许没法将她们归类，但有一点可以确定，那就是，尽管这三人没有自觉地意识到，

---

① Danwei TV 7 对木子美的访谈，见：http://www.danwei.org/danwei_tv/danwei_tv_7_mu_zimei_interview.php.《纽约时报》2003 年 11 月 30 日发表了一篇吉恩·亚德利（Jim Yardley）撰写的关于木子美的文章，题为《中国网上性专栏之兴奋、震颤》（Internet Sex Colum Thrills, and Inflames, China）。

个人的就是政治的,但被劳伦斯·莱斯格(Lawrence Lessig)称为自我表达之技术的数字媒介(Lessig 2004),正在中国煽起网络女权主义,挑衅地要求尽快解除清教式审查。① 几乎再没有人跟随这三个人的脚步,但她们的粉丝俱乐部不断增加,喝彩、捧场的,男女都有。中国大多数妇女,无论是否敢于胆大妄为,有女人味、乐于表现和快乐舒畅,均是当今中国年青女性之愿望。舒而美的再定位活动迎合了这一群体。

现代女人的现代舒适:舒而美

"一旦开始认真考察'舒适'(comfort),就发现它其实是个非常复杂的概念"(Taylor 2003, 95)。高洁丝舒而美团队深知这一深入洞察的重大意义。2002年夏,高洁丝的生产商金佰利公司,正在紧锣密鼓地为已经收购下来的中国本土品牌舒而美重做推广活动。此次重新推广,原为联合高洁丝与舒而美。广告公司的执行团队和战略规划师依据消费者洞察寻求新视角,力求重新定位品牌的"舒适"。"舒适"作为产品利益,覆盖几大类情绪感觉,从家庭舒适、身体舒适到情感舒适,其特征囊括从愉悦、休闲到独处和亲密,包括完全沉浸于大自然带来的释放感。比如,武汉女人对"舒适"的核心属性的界定,与上海和广州女人就完全不同。调和这个难题,联合舒而美与高洁丝,变其为联合品牌,需要将它从低端市场提升到高端市场。将品牌设定在低端(价格)与高端优质之间,意味着同时到达几个市场群体,包括低端与中高端市场,和中端与高档市场。每个群体对"舒适"感的阈值十分不同,更不用说地域性差异了。

---

① 洪晃最近加入了这三个人的行列。洪晃,知名媒体人,陈凯歌导演的前妻。胡戈恶搞陈氏电影《无极》(导论中分析过此事)爆发争议不久,洪晃创建了个具戏谑风格的博客,以代表别样网络女权运动而著称。http://blog.sina.com.cn/honghuang 上,理智、诙谐和讽刺轮番登场,展现了尤具中国女知识分子雅痞风格的博客。YouTube: http://www.youtube.com/watch? v=7shR9VMIaBE 上,有建立在北京的 Danwei TV(由生活在北京的外国人制片拍摄的短片)对洪晃的英语访谈。

舒而美已经培养了中国第一代卫生巾用户。1994年被金佰利收购后，就被打上"妈妈品牌"的标签。早在2002年之前，公司已发动过几次重新定位攻势，但均未成功去除品牌的过时形象。2002年，金佰利公司与奥美牵手发起两次重要活动，利用高洁丝的全球性标志使舒而美重现活力，并迎合中国城市年青女性用户。奥美的任务，是预测这个联合驱动的品牌的市场强度，开拓新观念，迎合二十几岁的女青年。老舒而美"舒适的感觉像平常一样"的定位，经受仔细检视。为准备联合品牌的攻势，推广活动的策划师们还重新审视了高洁丝的全球定位。活动发起前夕的2002年，金佰利公司明显面临双重危险：低端市场的舒而美广受欢迎，而高档市场的高洁丝却远落后于护舒宝和苏菲。合并这两个各有弱势、价值差距巨大的品牌，对市场营销来说的确不容易。

金佰利公司与奥美研究、商讨了几个月，最后确定"释放自己，做我想做的（在那几天）"概念。新广告完全偏离原本"感觉舒适"的定位，因为它瞄准的是"寻自由"的消费者，而不是舒而美传统的"寻舒适"的消费者。2002年秋，"释放自己"的广告在四个城市播出。市场占有率和品牌知名度上升。但活动造成的几个问题，很吸引包括我在内的一些研究者。首先，它跟公司最初的计划不同，既没有推介联合品牌"高洁丝"，也没有突出修正过后的"寻求自由"的定位。重新定位的推广活动，主要集中在产品的一个新特色上，即护垫上的蓝条，昵称"瞬吸蓝"。新包装上，联合驱动的品牌——高洁丝，几乎消失，仔细寻找，方才可见五个很小的Kotex（高洁丝）字母。在一个包含低端、本土和高档、国际两个品牌的推广活动中，我们或许预期，高洁丝将主导舒而美的复兴。可是情况并不是这样。高洁丝的身影越来越模糊，从一个原本很有优势的联合品牌，渐渐成了舒而美的影子背书品牌。更有趣的是，"释放自己"的电视广告在最后执行时，没有强烈表现激进的"做我想做"的概念。这个案例中，品牌设

图 2.2　只有居中的那个瓶子下面的护垫上,能看到瞬吸蓝。金佰利。

定的传播目标一直在不断修改,推广活动的最终结果,让那些一直直接参与这场重新发动的攻势的人士也吃惊不小。

360度品牌管家

金伯利—舒而美案例,可用很多方法分析,最有益的方法,是在奥美360度品牌管家的框架内将其重构。而将广告当作"文本"来解读,认为它携带研究者赋予的意义,是没有益处的,因为我不属目标群体中的年轻妇女,这意味着分析广告没有优势。尽管我熟悉结构语言学和社会理论,但没有权利独断解释一则为年龄、心态、文化实践、专业偏见、消费习惯、感情结构和经历都与我完全不同的目标消费者创作的广告。广告研究绝不是从自己优势的角度去"阅读广告"。广告首先是产品,然后才是文本。我们只有从整体论、符号学方法,转向以生产为中心的轨迹,才能掌握广告中的意义生产。我在这里想进一步引申萨林斯(Sahlins 1976)、阿帕杜莱(Appadurai 1986)、麦克福尔(McFall 2002)所做的观察。实物的意义,不仅源于它们的使用价值和使用环境,而且还能通过精心的品牌塑造融入品牌,它包含消费者与营销人员和广告主的协作。

做出如此重要的重新定位之后,我们或许会思考,一项策略概念,比如"释放自己",是怎样创作出来的、是在品牌塑造过程的哪个阶段创作出来的?消费者的作用十分关键,不仅在于消费者提供的具体反馈,还在于这些反馈如何整合进使推广活动构成一个整体的每一步骤,包括概念撰写和创意执行。这些问题也是解决这个谜团的关键,即为什么金伯利的联合品牌策略,在实施再定位的推广活动中半途而废。

"品牌现在在哪里?"——扫描舒而美

商家重新定位品牌时,首先面临的问题是:品牌现在在哪里?在

2002年夏的当下，舒而美在消费者心目中究竟怎样？这个长达十年的本土品牌，"渠道"（商业环境中品牌到达消费者的程度）和"商誉"（优秀的分销和零售网络，以及与中年妇女的牢固的友好关系）都非常好，但在"视觉识别"、"形象"、"顾客"和"产品"上，显得不足——这些是奥美用来扫描一个品牌的健康度的品牌资产种类。①

我们正进入360度品牌管家的领域，它是奥美的独门工具，建立在传播战略基础之上，包括研究广告的多学科方法。全面服务型代理公司，其传统部门，不外乎客户服务部、策划部、创意部、公共关系部和会计部。过去每个部门是分开的，策划和创意人员推动项目进展、负责品牌战略。过去，广告部是主要部门，电视、报纸、户外广告牌和杂志是主要媒介，广告结尾，常常输入一个信息或者一个特别建议。比较起来，360度品牌塑造强调从整体上考量品牌，一开始就集合公司所有部门，以品牌团队的形式展开工作。关键词是"战略规划"，而不是"客户策划"；是"品牌团队"，而不是"客户团队"。该宏观模型，开创了"广告媒介"的定义，即任何移动（或不移动）的可作为承载品牌信息

---

① 什么是"品牌资产"？即一个品牌的价值或者资产，它使品牌强大。品牌价值和资本主义社会的所有价值一样，是有明确价格的。品牌资产这个概念，1980年代中期以后开始在美国企业界通用。围绕着它有无数讨论和论述，更不用说世界（包括中国）各商学院教授数不清的研讨课了。1980年代以来，"品牌资产"这个源自美国的创意，随着商业研究者用量化的术语来开发和销售用于描述和优化品牌价值的方法，已获科学价值。一些业内批评者仍质疑该概念的有用性，但它无疑已取代早期"品牌形象"一语（大卫·奥格威1950年代提出），成为品牌定位和营销的最主要理论范式。大卫·艾格把品牌资产划分为四个维度：品牌知名度、感知质量、品牌联想和品牌忠诚度（Aaker 1991）。其他人根据艾格的基本模式，引申出各种定义，但他们在测量和平衡有形资产和无形资产方面，基本保持一致，底线是利润原则、投资回报率和股份收益。360度品牌管家列出了六项资产内容，并针对每项资产提出一个问题，帮助客户和广告公司测量品牌的健康度。(1) 产品：产品性能怎样支持品牌？(2) 形象：品牌形象稳定且具有吸引力吗？(3) 视觉识别：品牌在市场中突出清晰、一致且与它者有别的外观形象了吗？(4) 顾客：品牌的专属客户群有多强大？(5) 渠道：品牌在商业环境中受影响的程度如何？(6) 商誉：品牌受有影响力的个人或其所在社区的支持吗？（Ogilvy 2000）

的潜在媒介的事物（Blair，Armstrong and Murphy 2003，7）。最终目标，是一个整体传播计划，旨在全方位展示品牌。部分传播的方法，比如平面广告、电视广告或网站页面的横幅广告，黄金期已过。亚洲奥美原创的360度模式，提供了大量亚太地区独有的、在文化上有特异性的媒体选择，比如中国的自行车，日本的 i-mode（一种移动电话服务——译注），印度的井，泰国的大象和印度尼西亚的木偶表演。当今，"全方位品牌塑造"是跨国广告公司的一个普遍趋势，意味着从传统的广告形式转向以传播为中心的营销形式。奥美的360度模式成为典范，与它本身已经成长为一个著名品牌不无关系。①

奥美首先运用360度模式检查舒而美品牌，鉴定出一系列困扰该老化品牌的问题，发现它在"形象、视觉识别、顾客和产品"等方面很不足。诚如我们所知，舒而美的顾客基础主要是年纪较大的妇女，其形象以温和、关心为重，不激发灵感，视觉冲击力弱，包装设计不鲜亮（"产品"范畴稍后讨论）。检查结果在确立舒而美的品牌挑战方面至关重要：在重新发动的品牌攻势中，针对背弃舒而美的使用者，创立更为激进的观念。检查有助于为重新定位的舒而美确立目标：抓住新舒而美女孩独特的个性和渴望。推广活动的挑战和目标一经确定，团队立刻进入下一阶段——概念撰写，为组织中的推广活动定下高标准的基调。

品牌检验

如此关键的交叉路口，广告中的意义生产，已完全不同于文学或其他精英写作形式。观念不是凭空来自策划和营销人员的头脑，而是从品

---

① 奥美执行官们详尽撰写的"360度"方法，已分别以中、英文出版。奥美集团董事长庄淑芬撰有《奥美有情》（2000）；宋秩铭等出版了《观点》一、二卷及两本从国际出版物上选摘的散文和评论集。马克·布莱尔（Mark Blair）等撰写的《360度品牌传播与管理》（2003）在业界也很有名。

牌检验中提炼，以焦点小组讨论的形式呈现。① 在中国这样的多样化市场，焦点小组在各不同层次的城市做了近 24 次检验。参与者包括目标品牌用户、竞争品牌用户和非用户。我观看过一些在北京进行的焦点小组讨论的录像，参加过一次与我们现在讨论的推广活动无关的模拟检验。检验中"娱乐"因素很重要。用一系列语言或非语言的方法，与参与者的思想和情感建立连接，其中包括品牌拟人化、图像拼贴法、角色扮演法和句子完成法（Lannon 1999，47—48）。② 我最喜爱的检验工具，是拟人化和拼贴画。询问受访者，假定品牌是一个人的话，可能会是个什么样的人，结果答案全是五花八门的名人，从商业大亨、政治家到流行歌手、影视明星。探测品牌个性的另一个同样具有创新性的方法，是转换种类。询问假定手机是辆汽车，你觉得它是哪种车？设法让焦点小组用拼贴画形式，将自己的思维视觉化，这也是接近消费者丰富的无意识的一种方法。为了达到这一目的，营销人员将从杂志上剪辑或从网上下载的图像集锦，发放给焦点小组。依据营销访谈者给予的提示，每个参与者从图像集锦中挑选出让人联想到目标品牌的图像。受访者的任何选择，均不是无用或多余的。这样的品牌检验，一般长达三小时，期间，营销人员希望捕获的，是参与者个人的感受及其与品牌的情感联系。

---

① 定期的焦点小组会议一次长达三小时，其间，一组消费者与访谈策划者交谈，访谈者携带一拼贴图像和一套调查问卷。营销公司调研人员通常也到场，在隔壁装有监听设备的房间里观察访谈。我见识过的那些最好的访谈，都很自然，而且组织得非常好。

② 用文字描述检验品牌的方法，通常采取抽样问卷调查的形式，比如：听到这个品牌名称时，你脑中首先会想到什么？使用时你会有什么特别的感觉和情感？该品牌会勾起你哪些个人记忆或联想？会让你对自己有什么感觉？你觉得什么人会支持该品牌，他们怎么看你？你觉得该品牌有什么独到之处其他品牌无法取代？你的哪些行为或思维方式，让该品牌显得对你更为有利？该品牌的基调与它的主要竞争对手有什么不同？这些常规问题与富有创意的问题混合在一起，比如，若让你将品牌想象成一个人，你觉得她会是个怎样的人？

推广活动成功与否，一半取决于品牌检验执行得如何。有益的讨论，帮助营销人员描摹出品牌形象、寻找进行推广活动的新概念。比如，检验舒而美，发现该品牌形象具有以下特征：中年、四十出头、过时、性格内向、不注重外表。① 焦点小组中年轻些的消费者希望舒而美的品牌形象少一点贵妇味，多一点朋友的感觉。如何从这个角度去重塑舒而美形象，这要依据目标消费者心目中的"舒适"是什么。因此，检验中最重要的问题，是请表达你认为的"舒适感觉"。

该检验（总共21个）获得的洞察，将"舒适"概念分成五类。二线城市的回应者倾向将"舒适"与日常生活中的简单快乐联系在一起（"坐在窗前一边看雨滴一边听音乐"、"躺在床上看韩剧"、"在空调屋里与朋友聊天"）。中年回应者珍视舒适感带来的内心的安宁。但许多十几二十岁的女孩描述舒适，则充满美丽与活力的特性（"感受海洋、享受阳光"、"漫步森林"）。大多都表示生活"不该太累"，认为是否舒适主要在于是否感觉满意。焦点小组参与者中，还有同样多的人表达了希望有无忧无虑感觉的愿望（"想飞起来"、"让我的灵感自由迸发"）。

后续的概念测试讨论中，目标消费者继续给广告公司和广告主提供着启示。问及上面列举的概念是否有表达她们经期间的渴望的，参与者划掉了"内心安宁"、"简单快乐"和"感觉满意"，因为这些被视为"不够刺激"。她们在寻找更多"鼓舞人心的要素"，嵌入自己的日常舒适区。广告公司在获取的这些概念评述的基础上，设计出一套传播计划，将目标群首选的这些信息，重又销售给她们。

概念1、2、3，测试，测试

我们从上文提及的五类有关"舒适"的描述中，选出"无忧无虑"

---

① 我注意到，市场调查公司奥瑞高（北京）（Oracle，现名北京艾德惠市场调查有限公司）在分析导致舒而美形象不佳的因素时，比较宽容。奥美的使命更为行动化一些。他们询问"我们在哪里"，是为了转向下一个大问题，即"我们想去哪里"。奥美内部文献常常简短精练，而奥瑞高公司的报告则冗长详尽。

这一概念略作修改，然后在焦点小组中作更为深入的概念测试，最终脱颖而出的，是"释放自己，做我想做的"。受访者在这一阶段的测试中提供了很多更为具体、细致的反馈。"释放自己"尽管明显是各年龄组都广为接受的概念，但目标消费者还是担心会把使用者塑造成日夜辛苦工作的女强人形象，这可不是她们的生活方式。因此，奥美欲推出的寻求自由的激进形象，金伯利并不赞同。新舒而美女孩会很张扬吗？"大街上行走如飞、来情绪了半夜叫起好友聊天、脾气想发就发、一听妈妈说教就堵住耳朵。"奥美的一位策划是这样撰写和推荐的，但被否定了。①

与一般美国青年女性的超独立和无忧虑相比，中国青年女性没有那么激进。若把女性护理品市场分成三大主要群体：寻求责任型（老的舒而美），寻求自由型（苏菲和护舒宝）和寻求安心型（高洁丝），中国青年女性更偏向"寻求安心"，而不是"寻求自由"。2002年10月，与观众见面的"释放自己"电视广告，是两个普通女孩，看上去很现代，但不带有明显的时代精神。一名年轻女孩正在亲切地安慰她的同伴，让她安心，新舒而美的蓝条，能在她不便的那几天提供最好的保护。"寻求自由"，让位于"寻求安心"，这正是高洁丝的全球定位。也是一次折中却矛盾的创意执行：一面淡化高洁丝的品牌名称，一面却推广它的品牌定位，两个似乎相反的目标，却结合起来了。

高洁丝和红点战役

高洁丝是舒而美推广活动中的次要驱动力，这一事实，有助于我们

---

① 奥美推荐的寻求自由的新人形象特征还包括"感情自然、积极、真诚，有个性、有活力，并耽于自由表达，对自己不相信的事情直言说不。她不是社会不容的叛逆的坏女孩，不是让人讨厌的女孩，不是成功的白领职业女性，也不是女权主义者。她只是在享受女孩有权享有的一切快乐。我们看到，她……高兴时大笑，你甚至能在网上听到她快活的笑声，她为世界杯比赛欢呼喝彩，却不知谁在踢球。"

考察本土和全球品牌是如何相互影响、相互作用的。该案例再次证明，在平衡本土—全球比例的问题上，消费者起关键作用。

一开始，高洁丝—舒而美本是以合资品牌重新发起市场攻势的，以为高洁丝能凭自己的品牌资产复苏舒而美这只丑小鸭。的确，高洁丝最初的任务，是让舒而美冠上其新主高洁丝之名，并进入其市场，仅以高洁丝—舒而美品牌之名做市场推销。但在成都、武汉、北京和南京作概念测试期间，发现英文名不能为舒而美背书。大多受访焦点小组没看出Kotex与现在的中文名"高洁丝"之间的联系。这两个品牌的使用者概况和品牌形象，也被视为相差太远，无法融合。高洁丝的全球性形象，是二三十岁的女性白领，能干、干净、优雅，看上去很现代，给人感觉冷冷的不易接近。这样的形象与中国青年女性不太相关。消费者反馈让金伯利做出两大决定：缩小新包装上的英文"Kotex"，取消原先塑造合作品牌的计划。后来的线上广告甚至没有提及高洁丝，造成舒而美是主要驱动品牌的印象。淡化高洁丝标识可以理解，但舒而美仍然受高洁丝品牌定位（"寻求安心"）的推动，这乍看起来，让人觉得是项非常矛盾的策略。

蓝条：瞬吸蓝

正如我们已经看到的，"安心、放心"是2002年"释放自己"推广活动突出强调的产品的利益点（即防渗漏保护）。产品的一大新特色"蓝条（昵称瞬吸蓝）"，让两个闲聊的女孩相互"安慰"说，舒而美给她们带来最好的保护。"释放自己"的电视广告强调产品升级，把蓝条变成独特卖点（USP），以此取代新舒而美女孩无忧无虑的性情。这是个意料之外的行动。当代广告中，性情主宰定位策略，用产品特征来进行区分，违背潮流。金佰利期望，脱离（护舒宝和其他同行使用的）"形象与性情区分"的老套策略，高洁丝—舒而美能从各品牌"寻求自由"概念的混战之中，另辟蹊径，赢得市场机会。该策略奏效了。"蓝条"是舒而美在拥挤市场中具有的优势,很快发展成一个新的独立的子品牌名称,瞬吸蓝成为中国金佰利出产的前沿产品(胡瑾 2005)。最有趣的是,瞬吸蓝作为舒而美的子品牌投放市场,针对更为年轻的细分群体,完全脱离高洁丝。此计划是三头并进品牌塑造法最一流的案例,舒而美和蓝条都融进"本土"品牌,高洁丝成为单独的外资产品。"蓝条"还具备不容低估的视觉资产。该词的中文翻译非常有诗意,不仅把它的功能联系减至最低,而且非常成功地呈现了英语原词中缺少的丰富的视觉形象和隐喻含义。把功能还原为形象,是一种异乎寻常的营销策略,此为金佰利的妙招。

"释放自己"推销战,没有以"寻求自由"观念或曰计划为中心,它以与高洁丝全球定位相一致的传播策略推动:蓝条保证使用者能得到完美保护。金佰利的策略定位是双重的:即保持舒而美名字的毫发无损,同时推出与高洁丝一致的现代化子品牌。尤其值得称道的是,瞬吸蓝名字很上口,听起来很"本土"。此联系或许有助于该子品牌留住一些妈妈和阿姨类用户,而它现代化的外观则更吸引年轻的目标群体。没有多少消费者发现,瞬吸蓝和高洁丝产自同一家跨国公司。

红点与否,是个问题

"蓝条"一例说明的问题,对于我们理解西方的广告理论与实践十分关键:保持连贯一致,乃是关键。跨国公司客户一般很少改变自己全球产品的定位——它或许会改变创意执行,但不改变定位;或许会简化、突出,但不会突变。品牌定位始终保持不变(除非重新发动市场攻势),可是,我们或许会问,创意风格是否也原封不动地传播?后工业发达社会之外的地区,全球广告推广活动又如何进行?下面我们要讨论的,是一个全球品牌在特定区域的创意执行。

2002 年高洁丝的红点推广活动与此有关。为使高洁丝形象更为简化、突出,推广活动运用红点象征月经。所有红点广告,无论在美国或其他区域（比如中国）开拓、发展，均需具有极简主义风格，显得现代、充满活力。此创意方式引起欧洲和北美青年女性的强烈共鸣，但输入亚太市场，却大走麦城。红点推广在亚洲遭遇的问题，简言之，是因为对于有些形象，文化与文化之间的阐述大相径庭。推广活动撤出越南，因为一位共产党的高官认为红点太容易让越南观众产生联想。中国年轻一些的消费者不怎么注意红点的视觉象征，但年长些的妇女不喜欢该形象，因为它让人与血产生强烈联想。整个亚洲，尤其北亚，广告推广未能如期提高销量。在韩国，消费者抵制红点，推出一个白点推广活动，基于韩国妇女喜爱干净、纯洁、清新，这些特性都与白色而非红色相连。[1] 因为韩国白点的成功，以及一些地区对红点的特定反应，金伯利撤销了它的泛亚太战略，将亚太金伯利总部一分为二，北亚和南亚，现在韩国金伯利领导北亚分部（包括中国）。新千年的早几年，正是韩国金伯利，帮助中国金伯利分公司开展另类发展：非红点推广活动。

如果我们从每类广告中选出一个并置在一起，然后比较焦点小组对每个广告的反应，会发现，在主流红点类与非红点类广告之间，审美选择有很大不同。我们从"鱼"开始，这是一则北京创作的广告，但其隐含的创意完全依据"红点"概念。"鱼"的基本情节线索由三个连续镜头组成：很多鱼在一起→一只鱼被网住→这只迷失的鱼又游回鱼群。与"鱼"对应的人的故事，也是以三段式进行：一位年轻女孩正与朋友玩得愉快→例假来了，她心烦意乱，懒得与朋友交往→高洁丝重新让她感到安全，她又开始交际起来。为测试广告而进行的受众研究，提出这样的疑问，即目标消费者是否会依营销人员的意图解码广告。理想的状况

---

[1] 1990年代早期，韩国高洁丝从思想观念到市场份额都逐渐输给宝洁的护舒宝。护舒宝把自己定位成完美的现代女性的产品，它虽未直言，却无形中把高洁丝缺席定位成"邻家中年主妇"的形象（奥美2000）。为摆脱这一形象，韩国金伯利试图设定新的营销目标以振兴品牌，即取代护舒宝成为少女、青年女性的品牌选择。韩国奥美以消费者洞察为基准，摒弃红点创意，开拓白点推广活动，结果很有影响力，以致将"白色"变成了一个子品牌。

是，我们希望能捕获或重新捕获传播者与接受者双方脑中所想，以确定各自想象的意义是什么。最后，编码和解码广告主信息的特殊过程，对于消费者与生产者之间的复杂关系，能给我们什么启示呢？

这些问题（尤其是最后一个）尽管文化和媒介研究中仍在争论，且仍无法解决，但完善的产业研究提供的方法论工具，让我们能听到受众的声音。下面列举的四个表格，摘自金佰利委托的营销研究报告中的图表。每个被研究的电视广告对应两个表格，一个表格按顺序描述视觉编码以及营销人员预期的受众诠释，另一表格表明焦点小组认为自己实际上看到的是什么，以及自己对看到的图像的解码。我们仍从那则"鱼"广告开始（见表2.1）。左栏列出的，是对右栏中包含的情节的每一个小单元所做的视觉提示。

表2.2记录了目标小组接收信息的情况，并根据情况将成员分成两组：成员认为自己看到了什么（左栏），以及她们怎样解释自己看到的视觉提示（右栏）。左栏划掉的条目，是未观察到的提示。

表2.1 编码"鱼"

呈现给焦点小组的形象	预期的信息
一群黑色的鱼在游	与朋友在一起
↓	↓
一条鱼变成红色	例假来了
↓	↓
出现一只网子	经期的种种障碍
↓	↓
那条红色的鱼被网子罩住	受障碍阻挠——孤立了
↓	↓

续表

| 产品视窗（3层，中间层更宽一些）
↓
那条红色鱼逃离网子
↓
重新加入鱼群
↓
众鱼欢笑 | 卓越的吸湿性/中间层安全合适的特征
↓
逃离孤立
↓
重新回到朋友中间——回归正常
↓
交往一如既往 |

表2.2 解码"鱼"

实际获取的感知	实际的解释
一群黑色的鱼在游泳 ↓ 一条鱼变成红色 （未感知） ↓ 出现一只网子 （未感知到） ↓ 那条红色的鱼被网子罩住 （未感知到） ↓ 高洁丝出现 ↓ 红色的鱼逃离了网子 ↓ 重新加入鱼群 ↓ 众鱼欢笑	与朋友在一起 ↓ 例假来了 （猜测断定） ↓ 受障碍阻挠 （未感知到） ↓ 被隔离 （猜测） ↓ 衬垫的好处 ↓ （没理解） ↓ 重新回到朋友中间 ↓ 获得自由

对比表2.1和表2.2发现，焦点小组尽管掌握了三段式的主要情节，但大多数人未察觉从黑到红的颜色上的变化。网子的象征意义也被忽视："好像从开始到结束，所有鱼都是红色的"，"我只看到红色的鱼"，此二为典型反应。同样，红点的象征意义被完全忽视："我只看见红色的鱼，没看见红点"，或者"好像是有一个红点，但不知道那里为什么有个红点"。但所有华裔（包括台湾焦点小组）的受访者马上想起"如鱼得水"这个词（很有名的谚语），这更加证实了这样一个经验，即形象解码并非与视觉更相关，而是与文化更相关。许多参与者没发现"鱼"的颜色有变化，此"人性化"寓意未被领会。显然，抽象的形象提示不受欢迎。原本预期的是活泼、干净，结果却被目标群体理解为缺乏视觉吸引力。

从"鱼"这则广告，我们转向另一非红点电视广告"意外"，这则广告是用手绘的故事板呈现给焦点小组的。其中大肆渲染人之主题，色彩设计有意复杂化。没有一丁点红点式象征手法，但我们要弄清楚，焦点小组是否更为赞同这个创意。表2.3中我列出的是预期，表2.4列出的是实际获取的感知。

表2.3 编码"意外"

呈现给焦点小组的形象	想要得到的信息
在购物中心 ↓	第一个公共场合 ↓
女孩正在躲藏/逃离/到处看 ↓	想找没人的地方 ↓
冲进电梯/迅速关上门 ↓	想找没人的地方 ↓
周围有许多人 ↓	第二个公共场合 ↓
悄悄溜进停车场的汽车 ↓	第三个公共场合 ↓

续表

汽车里,后座位子上的包包 ↓ 产品视窗(3层,中间一层更宽一些) ↓ 到家 ↓ 妈妈和两个年轻男人在一起 ↓ 女孩大笑	产品介绍 ↓ 卓越的吸湿性/中间层安全合适的特征 ↓ 终于到没人的地方了 ↓ 更为自信地面对他人,即便是两位男友 ↓ 重获往日快乐

表2.4 解码"意外"

实际获得的感知	实际的解释
在购物中心 ↓ 女孩四处躲藏/逃离/到处看 ↓ 冲进电梯/迅速关上门 ↓ 周围有许多人 ↓ 偷偷溜进停车场的汽车里 ↓ 汽车里,后座位士的包包 ↓ 产品视窗 ↓ 到家 ↓ 妈妈和两个年轻男人在一起 ↓ 女孩大笑	(场景太繁杂无法理解) ↓ 想单独待着 ↓ 想单独待着 ↓ (场景太乱,不明白) ↓ (不明白—太乱) ↓ (不明白—太乱) ↓ 关于衬垫(不渗漏) ↓ 只是到家而已 ↓ 她或许有比较多的仰慕者 ↓ 因为有较多男友而高兴

中国内地和台湾的受访者都没明白女孩在公共场所为何躲躲闪闪。"怕渗漏"和想单独待着的愿望没被领会到。尽管家长的监督形象很明显，不可能被忽视，却没有人听懂画外音"（这位年轻女孩）非常自信地面对追求者"，这是个提示，对于我们解码随后的场景（包括两位男友）非常重要。中国金伯利最终搁置了此非红点推广计划，因为，测得的消费者反应，显得有悖该广告的期待，因此停止了"意外"电视广告的制作，这表明企业客户对消费者洞察的反应速度非常迅速。随着品牌生产链的推进，消费者开始起到至关重要的作用，不仅决定每个推广活动背后的观念，而且深度影响创意，并最终决定是否制作广告。整个品牌塑造过程，从定位、概念撰写，一直到创意执行，目标消费者无所不在，那些不熟悉实际情况之下广告是怎样起作用的人，常常忽视这一点。

下面两节着重于比较学术的问题，内容涉及文化研究中实地调查法的运用、生产者与消费者这组对应主体的结构，以及全球、本土这对主体分析模式的不完备之处。只对商业感兴趣的读者，或许想掠过此段，直接进入第三章。那么，我在这里简论一句，争论本土与全球谁对于今天的企业决策更为重要，已经没有意义。退出此错误的二元论的最好办法，是将注意力转向别处，回到消费者，回到文化生产问题。

论实地调查与生产者/消费者二分法

消费者—受众如何编码、解码媒体信息，以及其与生产者之间的权力关系，为学术界正在争论的问题，了解消费者的主动性，有助于厘清这些问题。换句话说，消费者是主动制造意义的主体，不只是被动接受生产者的信息。诚如我们所见，高洁丝的目标群体没有按营销者/生产者的预期解码电视广告。乍看起来，此观察似乎让我们不得不赞同主流的学术接受理论，即受众是自主的，媒介文本完全可以进行开放性解释。持此观点的问题在于,将"主动的"受众偏移至了"自主的"受众。我同意詹姆斯·卡瑞(James Curran)的观点:不可过快勾销媒介权力/操控(Curran 1990)。但支持与此对立的论点,同样有问题,即否认受众成员有权利或者有能力做自己的主张的主体。否认受众能参与制造意义的人声称,受众没有权力设定限定文本解释的议程,即便他们向来灵活地解释文本(这里指电视广告)、戏谑地制造意义。文化生产者这个议程设置者,被看成有意进行操控的傀儡王。在我们未将广告作为具体的文化产业进行考察之前,此洞见似乎言之有理。

舒而美和高洁丝案例研究,让"有意编配"这个前提,产生疑问,因为它表明,今天,在制造(和控制)物质文化的意义方面,企业广告主和消费者均无独占权。品牌塑造过程非常复杂,须经所有三方(目标消费者、企业广告主和广告公司)之间层层协商,将权力赋予任何一方,都是过于简单化了。

而且,不同的文化产业,其"消费者与生产者之间的关系",会有不同,此事实尚未被充分认识。图书产业中出版商、作者和读者之间的关系,与流行音乐产业中大音乐唱片公司、独立唱片公司、音乐艺术家和他们的粉丝之间的关系,一定会有不同。即便广告产业本身,不同种类的产品,其消费者和广告主之间的关系,也有不同。自我表现类产品(比如时尚、手机、鞋类及快速消费品)的目标消费者,在决定广告推广活动的概念方面,比医药、电器和房地产的目标消费者,具有更强的推动作用。对于这所有的种类,参加营销焦点小组的消费者,通常是产品最主要的使用者,细分哪些用户"主动",哪些用户"被动",对于已存的"消费者—生产者"关系概念,几乎产生不了什么影响。

但我们若转向计算机游戏、汽车和软件及信息产品(领先使用这些领域产品的用户,更被鼓动去修改和发展产品概念,这现象无意间动摇了广为接受的"生产者与消费者相对抗"这个二元论概念),则显而易见,消费者研究需要运用民族志学,以研究在产品生命周期的不同时刻，产生的不同类别的使用者参与。① 正如我之前指出的，品牌塑造研究，必须注重广告推广计划的制订，"以用户为中心的革新"（Von Hippel 2006），迫使研究人员考察企业革新的变化过程，考察结果，只能通过在对公司特定产品种类的现场实地调查，才可能有效捕获。

对于这一主题，批判理论没有及时认识到，不同的文化产业各不相同，而且，消费者与生产者之间的关系，不同产业、不同产品种类，也会有不同。热衷追求全局性意识形态框架，对消费者或高估或小觑，已经导致很多学术研究人员小瞧或回避文化产业中的实地调查。然而，一个特定产业，若未投入足够关注，未深入其中，便很难超越批判思维的非此即彼模式，提出新的思考。问题被限制在了二元式的框架之内以索求极端化答案。

我要补充的是，写博客，以及《第二人生》这类角色扮演游戏（一个完全由其居民想象、创造并拥有的3D虚拟世界），为消费者提供了更大的游戏室，他们正以从前无法想象的方式，塑造企业议程。新媒体迅速销蚀生产者与消费者之间的界限，产生"生产消费者"（prosumer）这样的新型概念②。对于华而不实的趋势，尽管总有炒作、宣传，但二元式逻辑的解释功效，免不了日趋下降。

即便在传统媒体环境之中，焦点小组与目标群体也是幕后操纵，从品牌检验到概念撰写，从概念测试到创意执行。广告主和广告公司将此决策权让给消费者，完全是出于需要。今天的市场，尤其是发达世界的

---

① 温妮·黄（Winnie Wong）给予的帮助，促使我重新思考生产周期中消费者参与的复杂性。对此，我深表感谢。

② 阿尔文·托夫勒（Alvin Toffler）在著作《第三次浪潮》（*The Third Wave*, 1980）中创造了"prosumer"一词，预言，数字化时代，消费者（consumer）与生产者（producer）角色之间的界限，将变模糊。"prosumer"的概念也指"消费者"（consumer）和"专业人士"（professional）融合，即消费者认为自己是半专业人士，对为满足创造性追求而使用的数字媒体技术充满热情。由这些高水平的业余爱好者或半专业人士产生的创意，与"用户生成内容"（UGC）联系在一起，促成他们与公司大佬们展开合作或竞争。本书中的"prosumer"涉及两种意义的细微差别。

市场,已经过于饱和,且分化成无数个体消费者能制造一个品牌或摧毁一个品牌的利基市场。他们的好恶,正扭转着广告主的喜好。怀疑者或许坚持认为,和中国类似的发展中国家,消费者起不了什么作用(不过是一张白纸)。这或许是 1980 和 1990 年代的情况,但今天,精明的媒体正在培养多变的中国城市消费者,他们与西方市场的消费者不同,"品牌忠诚度"概念在中国能控制的时间很短,2004 年,80% 的女性受访者称,她们这一年品牌至少换了一到两次。("中国女性品牌忠诚度最低"2005,10)。跨国广告公司已将赋予消费者一定的自治权的当代广告工具引进中国,学者们却有所不知,依然埋头源自早期用户至上主义的模式。

实地调查绝非任何情况下都绝对有效。但正如描述乐器中流溢出的旋律,需要了解它是如何被演奏出的一样,没有广告实践却要评论广告,往往难以令人满意。实地调查提供了除浪漫化受众/消费者、理论化媒体机构的总体控制之外的分析方法。大卫·莫利(David Morley)注意到,文化研究的民族志学转向,是一种健康而不可避免的趋势,尽管需要留意它的局限(Morley 1997)。有人怀疑,文化产业研究中的实地调查(在我举的案例中为浸入式参与者研究),是否会损害学者的批评欲望。但正如乔治·尤底斯(George Yudice)所述,当代的企业控制体系,以商品化为前提已越来越少(阿多诺语),以知识产权垄断为前提则越来越多。

具体说来,对于流行音乐批判性研究的新势头,不在于社会理论家的"商业主义"批评,而在于消费者在数字化权利管理(digital rights management,DRM)方面的努力。这个关键议题,源自病毒式营销、新媒体和在线草根创意社区的聚合,我们将在结论部分讨论。密切注意新营销趋势(口碑营销和博客营销)的人看到,用户生成内容在控制虚拟空间,将数字化版权运动推向有关"法人权限"的论争的最前沿。仅是实地调查,不足以让我们认识、理解这些新的、多种多样的活动领域。

进入产业的有利位置，有助于研究者加速发掘理念。的确，关于新消费者行动主义，数字化一代已重绘出种种新词：娜欧蜜·克莱恩（Naomi Klein）"拒绝品牌"（no logo）的疾呼（Klein 1999），在这个诸如知识共享（Creative Commons）等公开内容运动此起彼伏的时代，似乎已无意义。新世纪亟待解决的问题，已不是是否该穿戴品牌（我们无论持什么意识形态，都在消费品牌）①，而是面对企业知识产权的控制，个人如何通过创造自己的品牌，来摆脱控制。下一个阶段的文化生产前景将颠倒过来，消费者是生产者。新战役瞄准的，是如何自由、独立地传播自己的创意作品，实现建立数字共享的乌托邦理想，让所有人都能免费获取人类知识。

跨国广告与本土—全球问题

"消费者与生产者相对抗"，这只是一系列假定的对立的二元论术语中的一个，中国案例研究，比我们原以为的复杂得多。现在我们回到前面提过的一对概念："本土对抗全球"。红点争论对此也提供了经验教训。我们已经看到，区分"本土、全球"概念（比如舒而美与高洁丝）未能起效。追问2002年推广活动的主要驱动力是高洁丝还是舒而美，或者确定瞬吸蓝是本土品牌还是外国品牌，其实毫无意义。重要的是目标消费者的感知。中国消费者把舒而美和瞬吸蓝都视为本土品牌，即便这两个品牌都由金佰利公司拥有和生产。因此，大多数使用者或许永远不会知道，高洁丝为新舒而美的品牌定位提供了资金。然而，不知情不意味着被欺骗，除非他们的购买决定完全取决于品牌的"国家身份"。这个现象，如今因为众多复杂的品牌交叉而成为问题。而且，一般说来，不能高估价格策略和产品质量对于消费者的重要性，尤其是精明、

---

① 比如，麻省理工学院这个品牌，无疑帮助我获得了在奥美工作和研究的机会。

多变的中国消费者。全球化时代,品牌身份以及消费者对品牌身份的认识,越来越复杂。品牌,我们发现,其实是文化构建物。舒而美和瞬吸蓝都是混血品牌。确定它们到底是本土还是全球,其实又退回到非此即彼的二元论思维的窠臼之中。当今的文化生产,与其说本土或全球,不如默认为混种。

很多学科中的大众批评理论文献,批判肤浅的"全球化"和"本土化"二元论。对于传播研究中全球媒体控制论这一流行观点,简·瑟韦斯(Jan Servaes)和里科·利(Rico Lie)提出批评。我们一直被提醒,"联合生产"肯定会模糊这两个辩证对立的术语之间的区别。(Servaes and Lie 2001;Servaes 2003)。① 斯图尔特·霍尔(Stuart Hall)对"交叉美学"颇有说服力的探索,叩开了这两个术语之间的大门。他揭示,后现代全球化极具顺应能力,它引进并通过本土特征,运用离散之喻,表明本土人士也希望跨越原居地之疆界进行表达(Hall 1991)。麦可·哈德(Michael Hardt)和安东尼奥·纳格利(Antonio Negri)认识到,地方主义反对全球化的观念背后,有政治价值,但更倾向国际主义策略,而不是"地方主义"策略,因为,本土生产也是全球化的结果,因此,本土抵制理论其实是建立在错误的基础之上(Hardt and Negri 2000)。对于文化帝国主义(全球化造成的威胁)对抗假想的"民族文化认同"一说,丹·席勒(Dan Shiller)非常谨慎,因为,他说,当代人类的接触,已被定义为"持续的互动",而不是总结性的终点(Shiller 1996, 95—96)。批判地理学研究者的论述与之相似,运用概念性语言"(空间)尺度"指出,根据"谁以什么样的空间尺度控制什么",社会的权

---

① 瑟韦斯和利有时又陷入地方主义立场,因此,这格外增强了我们正争论中的问题的二元论性质。但他们试图从概念上强调和分析本土与全球之间的联系,这是确凿无误的。在矫正传播研究的分析偏见方面,他们最突出的观点之一,就是认为"从融合的角度说,全球媒体或许覆盖率最大,但若从收视率看,其规模会大为缩小"(2001)。

力关系会有很大不同。这表明，在塑造真实上，本土与全球均无理论或经验上的优先权。（Swyngedouw 1997，140—141）文化人类学可能是在基于过程的方法（即民族志学）上投入最多的学科，也是最坚定地要彻底推翻本土—全球二元论的学科（Allison 2006；Condry 2006；Manalansan 2003）。偶尔，文化研究评论家会超越黑格尔的辩证法（霍尔和哈德肯定如此），并允许本土驱动研究议程，由此在将直接敌对的地理分界关系有效复杂化方面，取得成功。乔治·尤底斯（George Yudice）的《文化权宜之计》（*The Expediency of Culture*）是个很好的例子，其中一章，论述作为拉丁美洲和美国之间文化走廊的迈阿密，他强调依据国际劳动力分工理解"文化"，这表明文化生产中，存在冲破发达与发展中世界界线的一种全新的"国际联网与合作"（Yudice 2003，192—213）。的确，在促使争论术语复杂化上，国际文化学者比其他人更有优势。他们进入本土实地，直接感受到细微的差别，这是借助先验轨迹的全球理论家所不具备的，因此，他们更加反对视"本土"不过是"全球"的一个无关紧要的陪衬之说。中国研究领域和拉丁美洲研究一样，也造就这样的学者，他们的研究在动摇比较陈旧的"本土"和"本土性"观念的同时，也防止了超全球主义观点。蒂姆·奥克斯（Tim Oakes）、露易莎·歇恩（Louisa Schein）、赵月枝、卡罗琳·卡地亚（Carolyn Cartier）和《定位中国》（*Locating Chima*）一书的各位作者，都在关注一个区域（即本土、地区、国家和全球以及城市和农村）里不同空间尺度之间意义的转换（Cartier 2001；赵月枝 2003；王瑾 2005a；Oakes and Schein 2006）。

然而，讨论全球—本土辩证法方面现存的文献，几乎无一例外地在推论这个混血过程，而不是让这个过程自己说话。研究者大多求助于"全球本土化"（glocalization）这一概念作为分析策略，试图从中寻找出路。但是，生造一词来简化文化生产的复杂过程，这是在回避真正的问题，何况"全球本土"（glocal）一说抹平了生产链上不同节点之间的等级差异。此说将"文化内容"和"文化生产"这两者混为一谈不加区分，其结果是两者均未叙述清楚。更为危险的是，消去了中间连字符的"全球本土"一词，造成这样一种假象，即我们已经摆脱了本土/全球二元论的迷宫，而实际情况是，只要我们不关注文化生产过程，就很可能折回老路，回到原点，即依然以极端化的方式，从意识形态上理解文化。欲摆脱这个怪圈，我们首先需要将分析的重点从"内容"转向"生产"，这样才会出现不同的问题等待分析。调查广告推广活动中实际发生的事情，以及焦点小组干涉如何形成，有助我们了解商家为什么改变原来的方向和议程。以生产为中心的问题，让我们一步步解开舒而美品牌文化适应的详细过程。

  我们已经看到，品牌塑造过程的每个阶段，无论是客户策划、传播计划、创意执行，还是公共关系，参与者都在不同程度地运用着本土和全球策略。比如，舒而美的"定位策略"被分解为产品定位（蓝条）和概念定位（舒适）。"舒适"又进一步分解成"日常舒适"型、"自我表现"型和"自然爱好"型等，各种不同概念混在一起，没有规律，无法直接对应本土/全球计划。另一个问题与公共关系（PR）这门现代西方学科有关。我曾问过奥美公关中国区总裁柯颖德（Scott Kronick），他如何看待全球文化霸权问题。他回答说："我们（奥美）的办公室和商业文化是非常本土的，我们也很为此而自豪。"但这并不是否认，他的职员在受委托为中国企业客户发展公关策略时遵循西方公关模式。这并不矛盾，更为正确地说，在本土文化的基础之上追求西方公关模式，表明本土人非常渴望获取他们不具备的知识和技能。的确，本土的中国广告公司在忙着学习怎样塑造自己，使自己成为合格的4A公司，而奥美和萨奇·萨奇这样的跨国广告公司，则希望采取本土方式，呈现非常本土的面貌。在这里，意识形态不是驱动力，实用主义才是驱动力。

  有市场就有人，有人就会有不同的价值观，传播策略就得去适应这些价值观。因此，即便有全球产品和全球品牌，却不会有（成功的）全球传播策略。红点推广活动,对"全球传播策略"概念提出质疑。该活动明确表示,标准化的视觉刺激,向全球的目标消费者传达出的,不会是相同的信息。因此,认为建立在强烈的视觉提示基础之上的广告概念,比建立在模仿基础之上的推广活动更容易跨越疆域,这观点是不正确的(de Mooij 1998,31)。试想,普通的西方女性对"白点"会是什么反应?

传播策略本土化,是当今精明的跨国公司的正题,我在第一章中已引用了一些这样的案例。哈尔滨可口可乐电视广告就是一个很好的例子。甚至像力波啤酒这样的合资广告主,也已在运用本土化策略("力波啤酒,我喜欢上海的理由")。在这些例子中,本土本身已变成商品,失去了自身作为意识形态标记的价值。强调本土身份和本土文化,不过是全球化时代盛行的营销策略。我也未把"本土"这个比喻,看成抵抗的主导比喻。对于一个越发复杂的世界而言,用"控制和抵抗"这对极端的旧概念范式进行解释,实在是过于局限了。

本章展示了广告主和广告公司打动消费者之法。她的愿望就是我的命令:我在展示奥美开发的培养中国品牌忠诚度的工具的同时,已经突出了消费者的有利位置。下一章,我将把重点转向企业客户,考察当代中国,国内公司和跨国公司客户在营销组合中,怎样使用其他要素(比如分销和零售渠道、价格以及商誉战略)提高优势。我们正进入这样一个地带,即营销以企业为中心,这是主要焦点。这又再次牵涉到国家主权问题,它预示了更多的冲突。

第三章 协作之声与合资品牌

最近,中国的 TCL 集团收购了高威达(GoVideo)。但在美国市场,TCL 将继续使用 Go Video 这个品牌名称出售彩电和 DVD 机。

——《国际广告》2003 年 9 月

全球化先于本土化。没有全球化,本土化就不会出现。

——吴晓波,中国本土广告公司总经理(2003)

在八达岭长城脚下,将建造一个新的中国品牌主题公园。一千个著名的中国品牌将在一个 10 万平方米的区域展出。

——《国际广告》2003 年 9 月

加入 WTO 之后的头 18 个月,中国企业与广告业态度上的变化便呈现端倪。中国品牌在竞争中越发有信心,与此同时,有远见的企业家开始重视全球化的作用,意识到它在融合全球标准与地方准则上的积极促进作用,由此,"协作"(synergy)开始成为一个入时的词汇。持续不长的 4C 宣言中那个简单地对立"中国"与国外全球竞争者的观点,显然暗示文化失败主义,该观点已开始退潮。

本章开头三段引文,均选自中国的商业杂志《国际广告》,表明中国关于"本土化与全球化"关系的争论正在改变。中国电视、手机制造商的领军者 TCL 接管高威达,但做出了一个非常切实可行的决定,即保留它原本的美国本土品牌名称,这是跨国公司进入当地市场后常用的策略（"市场大参考"2003）。TCL 在以跨国公司的气势，操作同样的游戏，机敏地拓展自己的全球势力。

第二段引文作者吴晓波，其言论听起来像出自守旧的辩证学家，但这位年轻的中国本土广告公司经理，绝非教条的黑格尔式马克思主义者。对于"本土化"与"全球化"之间日益自觉的对话关系，吴的评价表明了中国广告业的一种新观点，即认为跨国广告公司与中国本土广告公司之间，会互动合作，建立他所称的本土化新秩序，此为完全有别于中国20世纪八九十年代的一种全新实践。① 该协作论将继续规范中国广告业未来几十年的主流前景。

与此同时，旧思潮依然顽固。第三段引文表明主权情结的再现——在长城建一个名牌主题公园，借此在经济形势较好的时期重现中国文化民族主义（"市场大参考"2003）。中国人的"中国身份"焦虑，因1840年的鸦片战争而深植于民族历史记忆中，这羞辱一直延续至上世纪三四十年代，其时，中国正割让领土于外侵强权，痛苦地挣扎于半殖民主义之中。然而，早期的所谓消费民族主义，不应与中国当前倡导建立"品牌长城"的宣传活动混为一谈。问题不在于中国消费者和企业家是否是民族主义者，而在于什么历史条件促使产生了消费民族主义的不同阶段。以本案为例，如若上世纪90年代末提议建立这样一个主题公园，就显荒唐，因为那时中国企业几乎没有中国品牌可以展示。但到2003年时，娱乐公园景观附有献给如张瑞敏（海尔创始人及CEO）这样的企业家的街道，其显示的，是另一种历史经验，表现的民族情感，与从前拼命维护濒危的主权的感觉完全不同。

该主题公园或许颇引争议，但其历史意义需借不同理由进行评估：其主要隐喻不是争胜性的"反帝国主义"，而是庆祝"富足"。如果建成，该公园将不仅只展示民族偶像，还将长期进行品牌展览。它无疑是

---

① 本土与全球广告公司之间的"互动合作"或"双向渗透"，类似术语常出现在广告商业杂志和书籍之中。另一个很好的例子，见余明阳（2002），第41页。

一项记录时下流行于现代西方和当代中国的品牌和营销理论/实践的工程，一项不可简单纳入旧的中国民族主义思想框架之中的工程。即便那框架依然存在，也是存在于新的背景之下。

2003年以来，越来越多的中国品牌成为名牌，但建设该主题公园的新闻却鲜有所闻了。2003年秋季，十大最佳连锁品牌在北京公布，其中，国产品牌全聚德北京烤鸭和马兰拉面，与联合利华和肯德基同立聚光灯下（"市场大参考"2003，137）。本土和跨国公司在品牌、营销和管理知识上的差距越来越小。勤勉的中国广告人，已经能快速学到跨国公司的经验教训，他们预想，"我们将在50年内达到资本主义国家耗几百年达到的目标"（Huang Zongkai 2003，13）。这不是夸张，不仅中国的品牌势力在成长，中国的公司也正同时经历着双向的创造性转变：带着强烈的文化主体意识将全球知识与实践本土化的同时，对本土与全球相互间的构成关系，获得了更深入的理解（Simons 2003）。在这个更为成熟的本土化阶段，交叉贸易正双向融合：跨国公司热切地本土化的同时，中国公司在借更具包容性的民族主义之名，追逐跨国资本。双方均认识到"本土"的象征价值，并拿来为我所用。

本章将着重探讨合资企业娃哈哈与达能（法国食品饮料跨国公司）早期的成功合作，以及两家公司2007年春激烈的争执，还将进一步探讨宝洁和可口可乐的协作原理。我特别留意此四案例中每个企业充分利用协同的双向作用在中国加强业务的方法。中国广告公司与跨国广告公司之间的协作一直在不断增强，并受到广泛赞誉，但不可否认，达能、娃哈哈争执案后，其他行业的中国合资模型也开始受到仔细检视。"合资还是不合资"，已成西方法律、商业博客中的讽刺语。2007年中期，产业观察者与公众仍在忙于理清达能与娃哈哈互掷的控告与反诉，并竭力判断个中真伪、孰是孰非。

该法国企业集团控告娃哈哈建立翻版业务，瓶装和出售与合资公司同样的饮料,违反了他们之间最初的合约。达能甚至发出最后通牒:宗庆后(娃哈哈的创始人和合资公司的 CEO)必须终止所有达能目前尚未投资的业务,或者接受达能在那些企业中占股 51%,宗称该举是强行低价购买,试图变法国公司为娃哈哈品牌之主。宗愤然拒绝,反击说达能与娃哈哈并非一对一合作伙伴,法国向中国很多作为竞争对手的乳业和饮料制造商投资上千万,这对合作关系造成了更大破坏(Lu Yuliang 2007;宗 2007)。① 这个名单上有上海光明乳业、汇源果汁、乐百氏瓶装水和蒙牛乳业。娃哈哈 CEO 发动了媒体战役,赢得公众同情,口水战迅速升级。宗声称,达能"敌意的"收购计划,有可能垄断中国饮料市场,请求政府干涉,保护濒危的中国民族品牌。诉讼正在进行,争端不解决,不会有赢家。②

达能在商标上给了娃哈哈一个严厉的教训。该争执也让中国人认识到,企业合作双赢方案,说来容易实施困难。现在,许多人质询,说到为本土公司开展全球协作时,除了简单的资金注入和合资,是否还有其他途径?本章最后一部分将转向这个问题,指出协作实践中可由在中国的跨国广告公司投入同等的投资,尤其可由社会主义政府自己投入。更大的议题是,塑造整个国家为品牌。这需要一种完全不同的协作,促进所有欲借营销"新中国"而获利的人们进行合作。

---

① 宗控告达能在中国所作交易破坏了娃哈哈—达能合资企业。他说,这些交易包括:(1) 2000 年,达能购买娃哈哈最大竞争对手广东乐百氏集团 92% 的股份,导致娃哈哈失去市场占有率,当年利润损失 4900 万元;(2) 据宗所述,该法国公司至少购买了七家中国领军的食品和乳业公司的股份,这样,达能在上海光明乳制品和食品公司占股 45.2%,在北京汇源果汁控股公司占股 22%;(3) 2006 年 12 月,达能又与蒙牛乳制品公司(中国最大的液态奶生产商)建立合资企业,占股 49%。见 Lu Yuliang (2007)。

② 普遍认为,达能即便掌控娃哈哈品牌,在中国市场也将面临报复。在这个民族主义情感随时可能会被敌意媒体和(或)愤怒的消费者重新激起的市场,该法国公司将面临巨大的公关问题。

向上、向下与交叉

对在中国的跨国公司而言，21世纪的本土化协作，意味着实施新营销策略时代的到来：将自己的品牌登陆内地。"中国本土市场"概念，已经不只指已经过于饱和的中心城市，而是延伸到三、四线城市以及其他更低层次的县城和农村。手机及快消品领域的一流生产商雄心勃勃地向内地推进的消息频频登上头条新闻。当然，中国农民不可能全被自动地变为市场细分群体。中国农村目标群体层次各有不同，取决于他们的可支配收入，而农村群体的生活状态，体现在特定的物品种类之上。比如，对于农村消费者来说，肥皂、洗发水和手机的需求，一定大于电脑和红酒。① 可以预见，特惠农村消费者的新营销趋势，也会给中国媒体环境带来重大改变：提升了当地媒体的地位，使得中国县级电视网（CCTN）在广告收入上能与占主导地位的中央电视台抗衡。出于同样的原因，反向交叉正在发生：当跨国品牌向低层级市场深入之时，国内品牌正向高层级市场前行。飘柔洗发水进入二、三线市场（每瓶1.2美元），摩托罗拉推出乡镇手机（低至40美元），空缺市场被国内巨头波导和联想的对等活动补足，它们想要抓住一线城市的高端手机用户（新款价格达230美元）。

这样的新协作秩序之下，混合品种和交叉品种一样受欢迎。抱有扩张雄心的中国国内联合企业，已不能再继续绝对"本土"了。上世纪90年代中期以来，许多合资品牌开始形成。娃哈哈和乐百氏（中国第二大瓶装水生产商）决定与达能共舞，极端民族主义者或许会视其为向"国外帝国主义"出卖，但全球化时代的大商业操作，就是企业合并。为拓展市场份额，为响应北京做大做强、品牌国际化的政策，本土巨头纷纷

---

① 这些洞察2004年2月10日由布鲁斯·奥尔特奇克电邮给我。奥尔特奇克是星空集团（Star Group）前执行副总裁和葛瑞集团亚太区（Asia Grey）前副总裁。

选择吸纳跨国公司为合资企业提供的资金。问题是，很多外国合作者几年后控制了公司的多数股份（比如达能对乐百氏），促使中国新闻和产业界批评人士再次质询，中国"民族品牌"是否正濒临灭亡。2005年后，中国被迫深化其WTO承诺，加之达能与娃哈哈的公开争执，自然使该问题显得更为紧迫。

对此问题，广告专业人员反应各有不同。一些人认为，既然品牌的特性取决于消费者的感知，那么，谁拥有或者出售品牌无关紧要。国际品牌可以当成本土品牌营销。比如，美国消费者当哈根达斯为外国品牌，即便它是地道的美国货。同样，正如我们在第二章中所见，因舒而美（高洁丝的姊妹品牌）的所有者——跨国公司金佰利的故意所为，舒而美一直被中国女性当成"纯粹的"本土品牌。与此相反，当跨国公司在卓尔超群地伪装成"本土"之时，国内品牌的交叉伪装也几近完美：娃哈哈非常可乐、力波啤酒，甚至青岛啤酒均伪装成"中国的"，而实际上，它们是合资品牌。

公众不知道品牌的国籍出身，并不意味着所有顾客都易受骗。对于四海一家的年青一代来说，当交叉贸易与交叉身份越来越成为准则时，圈定品牌的国籍身份已无意义。全球化时代的特征，是越发的混血而不是纯种，是越发的混合资产而不是单一资产。

经验丰富的营销人员均认为，市场越成熟，消费者越不会纠缠于品牌的国籍身份是否纯粹。但随着旧意识形态上滋生的新变化，以及民族主义的不断涌现，中国市场的现实，或许有悖这一分析。"是什么使得合资品牌成了'中国品牌'？"这个问题一直在纠缠中国的商业精英和普通公众。鉴于中国历史，新千年之初，曝光娃哈哈这样一个引人注目的民族品牌的合资状况，触发了抵触心理和新闻热议，这不足为奇。

合资品牌与"中国身份"问题

娃哈哈摆脱了那场危机，依然安然无恙地被公众视为中国品牌，这不禁让人疑惑,民族主义情节强烈的中国公众,为什么在被充分告知娃哈哈与法国达能集团合并之后,依然视其为民族品牌的宝石,为之喝彩。我以为,随着新的社会对话或曰话语即宣扬协作逻辑的观念的出现,对"中国身份"的定义和共识已在改变。

上世纪 80 至 90 年代,中国人认知的"本土"、"民族"产品,主要取决于谁拥有中国公司多数的股份,规定最低为 51%。该"多数股份"准则,与上世纪 20 和 30 年代国货运动期间流行的早期标准,已相去甚远,那时,资产纯度 100%,方可贴上"中国产品"的标签,这一必备条件没有讨论余地(Gerth 2003,196)。上世纪 90 年代后期起,资产混杂已成准则,标准开始发生变化(王瑾 2004,15—17)。

以娃哈哈—达能合资的品牌之一非常可乐为例,即便达能控股该商标 51%,子品牌仍作为"本土"的中国可乐出售。因为公司 CEO 宗庆后对非常可乐的混种血统秘而不宣,2002 年早期,谣言纷起,称"达能持有 51% 股份",广泛引发对中国民族品牌"侏儒症"的恐慌(晏国祥和方征 2002;杨有忠 2002)。中国公众追问,娃哈哈是否多数股份已失于达能。现在我们知道,所谓谣言,其实是事实,诚如宗庆后自己 2007 年迟来的坦言。但 2002 年时他坚称达能在娃哈哈—达能合资企业中的全部股份不超过 32%(晏国祥和方征 2002,10)。批评和同情他的人现在都想知道,宗先生 5 年前是否在故意欺骗中国公众,或者诚如他现在所言,是他当时不懂"资本与合并如何运作"。[①] 我一直怀疑,对于达能控股非常可乐 51% 之实,宗保持缄默,是唯恐其危及非常可乐作为"真正的"中国可乐的定位。[②]

[①] 宗现在称,合资企业刚建立时,他没意识到娃哈哈的大股东地位,会因达能通过从初期的达能—娃哈哈合资企业购买其他合作伙伴的增量收购策略而受危及。他说他直到很迟以后才逐渐意识到,达能已悄悄在合资企业中合并其股份达 51%。

[②] 2002 年,宗未揭露达能确实拥有非常可乐 51% 股份,该百分比在合资公司整个投资组合中,毕竟微不足道。

2002年，对于进行合资的商人来说，是极为棘手的一年。中国进入WTO，引起激动的公众对新开放政策之利弊一轮轮的争辩。这种局势，对于为回馈外资已有意无意准许知名国有品牌合资的中国企业家，是很大的压力。根据国际标准，这应该不算反常的商业活动，只是宗庆后深谙中国人对纯粹民族品牌的情结，试图两全其美。为确保娃哈哈在国内消费者眼中仍是"中国的"，宗庆后新造一流行广告语，"合资不合品牌"，对中国商品的"国产内容"重作定义。一系列"国产品牌"的新标准开始诞生，即所谓的"三个坚持"原则。对于娃哈哈，它指的是合资不合品牌，坚持娃哈哈管理的自主性，及合并后娃哈哈员工不得下岗（陈剑夫和周巍 2002）。

宗那时的缄口及2007年与达能摊牌时显露的"不合品牌"（即第一个坚持），只是部分真实。宗不仅1996年签署合同同意娃哈哈品牌合资（娃哈哈与达能共同拥有39%），且同意了50年的合约期限。然而，在事件再次发生重大转变时，他又承认，原合同从未送交商标局正式批准（Lu Yuliang 2007），暗指合同不具法律约束力。由此，"不合牌"一说说不上是真还是假。

早在2002年，作为模范的民族企业家，宗顽强（而"成功"）地坚持此三项条件，赢得很多敬仰者，此成为可行模式，被乐百氏集团在五年后与达能签协议时复制。可以预见，三个坚持原则成功地改变了中国新闻界的情绪，恢复了娃哈哈的民族品牌形象。该事件清楚表明了"中国身份"的建构性。纵观历史，品牌"本土"或"民族"之属性，不过是中国人在自治问题受到新的挑战时，重造的说辞。与上世纪20、30年代的民族国货运动相比，今天，有外资与外资控制之间，似乎差别不大了，很大程度上，中国早期仅据国有资产定义商品的观念，已十分势微。

该观念的势微，并不意味着当前气候不再会受此类达能—娃哈哈冲突的复杂案例或者未来类似案例的挑战。然而，五年前与跨国公司的那场高调战争神化了宗氏,堵住了批评宗氏的评论者之口。而 2007 年中期,情绪就复杂多了。其中最佳也最为震惊的反驳宗氏的观点,来自一位政府发言人,其反驳纯民族品牌的观点,与跨国商人完全一致。他指出,民族血统本身就是误导(Wang Zhidong 2007)。还有很多人认为娃哈哈创建者是个罪犯,认为他要对中国在国际舆论法庭上蒙羞负责。本章展示的信息亦充分说明,对于三个坚持理论,宗庆后对自己的同胞不诚实;与达能签署品牌使用许可合同,他同样不诚实。尽管极少有人赞同达能处理危机时的挑衅方式,宗依然面临众多批评者,指责他将经济与民族主义混为一谈(方军 2007)。即便那些同情他的人,也认为他不是中国的威尼斯商人。

尽管对于该类购买行为,此事件造成的后遗症很难预测,可达能会继续诉讼吗?① 中国不可能倒退到早期的消费者民族主义(Consumer nationalism)阶段,尤其在北京奥运前夕。此外,中国消费者自身,也在削弱消费主义与民族主义之间的联系。对他们而言,质量和价格,与民族血统或品牌所有权同样重要。"民族性"仍有重要意义,但 20 世纪,传统上包含的四大类"民族内容",只有一类幸存下来(Gerth 2003,18)。"管理"仍是切实可行之类,有助决定当今什么能促使品牌成为"中国品牌",而其他三类,资本、原料和劳动力,都已退居"品牌名称"之后,因为管理与国家之名联系最为密切。从娃哈哈—达能之争,我们看到,战场能多么迅速地再次转移。即便民族品牌的纯粹性,也没有以前那么重要了。

---

① 2007 年春,达能在第三世界市场的法律纠纷一发而不可收拾。反讽的是,其印度合作伙伴 Wadia 集团(一家食品和纺织品集团)威胁说,要起诉该法国公司"未经许可,将它最畅销的虎牌饼干销往印度以外的市场"。与达能和娃哈哈之间的争端如出一辙,口水战随继发生,只是这个案件中被起诉的是达能。见 O'Connor (2007)。许多人推测,达能同时进行两场官司,对其不利。很多人希望达能威胁要起诉娃哈哈的事件,能通过庭外和解的方式解决。

娃哈哈模型：品牌家族

作为民族品牌，娃哈哈的适应力，强化了娃哈哈模式神话般的地位，因而常被中国商人引用，作为反击美国定位范例的最重要的案例。为全面理解该模式，我们不仅要看该饮料巨头品牌的总体结构，还要着眼于它著名的渠道分销策略。当前娃哈哈的未来被暂时搁置，因而可能是重温它的过去的一个适当的历史时刻。其销售奇迹——2005 年曾达12.4 亿美元（Miller 2006），源于很多因素发挥了作用，包括以众多子品牌拓展其品牌的激进策略，确保其电视广告抵达内地农村家庭的机敏的媒体策略，以及公司与中国政府的友好关系。达能的跨国资本，让娃哈哈得以进一步抓住中国国内市场，同时稳步向西方扩展。宗庆后的成功取决于其策略，建立蜘蛛网般无缝隙的中间分销渠道网络，伸入全国各地。

蜘蛛战役

"蜘蛛战役"比喻的，是市场渗透。通过建立联销体，即复杂的分层经销商体系，给予中间分销渠道超过零售商的优惠（伍静 2002，22—24）。宗在每个营销区只选一个批发经销商。该指定的一级渠道经销商负责建立密集的二级渠道网，以此类推，用同样的方式建立三级分销网和终端商店网。整个网络非常严密，每一层级，只向下一层级分配娃哈哈产品，不往更下一层分配。网络同时让娃哈哈将管理技巧与资源集中在金字塔尖，将一级经销商限定为精英人才，全国只有 1000 人。

娃哈哈取得巨大成功的蜘蛛网策略，深受中国企业界推崇。它依据"农村包围城市"和"侧翼进攻"的军事战术，推动非常可乐深入江西、新疆和黑龙江等中国的内陆省份，在新世纪早期收获颇丰，市场占有率为国内碳酸饮料的 10%。娃哈哈计划，很大程度上应归功于毛主席的游击战思想。诚如毛的红军避免与蒋介石的城市力量正面冲突，蜘蛛战役使得娃哈哈避免与可口可乐和百事可乐正面遭遇。此网络延伸策略,也使这个杭州企业培育了农村消费者可乐类产品的意识,为所有可乐制造商带来利益,包括它的竞争对手。(郭朝阳等 2002,93—94)当然,非常可乐只是宗庆后众多成功中的一个小胜利。娃哈哈占领市场的主要产品种类是牛奶饮料、果汁饮料和瓶装水。宗将其公司的领军地位归功于"渠道"第一、"品牌"第二的策略。或者,更确切地说,是他采取了史无前例的行动,将分销策略,即蜘蛛战役,变成品牌本身。

娃哈哈敏锐的农村市场眼光,也体现在它的媒体购买策略上。江西奇迹便是一个很好的例子。1998 年非常可乐饮料生产线首次投产,娃哈哈江西分公司经理购买了江西卫视价值 700 万元的插播广告。与其他省级卫视相比,江西卫视的全国渗透率很低。结果,收效立竿见影:2001 年,非常可乐销售达 2 亿元。冒险从该卫视购买这么大数目的插播广告,立足的是这样一个常被忽略的事实,即在多山的省份,大多数农村和乡镇只能收到两个频道:中央电视台和江西卫视(纪辛 2003,93—95)。当然,中国农村并不是娃哈哈广告战役唯一的目标群体。宗庆后的"冲击空白"策略,让娃哈哈品牌展露于每一个可获得的场所和媒介,从农村到乡镇和大都市,在广播电台和中央电视台上,在报纸、杂志和网络,大张旗鼓地广而告之。①

构建"非常可乐"品牌

前面我提到,娃哈哈在品牌构建上很欠缺。公司的广告组合审美上较平淡,大多为陈腐的名人诉求营销模式。② 尤其是非常可乐,显示出

---

① 2001 年,娃哈哈和搜狐网合作,推出"2001 年十大非常可乐新闻评选",并由此衍生了一个论坛。

② 例如,在瓶装水系列中使用名人诉求;公司签约流行歌手景岗山、毛宁和王力宏,传递感伤的俏皮之语,比如,"我的眼里只有你"、"我的心中只有你"、"爱你等于爱自己"。这些电视广告,成功地传达到目标群体——二十多岁的年轻消费者,其中,很多人都是流行音乐的粉丝。

娃哈哈在开拓灵活的品牌构架上缺乏战略意识。这个合资品牌从一开始就定位为反可口可乐，塑造成"民族的"可乐品牌（"我们自己的可乐"）。这一中国民族主义基调，立即疏离非常可乐于娃哈哈两大核心价值："健康和年轻的感觉"。很长一段时间，商业杂志上满是有关非常可乐"黯淡未来"的娱乐消遣。还流传了一句和着非常可乐的中文名字的诙谐押韵的绕口令，很有趣："非常可乐，非常可笑；非常可乐，非死不可"。可是，这些悲观主义者错了，非常可乐在农村市场销售得很好。由于宗庆后的蜘蛛战役策略、可乐实惠的价格以及民族主义的诉求，非常可乐曾经是、现在仍然是中国农村最常见的可乐品牌。但到2000年，"中国人的可乐"策略开始显得陈旧。非常可乐投产两年之后，娃哈哈感到民族主义基调已无以进一步提升该子品牌，便开始重新塑造非常可乐，将其带回主品牌的核心价值，"年轻的感觉"。

可这并不是结局。偶尔，有不相关的广告语出现在电视上，让人疑惑非常可乐的身份危机问题是否已尘埃落定。我曾见过这样一则电视广告：婚礼上一对新人拿着非常可乐，旁白是"非常可乐，非常选择"。插播广告中，不仅广告语与产品之间几乎没有联系，而且，几乎没有非常可乐的品牌特征。非常饮料（有苹果、橘子和柠檬味）除碳酸软饮料内容外，没有一致、清楚的身份。遇到娃哈哈的另一类碳酸果汁产品时，我的困惑更为加深，该产品线与可乐饮料不同，但品牌身份与非常饮料产品线重叠，因为二者均为果味。

"娃哈哈"品牌家族

非常可乐案例，给品牌理论家提出很多问题：当初，宗庆后和他的品牌经理们若将非常可乐发展成稳定的具有共驱作用的联合品牌，是否更有益于娃哈哈？换句话说，他们是否应该将非常可乐变成一个具有自己品牌个性的独立的子品牌，为母品牌增加特征或者有益联系，就像瞬吸蓝之于舒而美、雪碧之于可口可乐那样？我们需要质询，娃哈哈建立的是何种"品牌架构",这种结构,随着中国软饮料市场的进一步细分,是否能继续支撑?娃哈哈扩展品牌边界的速度,忽略了一个前提性问题,即娃哈哈能多大程度地延展自己的产品线而不至于过度延伸、减少自己的品牌资产。

娃哈哈产品组合混杂,目前有 8 种主要饮料线,从瓶装水、牛奶饮料、果汁、茶饮料、运动饮料、碳酸饮料和营养快线饮料到儿童滋补品。每一系列产品又进一步延伸成多种子系列。最极端的是牛奶饮料,细分成 15 种子品牌。诚如通用汽车公司和三菱,娃哈哈追求品牌家族策略。该策略让主品牌成为一把保护伞,新产品积聚其下(Aake and Joachimsthaler 2000, 118—127)。此为一种扩展品牌的简单模式,若实施成功,能提升品牌的清晰度和协同作用;实施失败,则创造的是一堆无关联的产品,比如非常系列。

对于泛滥的品牌延伸,美国品牌理论家大卫·艾克、艾·里斯和杰克·特劳特持怀疑态度。在西方市场,如维珍(Vergin)这样单一主品牌之下成功延伸子品牌的例子为数极少。西方子品牌策略,常常更多地是产生独立的品牌,该品牌与制造商和母品牌之间的联系有意不让公众知晓,从而导致所谓的"多品牌"架构。为避免对品牌联系产生潜在的负面影响,很多独立子品牌之间也互不联系,比如香蕉共和国(Banana Republic)与盖普(Gap)之间,捷豹(Jaguar)与福特(Ford)之间,汰渍(Tide)与 Bold 之间,Anthropologie 与 Urban Outfitter 之间①。

但娃哈哈类似维珍,是个品牌家族,主品牌作为主导性驱动,旗下一大批子品牌,不过是主品牌的一个延伸,绝非联合驱动。盲目繁衍个性平平的子品牌,对于具备品牌家族结构的制造商,真的是非常危险。因此,娃哈哈重塑非常可乐(非常产品线的王牌)的计划,似乎是品牌

---

① Anthropologie 是一个高档休闲服装和其他产品的品牌,下属于 Urban Outfitters, Inc,是一个年轻的服装公司。Anthropologie 运用了独有的市场和品牌策略,已经成为了流行女装的先驱。——译注

塑造上迟到的改进。重新定位的非常可乐（或非常柠檬）或许能成长为一个真正的子品牌，为母品牌注入活力与特性，有望成为举足轻重的强势品牌。

但非常可乐作联合品牌塑造的尝试，仅仅昙花一现，最终折回到娃哈哈平淡的品牌特性"年轻的感觉"上，因此失去了其创造自身个性的灵活性。与此同时，饮料市场的新发展，继续拖延了娃哈哈从根本上改变品牌架构的期望。2001年，可口可乐推出绿茶饮料一个月之后，这个中国公司宣布，它也将携非常茶饮料生产线进军茶市场（"可口可乐动作"2001）。正统的品牌理论家认为，娃哈哈的执意延伸策略很让人费解。但有趣的是，中国很多超级品牌（比如海尔、联想和同仁堂中草药）均赞同品牌家族方式。中国人的品牌延伸偏好，与美国主流品牌理论相抵。

对于这种偏爱，国内也有批评。对娃哈哈的品牌策略，中国企业界持保留态度，这已是旧闻，多为轶事，不可当真。对娃哈哈品牌延伸，最早的批评来自民族主义评论家，他们因达能的"收购"而沮丧，为中国加入WTO后大批跨国公司的"入侵"而恐慌。随着时间的推移，更为丰富的诠释开始出现，质疑那些批评娃哈哈品牌家族策略太过标准、常规的观点。上海一位传播与营销公司总经理翁向东在他的著述《本土品牌战略》中，提出了这样的新颖观点。翁并不将娃哈哈的延伸线视作"陷阱"，而对其"品牌战略"赞赏有加（Ries and Trout 2001，124）。

翁著强调，（西方）理论与（本土）实践之间，差异不可避免，因而，一个市场的具体特点，对其本土制造商的销售与品牌策略，无疑会产生影响。翁认为，西方偏好多品牌策略（比如宝洁），自有其道理。在美国这样的成熟市场，法律严格监控企业垄断和商品生产/分销，资本投资环境很健康，快速的资本积累，使得各种规模的公司不断出现并相互竞争。其结果是品牌拥集，抢夺同一顾客群，这便造就了高度差异化的市场，生产者必须极其较真地实现独特的产品品牌塑造。

但中国市场有其自身特质。翁向东认为娃哈哈无需效仿宝洁策略，培养一个个拥有自己独特个性的独立子品牌（比如潘婷、海飞丝、佳洁士、汰渍和护舒宝）。游戏规则不同，全源于市场环境的不够规范：假冒伪劣商品随处可见；市场缺乏透明机制；可靠的商品信息太少，消费者不信任小品牌、无名品牌。而不规范之最，是产品与食品安全法及药品法规多为虚设。法律基础的不完备，让制造商无法受到保护，因此，小公司既难以生存，也无法赢得没有安全感的消费者的信赖。而在这所有问题之中，最严重的是中国缓慢的资产积累，阻碍了小公司的发展，因此，只有极少数国家资助的垄断企业处于支配地位。由政府制定的规模经济的原则，亦鼓励中国公司借横向延伸品牌来扩大规模。

最后要分析的是，中国消费者在安全消费上，首选大企业品牌、名企业品牌，其忠诚度持续不变。安全诉求的重要，从上世纪90年代众多企业持续不断地不顾预算、争夺央视5秒钟插播广告的竞争之中，可见一斑。第七章中讨论的疯狂竞标，不应归因于中国企业界"不理性"的媒体购买行为。该竞标其实表明，国内中小企业试图通过成为标王而一夜之间变成大企业，以此回应该消费者看重的"规模"。在中国市场，切不可认定"规模"一定"安全"。这种环境之下，企业品牌必定远重于产品品牌。翁向东认为，娃哈哈以极快的速度积极扩张，建立品牌资产，是特殊的中国市场环境之下，合理的解决之道。同样，翁将惠而浦在中国早期冒险的失败之因，归咎于它采用的联合驱动的品牌战略（惠而浦—水仙和惠而浦—雪花）（翁2002，9）。翁坚持认为，惠而浦当初若坚持使用单一主导品牌（即惠而浦），去掉由连字符连接的本土子品牌，一定会成功的。

这样看的话，娃哈哈的品牌家族策略是成功的，因为其庞大的品牌延伸，促使主品牌跨越多个尚未被大品牌控制的产品市场——这是另一个与西方市场大为不同的地方，在西方市场，已无未入市场的品类。快速的横向延伸，使得娃哈哈很快在多重产品线上建立起品牌知名度，比如，使它占领了瓶装水市场，即便它最初的主导产品是牛奶饮料。翁还十分赞赏娃哈哈以同样的战略原理进入粥和儿童服饰这两个非饮料种类产品（同上，219），而此行为恰恰激起中国品牌观察人士的批评。

品牌战略因此总因地区而异。讨论一种品牌构建是否优于另外一种，若不在具体的市场条件和具体的市场文化背景之下加以讨论，将毫无意义。翁向东认为，实践应高于理论。既然没有普遍通行的人类环境，不同地区实施的品牌战略一定不同。营销学教给我们两条重要经验：没有两个完全一样的市场，民族文化亦非同质存在。

随着中国市场的越发成熟并分裂成利基市场，对于品牌家族策略或多品牌策略，谁会是最后的赢家，翁并无明确结论。① 然而，他在强烈暗示，对模型敏感并具有协同意识的中国企业家将继续细察西方品牌理论，且无"全盘西化"之忧，而这正是中国反对 WTO 者预先的推测。

达能方程式

娃哈哈与达能的合作始于 1996 年，远远早于中国 2001 年进入 WTO。合并有助于娃哈哈建立新的子公司，并从德国、美国、意大利、日本和加拿大带来世界级的先进生产线。现金流亦有助于娃哈哈向西部扩张（至天水市和桂林市），并在对中国稀缺水资源的竞购中获胜。2001 年 6 月，合资企业在山东泰山建立子公司，名扬业界，实乃年届三年的瓶装矿泉水业务的又一高度战略性举措。被联合国教科文组织评定

---

① 本书中，翁向东讨论了第三种策略"背书（担保）"。在这种品牌架构中，背书品牌通常是一个备受尊敬的已建立的品牌（如拉夫·劳伦 [Ralph Lauren]），将其名称冠在被背书的品牌上（如马球牛仔裤 [Polo Jeans]）。在 2002 年重新发动的攻势中，高洁丝与舒而美之间含糊不清的关系也可以根据背书原理来解释。一个更清晰的例子是舒而美给新的子品牌瞬吸蓝背书。有时背书是名称逐渐改变的第一步或朝向联合品牌战略的合适的步骤。鉴于安全诉求在中国的号召力，背书可以被看作其他品牌结构中的一种可行的选择。

为世界遗产的泰山，矿泉水质是公认的好。得益于与达能的合并，类似的扩张计划在全国各地开始展开。

2000年早期，两个合作伙伴之间的协作开始对中国饮料业产生影响。达能和娃哈哈一样精明，一脚踏入哇哈哈大门之后，便开始在中国进行一系列的收购攻势。2000年，该法国集团购下乐百氏，几个月后，收购上海梅林正广和饮用水有限公司（中国最大的瓶装水公司）50%的股份。达能的收购交易，予其全球竞争对手雀巢以沉重打击（林岭东2000）。这个法国巨头的力量突然之间不容小觑，有预测显示，达能将在十年间占领中国水市场的20%。2001年，它收购上海光明乳业5%的股权，开始插足乳业市场（Liu Lijun 2001）。

可以预见，达能进入瓶装水和乳业领域的战略举措，在中国新闻界引起不小的忧虑。但这次不是民族主义说辞，而是成熟的产业分析，强调"平等的伙伴关系"。披露的交易细节，主要集中在中方的获得以及"协作"中的"给予与获取"逻辑上。梅林正广和收购之后发布的官方声明，民族主义情绪甚浓。

> 我对达能提出了两大要求。第一，梅林正广和必须成为中国最大的瓶装水公司……第二，我们的合资公司应该创造一个完全中国的新品牌，（相当于）法国的依云（Evian）。（章莉，梅林正广和常务副总经理，引自林岭东2000，7）

但是，在此新合作时代来临之际，乐百氏总裁与一位达能发言人清晰地表达了一种更具代表性的观点，二者皆用乐观语调阐述了协作这一主题。

> 现在一提国际化，好像就一定是自己走出去，没有考虑到国际化本身就是双向的，只让自己走出去，不让别人走进来，国际化根本实现不了，比如这次跟达能合资，目的不是交给外国人去发展，

而是借助外资令中国自己的企业更好，令中国的经济更好。（乐百氏总裁何伯权，引自林岭东，2000，10）

收购这个词可能会被误解，我们希望和好的厂家合作，我们并不准备整合这些公司，相反会支持和发展国内已有的品牌，我们希望通过与国内大的公司合作，创造一个相对健康的水市场。（达能发言人，Liu Lijun 2001，3）

实际的变化，让这三段陈述均显反讽。梅林正广和常务副总经理章莉与乐百氏总裁何伯权均未预料，自己的公司（品牌名称和管理权）会很快输给这个精明的法国投资者。为营造轻松气氛，达能在2007年的新闻发布会上逐字重申其友好声明，"我们希望和好的厂家合作，我们并不准备整合这些公司"。①

新世纪早期，对于中国与外国越来越务实的合作态度，主要媒体多有报道，其中以何伯权的表述最具说服力。他强调的"双行道"，与达能许诺的双边增长以培养中国品牌一致，但这乌托邦般的愿望，却因2007年时的那个泄露而惨遭破坏。之所以如此，是因为中国人宁愿关注2008，绝不愿重回1840年的历史。

对于中国人对合资品牌矛盾、紧张的态度，一篇题为《民族品牌之死》的文章表达得最为贴切。该文的两位作者描述，达能在合资公司将自己的股权份额提高至92%后不久，乐百氏自己的管理自治权便失于达能。文中引述，何伯权在乐百氏整个中国管理团队辞职后，痛惜地说，"这是我在中国加入WTO上所受的第一个教训"（晏国祥和方征2002，

---

① 回顾达能与雀巢竞争与梅林正广和合作的细节，历史能为当前事件提供更好的视角。对于章莉所提的两大不可转让请求，梅林继续拥有正广和的品牌名称，外资股份不得超过50%，雀巢未作积极回应（南方周末2000，11）。谈判陷入僵局，雀巢未通过两大"民族自豪感"测试，达能机会来了。新千年初期，坚持品牌独立和管理自治，是在华合资的关键。

《现代广告》第3期，62）。两位作者援引很多中国品牌失败源于与跨国公司合并的案例，跌回中国民族主义意识形态的老路。但是，对于他们列出的让人震惊的"中国品牌的四种死法"之说，他们这样谨慎地开篇解释说："在这个全球经济与国际化的时代，从民族主义的狭窄视角讨论中国品牌的升落，听起来或许偏执、短视"（同上）。

　　这种自我纠正和自我批评，是新千年初年普遍的中国情绪，而且，我敢预言，也代表了达能—娃哈哈分裂之后国家的精神。资产收购已成为中国公司在国内扩展业务以及发展能走向国际的品牌的必不可少的方式。以经济主权为代价寻求协作，似乎不可避免，即便对于极端民族主义者来说，这似乎不合理。况且，要知道，品牌的身份总是可以争取的。极为可能的是，乐百氏依然被视为本土的"中国"品牌在饮用。①

可口可乐与宝洁

　　讨论协作，若忽略了两个在中国比达能更为显眼的跨国集团，肯定不够充分。我们已经考察了跨国合并对中国国内品牌的影响，但交叉协作的新时代也已经影响到可口可乐和宝洁这两个著名的全球品牌在中国的营销战略。

　　非常可乐自其1998年推出以来，已紧紧抓住中国的农村市场。良好的渠道分销是个因素，但广受喜爱的另一关键性决定因素，是价格。非常可乐比可口可乐和百事可乐便宜6美分。② 为了竞争，可口可乐推

---

　　① 然而，"进行协作"并不是达能的标志性营销策略。比如，此法国集团在亚洲的饼干类产品，并不遵循"协作"模式，而是只营销国际饼干品牌，能在本土购买的品牌不在其内。该法国公司跨国品牌战略应用上的不一致，格外突显了它与娃哈哈和梅林正广和合作上的独特性。达能的收购战略为中国发展中的"协作"话语提供了论据，这帮助了中国企业集团。

　　② 根据在云南省（西南部一农业省份）进行的一项调查显示，农民平均花在快餐或饮料上的钱在6至36美分之间。一听可口可乐价格为30美分。一瓶非常可乐价格约24美分。

出更便宜的可退瓶类可乐，将一听可乐价格减至12美分。新理念是，"可口可乐和水一个价"（Chang and Wonacott 2003, 4），该策略表明，跨国公司在中国已取得很大进展。仅几年前，本土化还主要集中在产品内容和广告战役的创意执行之上。比如，肯德基在中国提供的蛋花汤；麦当劳在香港菜单上被视为特色的咖喱鸡饭和蘑菇酱烤鸡肉饭。联合利华洗发水添加黑芝麻和人参的新品。宝洁护发产品线也添加了强大的去头屑配方，迎合中国消费者。还有李奥·贝纳的香港万宝路男人，整洁的家庭男跃入私人飞机前往牧场，身边围满助手和朋友（翁向东2002，99—100）。产品和品牌本土化，这似乎既是必然，亦是老生常谈。

可口可乐的12美分方案，和达能追逐娃哈哈、乐百氏和上海梅林一样，是跨国公司所作本土化努力的新方向。他们已经学会以本土人的方式进行思考，用中国法子制订战略。我们看到，达能如何利用中国国内品牌成功发展的收购模式，他们在拆当地合作伙伴的台之前，短期认可中国品牌需求独立的要求。可口可乐解决非常可乐挑战的方案也很耐人寻味，因为它也远非表面的本土化。作为一家成熟的全球企业，可口可乐在中国全方位实施本土计划，从原材料购买、人员培训和民俗文化研究，到本地化的广告战役和公共关系赞助。最为著名的，是可口可乐与希望工程的合约，到1999年，已在中国农村建立50所希望小学和100座可口可乐希望图书馆。不断这样进行深受欢迎的企业品牌塑造之后，可口可乐和其子品牌雪碧、芬达及后来的醒目（被塑造为"本地"产品），在中国碳酸软饮料类产品中建立起非比寻常的市场力量和品牌知名度（孟祥昇2002，280）。12美分策略，是其越来越本土化的智囊团的高招。可口可乐知道击不败娃哈哈的渠道策略，转而以定价路线绕行。

竞争压力之下，宝洁品牌也开始向下游发展。2001年，中国本土护肤品牌大宝和小护士挤进行业前列；舒蕾和夏士莲（联合利华产品）打破潘婷和海飞丝的垄断地位；奇强占领相当大的洗洁剂市场份额。宝洁改变标价来应对这一系列危机。2003年，宝洁宣布一项计划，进一步摆脱其贵族血统，迎合印度、中国和泰国的大众（"宝洁试图迎合大众"2003）。中国的品牌观察人士认为，该新策略若疏离金领群体，即那些与农村妇女相比素有优越感的中国城市中青年女性，或许会事与愿违（金可2003）。观察者亦声称，宝洁若未解决分销问题，低价不能保证吸引到农村消费者。①

这些批评者过于强调，宝洁和可口可乐的折扣策略，是否在危及它们在中国的高档品牌地位。至2005年，宝洁的三个品牌飘柔、海飞丝和潘婷宣布，已成功占领中国洗发水类产品最大的市场份额，免除了跨国公司定价策略会产生负面影响的忧虑。毕竟，价格策略是本土公司最爱采用的战术（袁方和吴琪 2005，12—13）。宝洁与中国商务部签署谅解备忘录，加入"万村市场工程"后，利润率有望进一步上升。该宏伟计划旨在 2007 年底建立 25 万家农村连锁超市（"中国商务部"2007）。

可口可乐的表现同样出色，2005年在中国的销量飙升22%，达9亿箱（Patton 2006）。但我认为，可口可乐在中国的相对优势，在于它享有的另一优势。世界上最大的软饮料制造商借高调的公关活动，已成功将自己的品牌名称，整合进中国的日常生活结构（Siewert 2002）。除希望工程外，2001年1月中国国家足球队力争晋级世界杯决赛圈时，可口可乐是它的官方饮料和主要赞助商。忠诚的中国粉丝观看2001年比赛时，也深深记住了名为"中国队"的电视广告。广告展现的，是一位中国男孩将一只装满中国土壤的可口可乐瓶赠送给足球运动员，祝愿他们在比赛中有"土生土长的优势"。那一刻情绪高涨，将该软饮料跨国公司与中国观众渴望的世界足球冠军地位联系在一起，实在是情感化、神圣化

---

① 今天，在中国建立完善的销售网络，不仅需与中国共产党的居委会建立良好的公共关系，建立完善的销售网络是宝洁较早时期的业绩，查尔斯·戴克（Charles Decker）赞其为在中华人民共和国成功的产品取样战略。见 Decker（1998），第 155—156 页。

的时刻。若举行品牌知名度的竞赛，衡量在华跨国公司的声誉，可口可乐无疑名列前茅。不能说宝洁也是如此，但宝洁的企业形象太强势，乡村运动不会对其产生不利影响。我做手机研究（第六章中的讨论）时观察到，不管哪种产品，跨国公司在进行农村分销时，均实施多层定价。中国国内公司拥有的比较优势的利润空间，在一天天变得越来越少。

这些市场新趋势越发表明全球化时代的商业，强有力的企业能通过积极、无声的本地化行为胜出，且不必掩饰自己的强势，不需本土合作伙伴（可口可乐和宝洁）。或许，目前关于"协作"的炒作，不过是二线跨国公司（达能）打出的一张收购牌，是为对未来怀抱梦想的本土企业（娃哈哈）打开的一扇机会之窗。国内公司，若欲与重量级的跨国公司同等条件地削减购并协议，需要自己发展到足够壮大，而这需要时间，因此，目前的协作之声，是空想大于真实。

就协作而言，中国人或许不必固守商业伙伴的传统概念。除参与合资企业之外，或许还有其他方式为中国品牌增加威望。对中国企业来说，除了跨国公司，是否还可能设想其他协作伙伴，不同类型的伙伴，或许，将"新中国"作为品牌进行营销，更具价值？

品牌中国？萨奇·萨奇之远见与北京共识

合作伙伴之中，比较起来，与营销"新中国"利益关涉更大的，不是跨国公司，而是跨国广告公司。与可口可乐或达能这样的跨国公司相比，跨国广告公司更有助于中国企业创建品牌。首先，这类工作是公司有偿服务的部分。其次，与中国饮料制造商和它的法国合作伙伴之间的关系相比，广告主和广告公司之间利益冲突少。更为有利的是，越来越多的跨国广告公司在投资构建国家品牌，将形象问题与产品制造地联系在一起。万博宣伟国际公关公司（Weber Shandwick Worldwide）的勒内·麦克（René Mack）说："如果将'品牌'定义成一种体验，那么，世界上一些最有力、最可辨的品牌是国家。"万博宣伟国际公关公司参与创建国家品牌指数（Shandwick 2005），即国家作为品牌的年度指标。的确，消费者（旅游者、居民、退休者、投资者和媒体记者）总是"根据地方作决定"（Kotler，Haider and Rein 2002）。我们心中，动画和高品质电子产品总是与日本相联系，汽车与德国相联，时尚与法国相连，软件和灵性与印度相连。国家品牌的命运会有升落，后伊拉克战争时代的美国品牌问题，只是一个例子而已（Anholt and Hildreth 2005）。

对很多国际"产地购买者"来说，"中国制造"难卖。事实上，自从以美国为首的冷战媒体宣传瞄准"红色中国"以来，中国的形象几十年来一直受损。谷歌在中国受审查的新闻、网络严格的防火墙部署、中国对知识产权的侵犯，以及侵犯人权的记录，给中国带来很多负面新闻，但这些报导数量，远不及另一类同样具有新闻价值的报道，这些报道披露的是中国除经济领域的威力之外在其他领域取得的成就。① 当美国国会喋喋不休于从联想购买电脑存在"安全风险"时，联想在美国人中获得善意的几率不大（Blustein 2006）。让一个受损的名称重焕光彩不是易事。因此，萨奇·萨奇欲将中国作为一个国家品牌作再定位的想法，真是值得称赞。

2001年，盛世长城国际广告公司②（广州）为宝洁的海飞丝做的促销广告，从享有极高声望的戛纳国际广告节，为中国赢回第一个奖——

---

① 大致说来，中国政府的主要成就，在于涉及缩小国家的贫富差距的社会政策领域。中国已建立完善的扶贫计划。三农政策的实施，尤其惠于农村居民，且将农业发展、农民福利和农村富裕推为政府的首要议题。旨在重新分配社会财富的金融政策已经制定。尽管新自由主义经济学家听着这些政策刺耳，但它们意在惠及贫穷省份和中国农村。过去两年里还实施了其他公共政策，旨在解决中国长期存在的中国沿海地区与内地之间的发展不平等问题，其中包括，"中国西部开发"政策，中央和地方政府给予中国农村家庭孩子的教育拨款补助，按区域调整低收入工资地区，建立农村地区医疗保险制度，中央和地方政府给农村病人补助高至80%的医疗费用。

② 即萨奇·萨奇在中国的合资公司。

银狮奖。该消息在中国被捧为国际上开始赏识"具有中国特色的创意"。但萨奇·萨奇的抱负,不只在为全球客户创作获奖的中国广告。早在1998年,萨奇·萨奇全球首席执行官凯文·罗伯茨(Kevin Roberts)就欲将"中国制造"打造成高档优质的全球品牌。罗伯茨在提交给上海美国商会的报告中,非常详尽地阐明了这一设想。2002年,他在庆祝萨奇·萨奇进入中国十周年的庆典上,重申这一目标,再次承诺,帮助中国国内品牌走向国际(聂艳梅2002)。没有人会否认,中国是"明日的永久市场",是世界上最大的销售与购买国,但作为品牌,许多人感觉这个国家的名字很消极,一些人甚至感觉很讨厌。

萨奇·萨奇的"品牌中国"之远见,引起很多中国企业的共鸣。这样努力,的确不仅仅是跨国公司培育国内品牌的资本投资。为使"品牌中国"成为现实,协作必须跨越所有经济领域。需要长期地"协调一致地传递关于中国产品的信息,参与者不仅是多类产品中的众多品牌"(Kevin Roberts 1998,5),而且还有大批朝着同一目标努力的跨国广告公司。

罗伯茨向不相信者引证索尼案例。"日本制造"若已成功摆脱早期"廉价而结实的"品牌形象,"中国制造"也终能成为时尚。按照所列举的现在驱动索尼品牌的核心价值(即微小细节上的简洁与优质)的相同原理,罗伯茨为"品牌中国"配制了一个处方(同上,7):

  智慧   活力
  神秘   生命力
  灵性   高智商
  和谐   精湛工艺
  发明   勤劳

这张列表所显示的陈规之见,也许会让中国专家和文化理论家心生反感。但品牌建设是将观念浓缩成本质。关于品牌建设这个人造之物,没有人比品牌管家自己更为敏感。品牌与任何话语建构没什么不同。正因为消费者注意力是一种稀有商品，品牌构建需竭力进行缩简和省略。品牌本质欲从混乱信息中脱颖而出，须具体化为精辟的活动概念。我们或许会取笑罗伯茨的列表，但这样做似乎离题。当然，可以找出无数反例驳斥他表中所列的特性。"和谐"？这一道教价值从未真正在中国流行过，即便在帝王时代。"神秘"而"灵性"的东方？东方主义思想在学术界早被戳穿。"发明"？我们重又回到中国人痴迷四大发明和"天朝上国"的情结。右栏中列举的特性又如何呢？我猜罗伯茨有意将这十种特性分成两栏：左栏列举的是"古老中国"的文化特性，塑造的形象是迎合不甚成熟的西方消费公众的想象力；右栏是当代美德之集和，罗伯茨认为，它证明了中国作为世界最激奋的新市场的崛起。

即便对陈规之见有所保留，罗伯茨的重构中国品牌之工程，在营销上的确有其真知灼见。此外，品牌中国的目标消费者既非文化批评家，亦非中国专家，而是全球消费者中的普通男女，他们对中国的印象，不是来自美国公共广播公司的中国纪录片，或者爱德华·赛义德（Edward Said）的《东方主义》（*Orientalism*），而是来自老电视节目《功夫》（Kung Fu），或者更近些时候的争议电影《西藏七年》。根据营销标准，罗伯茨的列表绝非遥不可及。

不过，我们须将注意力从陈规之见，转向更为相关的议题，即罗伯茨希望西方消费者能将其与中国联系起来的软实力①：

---

① 约瑟夫·奈（Joseph Nye）提出"软实力"概念，其著述《软实力：世界政治的成功之道》（*Soft Power: the means to success in world politics*）对此作了详细阐述。国际政治或曰民族国家的力量，过去是在战场上体现。但奈认为，权力的建立已从强调胁迫转移到培养吸引力上，这种吸引力通过"与盟国的关系，对其他国家的经济援助和相互文化交流"加以培育。采纳他的理论的人，倾向于用"软实力"作描述性术语而不是批评性术语，强调内容而不是强调获得内容的手段。例如，许多东亚主义者认为，日本的动画和漫画就是软实力的例子。

务实的中国式组合,将精神性和秘传哲学与物质生活融合在一起,对新兴的全球性消费者来说是完美的。中国思想如太极、中医和道教在西方越来越受欢迎。风水是击中西方建筑主流的另一卓见。无数带有独特中国视角的产品,可以汇集在中国这个品牌旗帜下,如纺织、陶瓷、草药、药品、茶和饮料,甚至家具(Kevin Roberts 1998,8)。

不幸的是,这个更温和、灵性和朴实的"品牌中国",不是意境地图,不足以帮助中国人令自己的国家品牌华丽转身。比之索尼传奇,或者所列的想象的中国特性,"中国制造"需要更大规模上的真正改头换面。届时,中国作为国家品牌,才可能得以突破。

解决之道,当然不是吉尔摩和杜孟提议的将中国分成"十大区域品牌"(Gilmore and Dumont 2003,28)。地方营销或曰区域营销,涉及多方利益相关者,这意味着,政府这个中国最大的利益相关者需要站出来处理国家形象问题。哥伦比亚因全国咖啡种植者联合会的成功营销攻势而成为今天咖啡出口美国的主要出口国;英国1998年被托尼·布莱尔(Tony Blair)营销为"创意产业"发源地,今天,它已成为世界上最有信誉的酷设计文化出口国。由政府组织的国家品牌构建活动绝非仅有。

2002年,中国政府开始了品牌中国之重塑历程,对其远景,乔舒亚·库珀·拉莫(Joshua Cooper Ramos)颇具争议性的《北京共识》(Beijing Consensus,2004)中有中肯的评述。拉莫提出一大胆命题:"北京共识"将取代华盛顿共识,成为第三世界国家全球性发展的主导模式。华盛顿共识是在位于华盛顿的各国际金融机构中被神圣化的新自由主义发展经济学。我并未详细探究拉莫的论题,只是想说,西方(从学术界到媒体)保守主义和自由主义理论家均因这一即临的假定的替代模式而深感冒犯。中国国内知识分子也不迟钝,指责拉莫过度夸大北京政策是"一致认同",而实际上,国内关于"中国发展模式"的争论远未尘埃落定。

然而,文献是一扇展示中国新身份的迷人之窗,中国在国际舞台上的上升,被政府营销为"和平崛起"(字面意思即用和平的方式迅速上升)。此概念虽有魅力,但很短暂,后演化为听起来更中立的"和平发展"。① 政治话语"和平崛起",是共产党的老理论家郑必坚的思想结晶,指向两大目的:反驳华盛顿特区批评家提出的"中国威胁论"和"中国崩溃论"两大理论,并向全世界描述中国力争获得的新世纪角色——成为合作、负责的国际一员。

"北京共识"建立在拉莫与中国决策者的非正式讨论基础之上,作为对郑必坚最初思想的阐述,形成文字。拉莫白皮书中展示的两大与国家品牌构建直接相关的远景是,新中国力图平衡贫富之间生活水平的差距;国家依靠创新主导的增长克服与后工业社会之间的知识沟(与自下而上和按序的建构技术相对比)。尽管这听起来像是根据"虚拟的中国:中华人民共和国可能的前景,而非其已然的现状"在对中国进行炒作(Leonard 2005),但国家品牌塑造和产品品牌塑造一样,是渴望达到的目标,而非现实之现状。老练的商人会同意,与罗伯茨描述的简单的、去政治化的新中国版本相比,由创新主导、和平外交控制的绿色、公正、负责的中国,是更佳的营销概念。这不是小建议,但中国政府若真心想彻底进行形象改造,需要自己下大工夫实施整治。

与此同时,在削弱西方认识中国的二元思维模式上,拉莫报告是久缺的矫正西方主流媒体观点的良药。他有益的经验教训,可以传授给那

---

① 更多有关"和平崛起"概念及中国共产党内部争论的细节,见王缉思(2006)。

些希望研究中国领导者的人们。① 他的观点,你不一定完全同意,但他对中国社会的了解,值得关注。例如,拉莫认为,中国"不相信每个情况都有统一相同的解决办法……它既注重实际也注重意识形态,理论与实践二者之间几乎少有差别。"为解释这类灵活的实践,他引用邓小平的名言"摸着石头过河",表明自己完全赞同中国当前领导人之观点,视其为引领国家走上现代化的"最佳途径"(Ramos 2004,4)。他表达了对中国知识分子和决策者的赞赏,因为据他所说,关于中国社会,开放思考的水平和强度,在中华人民共和国之外是绝无仅有的,中国之外,外国的中国观察家和学者通常受过时的"接触/遏制"二元论支配(同上,10),此为政治操纵型,典型的冷战思维方式。

拉莫引用邓小平的另一著名论断,解释中国议程上的轻重缓急:"不管黄猫黑猫,抓住老鼠就是好猫",意思是,在中国改革问题上,实践(抓老鼠)比意识形态更为重要。拉莫为邓之比喻作出新解,是这样描述新政之真言的,"猫的颜色着实重要。现在的目标是找到一只绿猫,一只透明的猫。"(Ramos 2004)拉莫说,绿色环境和管理上的透明,不再只是社会主义政府的夸夸其谈,表明中国渴望遵循现代西方标准。他还告诉我们,中国人无意复制其余世界,但希望"控制和管理自己的全

---

① 我曾多次与以下两类人讨论过"北京共识":一类人对中国知之甚少,但非常感兴趣;还有一类是美国的中国学者,他们自以为在为中国和中国人说话时自己是权威。第二类人不接受拉莫主要是因为自身的学术优越感。第一类人不接受拉莫,是因为他批评了他们脑中固有的西方人认识的中国形象(不是被视为威胁自由价值,就是被视为即将分裂成自治地区的国家)。更确切地说,是拉莫针对有关中国的二元论(及理性中心的)看法的批评,违背了他们对中国及一般知识生产的习惯性认识。很多读者,无论多老道,都不愿承认"国家"与"社会"、"公共"与"私有"之间的模糊边界,此为当代中国特有的管理生活与空间的方式。很多人觉得"市场化"不一定导致"自由主义化"这概念没有意义。值得注意的是,中国也有很多学者欣赏拉莫著述的精神和内容,尽管他们不一定赞同白皮书中提出的每一观点。拉莫对中国两难困境及中国定位的直观理解,令我印象深刻。对于我对西方对中国的二元思维的评述,感兴趣者可参见第七章的最后部分。

球未来,并令其具有本土特色"。此独立心态,导致他们反对"那种订购式的华盛顿共识方案,且让他们完全疏远第一世界的经济建议",因为,他们在努力走自己的路(同上,32—33)。拉莫理解并尊重本土化思想和生活方式,这让他有别于发达世界的其他政策分析家,这位西方解释者看重类同,也看重差异,甚至更看重差异,他在试图向本土人挖掘更深层面的本土吸引力。

"北京共识"一箭多雕,即是政策咨询,也代表半官方话语,同时也在并非有意识地声明正在塑造的新中国这个品牌。① 我把拉莫的白皮书和萨奇·萨奇的首创设想并置,意在显露各自的强势与弱点。罗伯茨视中国是没有政治的可塑的文化客体,拉莫视中国为确切的主体,有非常自觉的政治远见。但迄今,"北京共识"受众很少,受关注时间也短,其中部分原因,是因为拉莫还不很确定他的目标受众该是什么人,是学者,决策者,普通公众,还是特定国家的人?结果,他的目标受众成了各色人等,难以把握,不容易抓住。让受众问题更难办的是,一个国家品牌,若自己同胞都未普遍购买,一定没有有机地发展。若这样呈现给世界,肯定会被当作是政府的宣传。国家品牌塑造与产品品牌塑造之间,有一关键性差异,那就是,消费者品牌完全清楚自己要找的买家,品牌构建时,赋予目标群体以中心地位,可这个过程在进行国家品牌塑造时很难实现。

但萨奇·萨奇的"品牌中国",是一个精确定位的优秀案例。罗伯茨指向的群体,是 Y 世代,出生于 1982 至 2000 年间婴儿潮一代的孩子(Howe, Srauss et al. 2000),是"最愿接受品牌中国的西方受众"(K. Roberts 1998, 8)。与一般的全球性消费者相比,Y 世代成员思想更开通,因为"地区"对他们来说不过是个营销标签。罗伯茨的品牌中国工程因此有一个先天的悖论:它将中国作为"国家"品牌进行营销,但为

---

① 拉莫的新论文题为《品牌中国》。我没有该文复本,但即便未读,续文的题目已表明,他现在意识到蕴含在他早期著述思想中的国家品牌构建的重要性。

了销售,"中国品牌"又得诉求 Y 世代没有种族、国家或文化上的专属要求的新的全球性美学观念。我们在这一代人身上,发现有一种可称之为中心影响力(hub influential)的东西,与生活在自己本国家乡的兄弟姐妹相比,全球大都市的同龄人,在成功的准则,喜爱的手机、音乐、提包、酒及美食的样式方面,却更为接近(Stalnaker 2002)。罗伯茨肯定,高价值的中国商品,能吸引世界各地中心文化风格(hub culture style)的消费者。

这无疑将是一个品牌奇观。但成功去除"中国"这个名称中含有的消极成分,变其为国际市场的热门交易方,远非一家广告公司的参与和努力能及。"中国"要实现这一三连跃,需要众多不同领域的广告公司与国内企业客户合作。其结果,是大规模的协作,但是,实现这目的不能自上而下(即政府主导)地安排控制。为了促生这样的协作并使之最终凝聚成重磅力量,需要"品牌新中国"的主要利益相关者同时贯彻自己各自的设想:拉莫描述的中国的和平崛起——对外作为负责的全球公民,对内则是富有同情心且锐意改革的政府;罗伯茨描述的变旧魅力与创造力为新中心时代幻想的中国的转型;在华合资伙伴对游戏规则的尊重和对中国人需要品牌自治的理解;以及中国最重要的企业家们在国际化自创品牌上的大刀阔斧。

第四章 讲故事与企业品牌塑造

　　双向流动的意思当然是不只朝一个方向流动。贸易不只源于西方，越来越多的中国超级品牌正反向销售。行销西方着实让中国人兴奋，但品牌若强势得足以出口海外，首先得在国内是超级品牌。由此，开始形成一种新型的"品牌民族主义"，并引发出诸如"我们为什么没有自己的三星或索尼"之类的问题。在个人电脑制造商联想收购了IBM的ThinkPad笔记本电脑、国内家电巨头海尔竞购了美泰克（Maytag）之后，国人对中国品牌影响全球的希望，越发强烈。

　　考察两大企业巨头，首先的问题，是"它们的企业文化是什么？如何良好地适应西方市场环境？"。其次，我要探究中美企业正在改变的经营战略是否重构了旧有的二元论认识，即亚洲偏好树立企业品牌，美国倾向塑造产品品牌。最后，从组织叙事这一优势上进行探索，我们从中能更多地了解海尔、联想的企业文化。我将把这最后一个主题，与企业叙事中的媒体作用放在一起进行探索。比如，借卡通系列形象化地表现的海尔企业思想，由博客人引发的围绕联想的争论。用新旧媒体塑造企业品牌，借组织叙事阐述企业的制度性纪律，我们从中能清楚理解中国的企业文化。

　　一直以来，中国企业文化生长的营销环境中，品牌管理的重要性让位于企业管理，品牌文化让位于企业文化，品牌标识让位于企业特征。但是，此等生产商主导的商业环境，是否能制造出全球性竞争品牌，仍待关注。

"我从未说过海尔和联想不是品牌"

我们在导论中看到，2004年晚些时候，奥美全球主席和首席执行官夏兰泽不得不为自己所说的联想和海尔其实根本不是品牌及"迄今为止中国还没有真正的品牌"（唐勇 2005）替自己辩护。这里，我想从《中国日报》随后对夏兰泽的访谈之中，梳理出她对中国品牌环境的含蓄批评，以上标题就是从中摘取。她用貌似调和的语气，解释为什么大品牌不一定是强势品牌，为什么国内超级品牌不能等同于一流国际品牌。简言之，本土制造的明星品牌，尚未成熟到能高调现身国际市场。夏兰泽不满地表示，中国人花大笔资金在广告上的经营习惯，只会产生"短期回报，但不能促进（品牌的）长期成长"。在国内市场创造奇迹的联想和海尔，是否已发展出可持续的长期品牌建构战略，有助自己培育与国外本土顾客的情感联系？对于这个有争议的问题，她的回答是否定的。这些中国品牌是否能赢得全球消费者，尚属未知。而且，虽尚不明显但更深入的问题是，品牌如此巨人般地成长，说不定会因不堪自己神话般的重负而坍塌。

对制造大品牌充满梦想的中国人，让夏兰泽一下子带回现实。迄今为止，这两大巨头一直在以牺牲品牌文化为代价，构建和塑造企业文化。这行为已不是夏兰泽暗示的失察疏忽，而是选择东亚企业巨头喜爱的品牌家族战略，在主品牌旗下延伸生产线。比如在日本，三菱、索尼和三得利这样的巨型商业公司，可以随意进入相邻生产领域而不受惩罚，并为自己的产品建立跨生产线的强大优势。他们的品牌资源主要用于建构公司名望。海尔、联想和娃哈哈均效此法。

而这种巨幅的品牌延伸，西方市场极少存在，相反是独立品牌架构占支配地位（Owen 1993）。一直以来，子品牌策略或多品牌方式，已培育出产品品牌塑造先于企业品牌建构的西方营销文化。西方营销文献广泛不赞成海尔与联想那样的经营实践，对贸易支配的亚洲商业文化也持批评态度，视之为深受强调短期获益和短期战术之害，是一种讲究赢利的商业文化，其"销售/利润导向原理"培育的营销环境，看重销售和分销，而不是树立品牌和营销（Blair, Armstrong and Murphy 2003, 208, 211）。据说，这种"唯利是图的传统"，导致亚洲重视企业品牌资产胜过产品品牌资产。为修正此种"不良"商业实践，他们建议中国企业管理者和广告从业人员效仿西方的营销模式。

亚洲、西方商业模式利弊之争，一时不会平息，尤其在新世纪被冠以"亚洲"世纪之称之时。与此同时，数字媒体改变此论争中的措辞的速度，比首席执行官（CEO）们更快。经营思想的汇聚，已创造出即便五年前也无法想象的瞩目景象：西方正在重新评估企业品牌塑造的价值，与此同时，中国企业已在积极深入地学习品牌管理技巧。大洋两岸，协作思想的力量已经迸发，对这个问题达成理性共识，一定不再遥远。

这些问题互相关联。我们会问，中国企业中心模式的优势与盲点，在激励产品革新时是否能与西方的品牌中心模式一样有效。我们也需要探究，源自两个方向的交叉模式如何成为可能，以及互联网在创造新经营战略方面起着什么作用。我将从海尔和联想的故事讲述入手，它将引领我们进入海尔和联想的企业文化核心。

企业文化与组织叙事：海尔之路

"我们将运用多样化的娱乐资产进入人们的头脑与心灵……我们开始设计引发情感、创造联系……无论电影、音乐或电视中的设计……不再只是知识资产，它们也是情感资本。"（Jenkins 2004）此番言论，是可口可乐的史蒂文·J. 海尔（Steven J. Heyer）2003年在"麦迪逊大街与星光大道"研讨会（Madison & Vine Conference）①上发表的主题演讲。他提到一个吸引人的商业趋势：人类渴求娱乐的基本欲望，已经将故事变成一种传播的黄金手段，且让美国企业重新发现故事讲述的营销价值（Stark 2003）。讲故事对亚洲人来说并不新鲜。中国人和印度人口述故事已有几百年的传统，它已以自己特有的方式，进入这些文化特有的戏剧性很强的电视广告之中。我们都知道"好故事有销售力"。与此有关但仍待研究的一个主题，是组织故事（organizational tales）能如何构建企业的品牌。

中国文化具有悠久的编故事、讲故事传统。让人始料不及的是，可怕的"文革"将这门古老艺术带上新的高峰。动乱和文化清除的那十年里，除了八个革命样板戏，无任何现代娱乐品种幸存。全国，尤其是下放农村的"知青"，只得自找娱乐。讲故事是一种人人能及、个个喜爱的娱乐方式。难怪当年"文革"期间的知青、今天的 CEO 名人张瑞敏（海尔）、柳传志（联想），都很善讲故事，他们已用自己的叙事能力，赋予了自己企业独特而醒目的个性。

讲述企业故事，对于制造海尔和联想神话，至关重要。比如，海尔的"大锤"、"第三只眼睛"和"小王子"等故事，都和张的管理哲学一样，是海尔传奇中不可或缺的部分。口述故事的传统，以及残留的毛泽东主义者对于标语文学的偏好，已经创造了丰富的定义海尔之路的轶闻趣事。海尔的组织故事（organizational stories）制定了叙事典范，主人公（英雄）从无名、冲突和危机中崛起，与所遇困难搏击，最终走出逆境，获得成功。

此番历险始于张瑞敏接管濒临倒闭的青岛电冰箱总厂的 1984 年。这是一家名字与不合格冰箱连在一起的老公司，他管理 800 名无意提高生产率的员工。海尔探求成功的传奇中，"铁饭碗"的社会主义制度，成为它第一个难以战胜的对手。看一看张瑞敏为工厂工人制定的 13 条规章制度，就可以想象这位现代经理面临着怎样的困难，其中有"工作

---

① Madison & Vine 为美国广告人和电影人共同的协会，麦迪逊大街与星光大道分别代表广告传播和娱乐传播，这一协会每年组织研讨会。——译注

时间不准打毛衣"、"不准偷拿公共财产"、"不准在车间随地小便"。张就是在此起点之上一步步发展起来,直至在 160 个国家建起 18 个设计中心、10 个工业园区、58800 家销售代理和 11976 个售后服务中心(Yi and Ye 2003, 4)。今天,海尔生产线已经多元化,有白色、黑色和褐色家用电器,包含 15100 种型号,种类遍及冰箱、冰柜、酒柜、空调、洗衣机、手机、热水器、微波炉、电熨斗、电视机、DVD 播放机,甚至电脑(海尔 2007b)。1996 年,海尔在雅加达建立了第一个海外基地。之后的数年里,在菲律宾、马来西亚、中东、美国、南斯拉夫和西欧国家建立多个基地。张瑞敏是怎么在 20 年时间里发展得如此之大的,下面精选的一些组织故事,或许能提供一些线索。

大锤

张瑞敏接管青岛电冰箱总厂一年之后,发现有 76 台冰箱有缺陷。那时,一台冰箱价值 100 美元,普通工人的月收入只有 5 美元,76 台冰箱相当于 500 名工人 3 个月的工资。若按过去的做法,张瑞敏会把这些次品分给公司最重要的员工,或者作为给官员的软性贿赂。但是,张瑞敏当着 400 名含着眼泪的工人的面,命人用大锤将冰箱砸了。整个事件用录像记录。张瑞敏和总工杨绵绵扣罚自己三个月工资(孙健 2002b,46—50)。此事件信息非常明确:有缺陷的产品就是废品;生产有缺陷产品的员工就是不合格员工,就当受罚。从那以后,"零缺陷"便作为主要绩效概念,稳固地确定下来(同上,48)。现在,质量控制是海尔最显著的优势之一。"海尔"的英文广告语是与其谐音的英文词 higher,意为"更高"。越来越高,是它的新品牌标语,也是全球化的隐喻蓝图。

"第三只眼"正在密切关注

海尔资产中,有一重要部分最初来自青岛市提供的资金,对此我们下面将有涉及。然而,即便有当地政府的保驾,海尔的冒险并不是没有风险。按张瑞敏的说法，中国有三种现实，每一种现实需要有一只谨慎的眼睛监视。计划经济之下，企业只需要一只眼盯住政府法令即可；规范的市场经济之下，需要两只眼睛了，一只盯着内部的公司事务，一只盯着市场。但中国从计划经济向市场经济过渡是一个复杂曲折的过程，因此，需要敏锐的第三只眼，去捕捉中国摇摆于计划经济和市场经济的经济思想之间难以预测的政策变化（迟双明2004，165—166）。海尔的"第三只眼"，擅长辨识北京多变的政策指示带来的机遇。

重大改变发生于1992年。这一年，邓小平南巡并发表了一系列改革谈话，推进市场经济。那次行程的著名讲话之一，指示人民要"敢于试验，不能像小脚女人一样"（同上，166）。建立经济特区，鼓励企业跳出固有的框框。此开放政策，激励张瑞敏和他的同事们制定出一宏伟计划，建立现代工业园。政府批准了1.6亿元人民币贷款，张瑞敏在青岛市东部区域购买了800亩（近5000英亩）地，作为未来工业园址。但贷款因中央信贷紧缩而被突然冻结。幸而海尔在上海证券交易所上市，张瑞敏借此竭力使公司摆脱困境。这是一次死里逃生：海尔首次公开招募新股（IPO），融资3.69亿元（同上，166）。工业园按计划建造。三只眼睛配合协调，奇迹可以发生。公司上市之前，张瑞敏将他的合资企业品牌名称由"利勃海尔"，改为"海尔"，一个民族品牌就这样诞生了。

大地瓜和小王子：创新的故事

海尔将产品推进中国内地之后，西南地区的农村消费者投诉无数，称洗衣机"水管质量差"。一个调查组被派出解决申诉，发现农民用洗衣机洗地瓜（北方叫红薯），水管被地瓜皮堵塞。张瑞敏不是简单地指导农民说洗衣机只能洗衣服，而是又实施了一项战略举措，设计一种新型的水管粗、排水系统更优的具有双重洗涤功能的洗衣机。该新产品就命名为大地瓜，已成为中国农村最畅销的洗衣机之一（苏勇和陈小平

2003，120）。大地瓜的有趣故事已编入公司文献资料，与大锤和小王子一起，被赋予丰富的启示意义。

小王子的诞生同样富有戏剧性。1990年代以来，城市工作节奏加快，时间成为珍贵商品。城市居民已无法沿循旧习，天天去杂货店购物，开始一周购物一次，这样的生活常规要求冰箱容量比较大了。但节俭的家庭不愿丢弃原有的旧冰箱，即便冷冻空间现在储存食物已经太小。海尔抓住机会发掘另一新市场，小王子面世。这种低价小冰箱，在极拥挤的中国公寓里无需占太大的地面空间，提供了大多家庭急需的额外冷冻空间。这是一个完美的具有中国特色的双赢方案。

小王子和大地瓜不是独立子品牌，两种产品均冠以海尔的名称，仍是无独特品牌个性的功能驱动性产品。海尔的企业中心模式——融产品特征与公司特征于一体，鼓励横向、纵向扩展，已同西方品牌中心模式一样，强有力地激励了产品革新。满足消费者需求已成海尔的天职，深植于海尔的创新体系之中，成为公司在中国市场迅速走强的关键。海尔产品革新上的迅速，几乎没有电器制造商可以匹敌。今天，公司电器产品达13000种型号。同时，单类产品的价格范围一直在延展，你会发现，海尔空调的价格，低可至225美元，高会达1463美元（海尔2007a）。通常，每增加6美元，顾客便有两种不同型号可以选择。

某些怀疑者将海尔的成功更多地归因为定价，而不是它产品革新的优势，这忽视了海尔著名的价格缩放策略。上世纪90年代后期以来，国内超级品牌为追逐富裕的城市顾客，已以高价进入高端市场，而跨国公司正因自己的定价在农村市场越来越有竞争力（我在第三章中对该交叉现象有分析），这种情势之下，这类观点更是有问题了。总之，海尔范例有力反驳了一普遍持有的观点，即企业中心模式缺乏工作效率和创新驱动力，并将这视为品牌中心模式的两大独有优势。

狼理论与其他战术

理论上说，张瑞敏不可能在这两种模式之间作取舍，因为，他的全球化设想极具适应性。企业中心方式或许已适应中国这样的大众市场，但海尔必须获得利基营销和品牌塑造方面的专业知识，以便自己的商标能名扬海外。中美分析家都已注意到他全球扩张的企业战术，其中就有这位 CEO 著名的"三个三分之一"思路，三管其下向海外扩张：海尔产品三分之一在国内生产销售，三分之一国内生产国外销售，三分之一国外生产国外销售（孙健 2002a, 87—88）。张瑞敏的"狼理论"构想基于类似战术。他说，战胜狼（喻指外国竞争公司）的最好办法，是自己变成狼闯入狼窝。① 对于 WTO 挑战，他的回答可归纳为"与狼共舞，与国际品牌共分市场"（汪洋和康毅仁 2002, 47）。

海尔在国际上成功了吗？用张瑞敏的话说，"我们只成功完成了国际化的一步半，而不是为此所需要的三步"，意指海尔品牌已走出中国，在进入海外市场的半路上，但还没成为知名的全球品牌（刘映花 2005）。张遗憾地承认，中国企业已经失去只靠大规模资本积累就能成为名牌的历史机遇。光靠钱已无法达到这一目标。他的结论是，"成为全球品牌的唯一途径只能是创新和速度"（同上）。这一最后陈述，让人怀疑这位 CEO 是否超越了自己的企业愿景（founding vision），即工程师对产品革新的痴迷。他需要足够灵活，从制造主导心理，转换到消费者导向心态，从企业中心主义，转变成品牌帝国构建。深入西方消费者是关键。

海尔有强有力的拥护者。《中国制造：开创性的中国企业家给予西方管理者的借鉴》② 一书作者唐纳德·苏尔赞同他"拉动消费者"策略，并认定海尔是最有价值的中国品牌（"海尔目标"2005）。但评论家很快以张瑞敏的贸然举动，尤其他在海外的快速扩张为例，指出规模不

---

① 美国和欧洲被定为海尔的早期目标，因为张决心先进发达市场，再入相对不发达的市场。至 2003 年，海尔已成功占领美国 35% 的小冰箱市场及全部市场的 20%。见"电子巨头瞄准世界最高位"。

② 唐纳德·苏尔（Donald N. Sull）著述《中国制造：开创性的中国企业家给予西方管理者的借鉴》(*Made in China: What Western Managers Can Learn from Trailblazing Chinese Entrepreneurs*)（波士顿：哈佛商业学院出版社，2005）。

会自动转变成质量。今天，光凭巨额资金也不能制造全球品牌。像海尔每一步所做的那样购买知名度，不同于战略性地构建品牌。公司在国内外的多元化方案，被视为"受机会主义和绝望驱动，不是受良好的战略驱动"（"海尔目标"2004）。

最严厉的批评来自社会学家姜汝祥，他看到中国CEO们心态中根深蒂固的体制问题。他认为，张瑞敏及联想的柳传志这样的企业领导者深受传统战术思想影响，这些思想，本质上是微观的，被战略家的服务君主意识所推动（或限制）。此种"仆人心态"，产生由人而不是由规章控制的等级。与以契约为基础、分离CEO与公司的现代西方企业环境相比，这种体制便黯然失色（姜汝祥2003）。这种观念上的差异，用个比喻说法，是马基雅维里（Machiavelli）与托马斯·霍布斯（Thomas Hobbes）之间的差别。从这个角度来看，张瑞敏不是他心中杰克·韦尔奇（Jack Welch）式的杰出人物。中国企业强人将自己公司视如个人祖传家产，与中世纪"完全所有权"概念类似。张瑞敏与中国其他企业领导者，以其王侯般的魅力控制企业。领导者个人信念与公司核心价值合一，是中国企业的显著特点。与之并行的另一中国企业显著特点，是缺少摆脱政府权力左右的真正独立的商业文化。

孙子、毛主席与组织纪律

姜汝祥对中国战略思想的批评是中肯的。我们刚评述的那些组织故事，与具有中国特色的战略思想之间有逻辑联系，其中就有对领袖的个人崇拜、作战心态和君主制管理风格。每一个世界级企业背后尽管都有一位强人（杰克·韦尔奇、比尔·盖茨、斯蒂夫·乔布斯［Steve Jobs］等等），但中国中年的CEO们来自具有五千年军事战略家血统的国度，其中的许多军事战略家，比如孙子，可谓纪律严明胜于远见卓识。深切关注价值的领导者，比如毛泽东，常忽略自己企业愿景的局限，沉湎于个人崇拜，对批评充耳不闻。在海尔被奉若神明的"张瑞敏精神"，似乎表明了类似的危险之路：创建者缺乏灵活性，已大大限制了他早期的战略眼光。我要指出，孙子和毛泽东都是张瑞敏和柳传志的楷模。

"善用兵者，修道而保法，故能为胜败之政。"（孙子 2003，17，20）。众所周知，《孙子兵法》这一经典（著于公元前五世纪），不仅是西方企业战略家熟悉的手册指南，更是中国企业家的权威典籍。"攻击谋略"思想、严密无缝的组织纪律以及著名的"商场如战场"说，是推动张瑞敏狼理论和娃哈哈宗庆后蜘蛛战役的驱动。联想的柳传志视自己为总司令，侦察地形地势，精心构思计划，像"新兵训练营"那样管理联想，这也是广为人知的（戈怀沙 2003b，15）。据说，《孙子兵法》是张瑞敏最喜爱的三本书之一。①

对张瑞敏这代企业领导人的影响比孙子更大的，是毛泽东。作为忠诚的共产党员，张瑞敏是位空想理论家，其理想主义（"文化大革命"的标记）幸免于那场浩劫。许多分析家恰如其分地指出，海尔集团根本上是政府控制（"海尔目标"2005），此论吻合姜汝祥政企不分的悲叹。但这类简述未能解析张与中国共产党之间复杂而积极的关系。

大锤 1985 年砸碎的不仅是 76 台冰箱，还砸碎了这个国家的社会主义道德规范。然而，海尔的故事没有遵循典型的资本主义的故事情节。张瑞敏是位极具理想主义情怀的共产党员，也是非常明智的战略家，不会反对品牌社会主义。从法律上说，海尔是"集体企业"，资产属所有员工拥有。但是，有缺陷。"集体所有权"在改革阶段实质上是"政府资本多元化"的委婉说法，不同于西方理解的"私有化"。这类投资主体混合了身份特征很难界定的多个利益相关者。中国如此热切地推广这种现代版的混合所有制，正是因为它在寻求重新容纳国有资本，而不是排除国有资本。

青岛市通过一系列行政命令推动海尔转制成联合企业。1984 年，该

---

① 张最喜爱的其他两本书是老子的《道德经》和孔子的《论语》。

市聚合几个衰微的国有电子厂组建成青岛电冰箱总厂，任命张瑞敏为新厂长，1992年，又协调冰箱厂与青岛空调厂合并，推动海尔集团诞生。据报道，海尔的中层管理干部均为共产党员（"海尔崛起"2001）。所有这些，足以阐释描述海尔历史的中国御用文人及西方作家不愿强调的事实，即中国"私营"企业家的榜样张瑞敏，培育并维持着与共产党牢固的关系。实际上，后毛泽东时代的中国"私有"与"公共"之间界线模糊，已非个别现象。美国媒体几乎不提张对党思想上的忠诚，此现象某种程度上很引人深思。西方新闻的羞怯，或许与自由主义媒体的忧虑有关，它们忧虑，更为细致入微地评价"海尔之路"或许会危及我们制造新兴的中国"私营"企业神话。毕竟，美国新自由主义者不能想象，共产主义政府与"自由市场"之间除了对立，还能有任何其他关系。可以想到，如果张瑞敏"我不仅是位企业领导人，我还是名共产党员"的思想声明已在美国主流媒体宣扬，资本主义已在共产中国取得胜利的想象，将被大大冲淡（"海尔崛起"2001）。

发表在《中国日报》上的张瑞敏的声明若不能完全相信，那么，《海尔之路》记录了与张瑞敏的一次访谈，被问及他选择毛泽东的生日12月26日作为青岛电冰箱总厂的官方生日时，张瑞敏含糊其辞。作者继续他们的逻辑思路：

> 但是，你尊敬毛。例如，你在海尔大学的中心墙壁上复制了毛氏风格的"校园守则"。你不断强调实事求是的重要性，这些是经常被引用的毛泽东理论。此外，你亲赴焦裕禄的家乡，他是毛树立的让全国学习的榜样。而且，像毛一样，你想做大事。（Yi and Ye 2003, 173）

"你想做大事"一语讲得非常到位。张瑞敏的海尔扩张观念和他的唯意志论信念，是毛主义革命家的鲜明特征。他推动海尔工程师超越自己的作风,也让人想起毛主席著名的"持久战"理论。① 他说,对于产品的更新换代而言,"所有创新都是短暂、相对的……新产品问世之后,你就该放下它,去继续发明更新、更好的产品了。你必须小心谨慎,就像始终在如履薄冰"(戈怀沙2003a,33—34)。正是在这种精神的感召下,海尔连续制造出12代小神童洗衣机—世界上最小的洗衣机。②

当毛泽东之思想革命风格,与孙子坚定的纪律结合之后,可以毫不夸张地说,一个帝国般的主体便诞生了。海尔人和联想人(公司员工)都是等级结构集体中的赤色战士,他们对最高领导人CEO必须绝对忠诚。需要维持奉献、实施纪律。联结中国式战略思想与组织故事的内在逻辑,清楚明显。表面上,大锤事件成为海尔文化中象征性的里程碑。小王子和大地瓜因体现创新价值编入公司栩栩如生的故事。但实际上是在更多地进行组织叙事,而不是灌输企业价值。

讲故事与企业文化

较先进的组织研究不会视企业故事为无害的人造物或者编出来隐喻核心价值的简单物(Martin 1990)。一些重要事件比如联想总工程师被解雇这一争议事件(这一事件我后面将涉及),不会自动形成向员工传播并记录进公司宣传册中的故事。在一个组织的历史沉浮之中能幸存下来的故事,往往都具有教导作用;若定期强化,会固化成规训和社会控制。大锤、小王子及类似故事,一旦集结成形,便成为海尔规训结构中

---

① 用张的话说,"如果我们没感到危机,我们就在危机中;只有当我们不断感到危机时,我们才能解决它;生活在危机中有助于我们防止危机发生"(Liu, Zhao and Zhang 2001, 29)。这让人想起毛泽东宣扬的发动无休止斗争的必要性。

② 小神童是怎样发明出来的?大家都知道夏天是洗衣机生产的淡季,但原因是什么,海尔的营销研究人员并不知道。中国人热天洗衣少?这是说不通的。坚持不懈的研究显示,顾客发现夏季使用普通规格的洗衣机,它的大容量几个月耗去的水电费较大。海尔据此发明小神童,仅33磅重。海尔的经验是"只有淡季的思想,没有淡季的市场"(戈怀沙2003a,17)。

的一部分。从这个意义上说,广受欢迎的组织故事,是员工在不知不觉之中内化进思想中的"潜意识"。可爱的小神童的形象宣传,极佳地阐释了"持久战"概念,象征性的大锤,悬在那些在车间辛苦工作的人的头上。自律若起作用,监督便没有必要。若问最终由谁控制这些故事,可以说是孙子与毛泽东的结合体:最高领导人自己。当代组织研究学者的后现代解构主义研究成果——"故事一经讲述,便开始具有争议",或许可以解释通用电气,但不能解释海尔这样的中国大企业(Gabriel 2000, 117)。

不是所有的训诫方式都能转化成故事和隐喻。在海尔,依据毛话语作企业化再造的新词和标语,在驱动效率和生产率上可与大锤之类的故事匹敌。张氏著名的 OEC 管理模式就是一个例子。"O"(Overall)代表全方位,"E"代表每个人(Everyone)、每件事(Everything)、每一天(Everyday),"C"代表控制(Control)和清理(Clear)。首字母缩写放在一起,表示要求每位员工每天完成工作目标的每日守则,其目标比前一天提高 1%(杨克明 2003)。毛著名的"实事求是",据说是张氏管理哲学的指导原则(Yi and Ye 2003, 85)。海尔《小红宝书》中其他醒目标语,包括"迅速反应,马上行动"、"先难后易,出口品牌"、"东方亮了再亮西方"(Liu, Zhao and Zhang 2001)。

毛之中国与企业中国之间的连续性,从企业化后的毛式话语中可见一斑。语言是建立在深刻思想之上的建构物。在海尔,毛式通用语,是具有文化和意识形态特点的战略思想。但是,那些坚持在简单的毛泽东主义或中国民族主义框架之内解读"东方亮了再亮西方"的人,忽略了新世纪跨洋流动性质上的变化。随着商业全球化的加深,品牌将逐渐只有"强""弱"之分,没有了"某国"或"跨国"之分(Blair, Armstrong and Murphy 2003, 207)。"东方亮了"思想或许指从亚洲往西方反向品牌贸易流动正在加快这一现实。这是否会导致比由总部位于纽约和伦敦的跨国公司操控的全球化更好一些,还很难判断。

但是，有一点我们可以确定，那就是，随着越来越多的亚洲品牌投资并成功地本土化于发达世界，真正的争论将不再在现在的主导焦点之上，即品牌身份以国家为界点。"本土"、"边界"和"国家血统"等旧意识形态正在瓦解，正如顽固的"全球化"与"西方化"界定必将坍塌一样。尽管评论家们依然持保留意见，但海尔这样具有西进雄心的典型，确实具有启迪甚至振奋意义。此跨越大洋之举无论是否能很快成功实现，海尔之路都将是下一阶段要发生的全球化故事：品牌贸易将越来越多地由发展中世界向现代西方流动。

联想有争议的历史以及互联网上的故事叙述

与中国其他企业相比，在中国个人电脑（PC）市场处领先地位的联想（Legend-Lenovo），最为迅速地利用了全球化的新势头。2005年，公司收购IBM个人电脑业务，名扬全球。据说这次合并，造就了世界第三大PC制造商，年销售总额达120亿美元。联想集团最初的英文名为Legend，1984年在北京由中国科学院① 11名科学家（一个政府智囊团）创立。他们开始是惠普（Hewlett-Packard）和虹志电脑（AST）② 的小代理销售商，并逐渐从后者处获得专业的技术和管理知识。

1999年，联想发明第一代用户友好型互联网中文电脑，超越了自己的竞争对手。该基于奔腾处理器的个人电脑，捆绑调制解调器，为家庭用户带来上网服务，终结了之前所需的登陆时繁琐的登记程序。2003年，Legend联想将名字改为Legend-Lenovo联想，并很快成为联想集团有限公司（Lenovo Group Limited），不仅制造个人电脑，而且生产手持设备、手机、主板，提供IT咨询服务和其他无线解决方案。根据一份中期财政年度报告，在2001/02财政年的前半年间，联想就出售将近

---

① 原书是中国社会科学院，与事实不符。——译注
② 一家个人电脑生产商。——译注

1446600 台联想个人电脑，标志了 17.8% 的年增长率（柳传志 2001）。

2004 年，该集团的净利润率比前一年暴涨 16.2%（"联想公告" 2004）。尽管广泛推测其股价会下跌，即在 2006 年第一季度期间，将下跌 26%（Cantrell 2006），但联想经受住了蓝色巨人 IBM 的考验，在个人电脑市场快速增长。据一份 2006/07 全年报告显示，第四财政季度期间，它在全球的个人电脑出货量增长超过 17%，"远远领先于近 11% 的产业平均数"（联想 2007）。中国普通的个人电脑用户，选择的品牌是联想而不是戴尔、IBM 或东芝，这是个不小的成就。

我对张瑞敏的很多评论，也适用于联想的缔造者、集团前主席柳传志。联想稳步上升至显要地位，与柳息息相关。他和海尔的首席执行官一样，是孙子和毛泽东的结合体。和海尔一样，联想也是部分国有但私营化管理。集团拥有 61% 的财产，其中 65% 属中科院智囊团，35% 属柳传志及另外 27 名原联想的员工（Paul 2002）。[①] 政府采购占联想个人电脑销售的 18% 以上。

联想和海尔一样，也充满高度赞誉创建者远见的传说和神话。联想首席执行官是位忠实于孙子理想和精神的最为重要的战略规划师。联想叙述企业故事的规模与连续性，远远逊色于海尔，但柳传志喜爱寓言，或许因为它们像教具一样见效。

1988 年，香港联想建立，为北京联想分销外国品牌的电脑产品。联想那时是一家新兴公司，在国内有坚实的技术和财政基础，但国际计算机市场知识几乎为零。柳传志将他的公司比作一个硕大、强壮的盲人。而联想的香港合资合作伙伴是一家小公司，由毕业于伦敦大学的学生创建，虽在国际贸易中建立了强势地位，但缺少所需的技术知识。首席执行官柳传志将之比作"跛足的千里眼"。两者联合，寓意双倍提高"盲人"和"跛足"各自的优势（戈怀沙 2003b，5）。1994 年，香港联想在

---

① 在过去几年间，其股票期权计划延伸至中层管理者。

香港证券交易市场上市,至 2000 年,合资企业成为香港恒生指数的成分股之一,为规模经济打下坚实的基础,并推动联想向国际信息技术(IT)公司更跨近一步。

"大包子和实包子"故事,寓意的是企业缔造者的议程设定。寓言故事描述的是两位卖包子的商贩,第一个是火车站卖包子的老妇,其议程是想着所有顾客都只是一锤子买卖,于是尽量蒙人,包子里放很少的馅,但做得却很大、很饱满,忒唬人。她的生意自然不会增长。第二个卖包子商贩的议程完全不同,他计划从小街摊点开始,最终建立特许经营店,因此,每个包子都尽可能做得让顾客满意,好名声最终帮他实现了梦想。联想的目标,就是成为第二个卖包子的商贩:慢慢稳步前行,但将其收入目标设立在 2005 年达 100 亿美元,一个比较容易达到的目标(联想 2006),并计划同时进入财富 500 强名单,2005 年这一愿望得以实现(同上,12)。

以上两则寓言,充分说明联想的组织叙事文化,彰显建立在严明纪律之上的企业的时代精神。首席执行官柳传志被视作铺路者,比张瑞敏更为老到,其做派犹如企业界的毛泽东,像红军总司令一样地领导企业部下。他和主席一样,喜欢格言警句,常制造"小公司做事,大公司做人"之类的俏皮警句。① 与产品故事相比,联想公司文献更重视赞扬领导人智慧的格言。这一切似乎似成相识:领袖崇拜与口号追逐,是毛泽东思想与中国传统军事文化双重遗产的有机组合。然而,和海尔不一样的是,柳的狂热追随者精心编写的叙事,没有联想公司的历史。让联想成为组织叙事方面的特例的,是中国博客写家对其官方历史提出的挑战。与海尔故事不同,联想"故事一经讲述,便引发争议"。

---

① 汉语"做人"一词很难翻译,因为它有两个差别细微的意思——"为人"和"圆滑"。

博客写手所能之事

"博客革命"将病毒式传播推至新高度。全球性网络搜索引擎 Technorati 帮助搜索、组织博客,2006 年索引了 5130 万博客站点,每天帖子达 120 万个。① 2005 年,仅在美国,每天就有约 4 万新博客开通(Baker and Green 2005)。② 而 2002 年 8 月中国最大的博客站点博客中国(bokee.com)创建时,只有 200 个博客。但至 2004 年,网站经历了一次爆炸性上升,每天有 10 万多访客,这是因为笔名为"木子美"的 25 岁的性专栏作家根据第一手资料写作了绯闻网络日记。③ 到上年 7 月,木子美甚至成为互联网门户网站上搜索最热门的名字,"偶尔超过毛泽东"(Yardley 2003)。此事很快漂洋过海,走出国门,中国的新网络热,被概括为"卧室博客"。

然而,炒作并非全是夸张,在中国,至少有 200 万博客,大部分不是为了暗地幽会或性丑闻,主题涉及,从政治到社会万象、流行音乐。即便在一个不断有大批网络警察巡视的国度,博客作为公民媒体,依然前途光明。如果联想案例能说明问题的话,中国的聊天室文化很能引发争论。

2004 年 1 月 16 日,博客写手、前国务院发展研究中心研究员王育琨,在博客中国上发表了一篇题为《中国现代商业史上永远的痛——索尼与联想的人性观察》的长帖,王育琨重新回顾柳传志与倪光南(总工

---

① 见 Technorati,http://www.technoratihcom/about/. 2006 年 8 月 15 日登陆。
② 美国企业让"商业博客"热起来,它用商人、员工、发言人、顾客,甚至公司首席执行官构建品牌交易,每天记录下业界正在发生的事情。崭新的撰写博客战略,还有助于侦查竞争对手、判定整个行业走向。杰里米·莱特(Jeremy Wright)的《博客营销》(*Blog Marketing*,2006),对此是非常有益的指导。Technorati 是一个功能非常强大的多语言的博客索引工具。与你最重要的顾客建立互动关系,这想法虽非新生,但博客使之在密切性与真实性上发展到一个新的水平。
③ 今天,(500 万中国博客中的)200 万拥有博客中国的用户账号。

程师，柳以前的副手）的冲突及后者 1999 年被耻辱性地解聘一事，不留情面地批评联想的眼光。他框定他们之间的争斗，是知识资本（倪光南）与唯利是图的机会主义（柳传志）之间的对抗。王说，倪光南的退出，使联想失去第一个研发"中国芯片"的历史性机会（王育琨 2004，37）。王公开抨击柳传志的"贸工技"（依贸易、制造和技术的顺序发展）三元模式，赞扬倪光南"先技术后制造和贸易"（技工贸）的观点（同上）。

王育琨的博客发表时，联想股票已经下跌，公司进入网络和应用软件业的多元化战略遭遇挫败。更糟糕的是，公司发展核心计算机技术的创新计划停滞不前。指望由联想领导形成高科技领域国产标准的人们感到心寒，似乎中国注定要在未来几十年向跨国公司交纳"专利使用金"，从"中国制造"（Made in China）转换到"中国创造"（Made by China），为期依然遥远。回视联想历史，评论家认为，解雇倪光南，让联想的研究计划和发表中国高科技专利与技术标准的能力大大倒退。

王育琨的尖锐批评，在博客社区一石激起千层浪。2004 年早期，关于联想的组织文化，网上展开更大范围的争论。许多博客写手附和王的悲观论调，但同样也有很多博客人维护柳传志。尽管意见不同，但挺柳派和反柳派都基于同一个基本点，批评探讨均在深刻反思中国人科技强国之梦。一位名为"bluethinker"的博客作者清楚地表达了这一典型观点：

> 我们所真正关注的，所想真正深入思考的不是柳传志个人的问题……而是中国的科技强国梦——自鸦片战争尤其是五四运动后就萌发的梦，洋务运动，五四运动，孙中山的实业救国，四个现代化，科技是第一生产力，信息化建设……一次又一次地诉说着我们的科技强国梦……为什么联想成为我们的靶子？因为联想身上曾经被我们寄托了最多的梦。（Bluethinker 2004）

其中之一,就是发明"中国芯"(中文谐音"中国心"),进一步煽起技术民族主义者的激情。最终,挺倪阵营具有了充满诗意的正义性:从联想退出后,这位前总工程师与北京中芯微系统技术有限公司共同工作,在它资助下开发出第一块名为"方舟一号"的中国芯片,于2001年4月公之于众(刘涓涓2006)。由此,柳传志或许确如王育琨所说的短视了。然而,这一轮网上批评,对于公众对首席执行官的认知,影响极小。联想的名誉并未受损,直至网上爆发第二次论战,这次则由一位联想人——联想员工引发。

同年3月,联想的网络服务提供(ISP,Internet Services Provider)和网络内容提供(ICP,Internet Content Provider)战略被中止。北京公司5%的大批员工在三小时之内被解雇(凌志军2005,386)。联想员工毛世杰,看到深受创伤的同事们短时间内一个个打包走人,激动地写下自己目击的这一令人心痛事件,贴在公司BBS(名为腊梅)上,腊梅是新世纪建立的公开性论坛,鼓励员工在上面发批评公司的帖子,与中国共产党五十年前发动的百花齐放运动精神一致。

毛世杰的日记很快被同事和朋友复制,从公司流传到互联网,而且,被标上一个引人注目的题目——《联想员工亲历联想大裁员:公司不是家》。日记中,毛悲悯联想IT战略整合的失败,批评其早期扩张设想,质问谁应该为这类战略惨败负责。"是谁的错?是领导的错!包括FM365在内,这些方向都是看好的,都是挣大钱的,但为什么联想会失败?……领导犯下的错,只有我们普通员工来承担……千万不要把公司当作家……公司为我做的这一切,都是因为我能为公司作贡献,绝对不是像爸爸妈妈的那种无私奉献的感情。"(毛世杰2004)毛世杰的谴责,一掌掴在这个自豪于自己的工作环境如亲密的家庭氛围一般的公司的脸上。日记张贴后,五小时内,回帖104个(王育琨2004,390)。对于王育琨对联想希望的幻灭,很多人有同感:"中国IT旗帜在英特尔手中,不是在联想手中。这是多么让人难以置信的悲哀!是联想的悲哀,联想人的悲哀,中国IT业的悲哀。"(无名2004,329)2001年新主席杨元庆清楚表述的公司愿景,即联想将转换为尖端高科技和IT服务公司,现在在公众眼中严重受创。让许多中国科技民族主义者失望的是,至2004年7月,联想已关闭IT服务公司,将自己重新定位为电脑、手机生产商。

FM365.com: 广告牌故事

毛世杰日记中提到的FM365,是联想在为期短暂的多元化计划的推行高峰期创建的门户网站。该门户网站的起伏值得注意,原因有二,它创造了中国最著名的路牌广告,并展示了联想最早的迈向国际化的努力。FM365.com是一家与美国在线(AOL)时代华纳合资的宽带服务企业,创立于2001年6月。每家公司为来年建立门户网站允诺投资1亿美元。该宏伟计划能使每个联想个人电脑购买者"访问最新的美国在线软件,而美国在线的美国用户可以获得许多服务"(Einhorn and Webb 2001)。分析家预测,这笔交易"可能加速中国主要门户网站的震荡"(Shameen 2001),并使FM365胜过中国三大门户网站:搜狐、新浪和网易。但是,与美国在线的合作关系于2004年1月不合时宜地悄悄结束,它与下面描述的事件恰巧同时发生。

FM365转让事件背后的真正冲突及其事件发生的前后顺序,已被从联想的官方纪事中完全删除,但非官方消息在网上散布开来。2003年12月1日,互联网网民登陆365.com,却链接到一个分类门户网站FM265。365被劫持,还是被出售?网上猜测四起,直至最后确认,香港的域名注册商265.com花12万美元购买了365。联想员工开始不知道这笔交易,坚持说365没有转移所有权。该否认让联想在网上成为笑柄。这两个门户网站保持重叠达一个月之久,与此同时,联想慌乱地收拾混乱。这是给予公众的第一个信号,即IT公司备受吹捧的向互联网业务的扩张,遭遇障碍。该个人电脑生产商很快回归自己的早期关注,不再玩

"多元化",而是继续建设自己的专业领域,而这多元化之一,便是倒霉的FM365(《FM365回归联想遭"雪藏"》2004)。

  365.com的转让,致使聊天室拥挤达数月之久。恶意批评者指责联想在互联网泡沫爆发之时建立门户网站。然而,365.com的问世,不仅对公众,而且对整个中国广告业,都是一件非常积极的事件。考察该事件,我们必须回到2000年4月,回到揭幕FM365的掀起高潮的路牌广告战役。流行歌手转做演员的香港红星谢霆锋,签约为这个新门户网站做名人代言。但广告攻势一开始就营造悬疑,2000年4月12日,上海、北京和广州街头出现巨幅路牌广告,谢在广告上提了个神秘莫测的问题,"4月18日,谁让我心动?"没有透露产品标识和广告主。唯一印在路牌广告上的,是谢霆锋的签名(孟祥升2002,34)。5秒钟的连续广告剧同时在三大城市的主要电视台播出。随着4月18日越来越近,这个神秘广告引发不断升级的好奇心。开始,人们推测谢也许要在那天突然举办演唱会。粉丝开始打电话询问演唱会相关事宜,大型表演体育场的电话线超负荷占线。在广州,20块路牌广告消失,据称全为谢的粉丝所偷。博客人涌入聊天室试图解开这个谜团时,互联网流量拥堵。4月17日晚,大批人群聚集各大路牌广告,急切等待揭开谜底。六天的等待已将公众热情推向极点。

  18日高潮来临时刻,让人大感意外:那位神秘女性,公众期待的谢的秘密情人,变成了FM365.com和隐蔽的广告主联想。路牌广告上,谢霆锋张开双臂拥抱这个新网站,还有广告词"真情互动——FM365.com!"这次媒体事件,除两个小失误外,组织得非常精心、巧妙。联想4月18日举行的让公众又一次大为吃惊的网络新闻发布会,欲创FM365.com多媒体攻势的第二高潮,结果却遭惨败。柳传志及其大将现场在线与记者和用户连线几分钟后,网上直播不得不提前中止。回应太多,网络拥堵,服务器崩溃。"虚拟新闻发布会"因掉线和内容中断而结束(凌志军2005,338)。

这第二次失误虽无法事先避免，但同样难堪。该媒体事件到达高潮前一个月，代理商们盛传谢霆锋与王菲（另一歌星，王家卫执导的影片《重庆森林》中的女主角）坠入爱河之传言。与此同时，另有流言说这对恋人受雇于北京某企业集团，相聚首都，代言上亿美元的广告。联想第一个扑朔迷离的路牌让人揶揄，百事可乐却顺势借机。揭谜的4月18日，百事可乐在《北京青年报》刊登了整版彩色广告，上面是王菲和略带嘲弄的广告语："谁令你心动……百事令你心动！"联想的FM365.com首次亮相几乎被扼杀在萌芽状态，可百事可乐却收获了它一半的果实。这次路牌广告战役，是中国第一例悬念营销，可能受1981年巴黎的一次臭名昭著的广告活动的启发。那次广告有连续三张海报，第一张海报上一身穿比基尼的年轻女人说："9月2日我脱掉上衣。"9月2日那天，这位模特未穿上衣出现在新海报上，这次，她许诺说："9月4日我脱掉裤子"。中国受众怀着与巴黎人同样浓厚的好奇心，等待4月18日揭开的神秘面纱，完全被迷住、被娱乐。①

至少，联想在短时间内让公众被具有新闻价值、围绕FM365.com的媒体内容所吸引。各式新内容平台建起，其中有公共教育计划的电子商务，为卖座电影《卧虎藏龙》所做的官方中文网页，奥林匹克网页，网上股市通道，网上围棋大学，与《北京日报》和《北京晚报》共享新闻的项目（孟祥升2002，37—38），等等，等等，不一而足。所有这些努力，包括联想与美国的在线合作，都在2004年灰飞烟灭。FM365现在尽管租给了阳光365，一家宽带多媒体企业，但联想在合资中的股份（据说15%）太低，以致阳光媒体似乎有权免费使用这个门户网站品牌（"阳光新媒体"2005）。

2004年是联想人应该记住的一年，1月，切断了与美国在线的合作，几乎同时，FM365退出、王育琨贴出抨击博客。3月中旬，声名狼藉的辞

---

① 该年轻的巴黎女孩的确践行了自己的诺言，但第三幅广告中她是背对公众，裸露臀部。

退事件及毛世杰的曝光,无疑是公司公关上的灾难。联想似乎注定得为自己在国内的公众形象奋斗。然后,是一系列突然的惊喜:3月26日,联想举行新闻发布会,宣布成功中标奥运会合作伙伴,除却很多其他合作,该个人电脑制造商还签约为2006都灵冬奥会和2008北京奥运会提供台式和笔记本电脑、服务和技术支撑。次年,联想发起更大的突然性宣传攻势——收购IBM的个人电脑业务。为解释这让人大跌眼镜的反弹,讲述动荡的2004年的不同版本,现在浮出水面:据说,杨元庆主席有意运用双刃战略,即国内削减、海外扩张(凌志军2005,394—398)。

现在,回到我最初的观点——联想在2005年时已跨越大洋,迈向国际。和另一企业品牌塑造典范海尔一起,它需要更为深入地参与美国式营销和产品品牌塑造。为使自己在未被耳闻的西方市场显得颇为人性化,重金投资传播"软件"——讲述故事,似乎必不可少。对于该个人电脑制造商,这是软肋,犹如阿基里斯之踵:除FM365的路牌广告攻势外,联想一直以来采取的是次一级的传播战略,与顾客作情感联络。联想这么强大的企业,有巨大资源,完全能聘请企业作家撰写经过过滤的轶事、清除官方历史未认可的传闻。① 但这样的传播,与创造构建品牌娱乐价值和情感资本的传播不同。更重要的是,现在的数字媒体,能让聪敏的消费者找出漏洞,并从根本上清除官方的组织叙事。联想在品牌传播上有很多值得迎头赶上之处。

"海尔兄弟":品牌化娱乐

联想的弱势是海尔的强势,在运用媒体突出企业思想上,张瑞敏更为精到。张不仅懂得如何充分利用媒体提升企业身份,而且涉足长篇系列内容和娱乐媒体,远远走在他的竞争对手之前。

如此重视商业与文化之间联系的企业,制作的系列卡通剧《海尔兄

---

① 维护柳传志的书籍紧接着这两轮网上争论之后迅速出现,迟宇宙的《联想局》(2005)和凌志军的《联想风云》(2005)即为二例。

弟》在中国持续播出时间最长，实属自然。《海尔兄弟》1990年代早期在中央电视台首次播出，连播八年。卡通营销据说是来自日本的影响（林资敏2003）。1990年代，多啦A梦、来自未来的机器猫等日本卡通形象，使动画人物成为风靡亚洲的偶像，引发一股新的营销趋势。寻求新的跨越边界的视觉语言的商人，不断依赖卡通偶像做产品代言。动画人物比现实生活中的名人更为时髦和迷人、它们的"要价"也能承受，还不附带任何条件。它们不受万有引力约束，可绝对灵活地在想象空间放大、缩小。对于以冒险隐喻蓬勃发展的企业来说，卡通是理想的媒介。系列剧中的海尔兄弟，两位身穿泳裤的男孩，一位黑头发一位黄头发，象征了海尔与它的德国投资者利勃海尔之间的友谊。印刷的企业标识展现的是两个搂在一起的男孩，一位在吃蛋卷冰淇淋（暗指海尔制造电冰箱的核心业务），另一位竖起大拇指。可爱的两兄弟一起，以动画形式演绎了张瑞敏大胆的全球化设想。中国需要本土的卡通文化，海尔看到机遇，为其传奇的企业文化又增新篇章。

该卡通系列寓意博爱和积极思考的力量。两个男孩象征智慧、勇敢和同情，展示东西及全球文化荟萃之理想。多元文化的真正形成，需要大量的长途穿行。两兄弟和他们的旅伴热爱旅行，正如他们服务的公司的标识所示。探索知识的狂热，让他们驶出大海、穿越天空、进入外面的世界。他们从太平洋出发，驶向北极，飞越地中海，漂过波斯湾，沿丝绸之路不知疲倦地一直前行。他们一起跨越了五大洲、四大洋和56个国家，经受住238种考验，行程大约12万英里（《"海尔兄弟"将风行米老鼠的家乡》2001）。从埃及到南极，以非暴力的手段战胜艰难与灾难。海尔兄弟的非凡，在于他们非凡的利他主义能力，这是张瑞敏的"海尔应像海"隐喻蕴含的海尔道德形象。"海尔应像海……大海最被人类称道的是年复一年默默地做着无尽的奉献，袒露无私的胸怀……把许许多多的不可思议和不可能都在我们手中变为现实和可能，那么海尔巨浪就能冲过一切障碍，滚滚向前。"（张瑞敏2003，36）

图4.1　海尔兄弟。海尔集团

出自家电制造商的如此有独创性的动画形象，让人过目难忘，况且，海尔兄弟卡通片还是最早的长篇广告范例，制作于1993年，早于后现代广告强调戏剧式品牌化娱乐前十年。西方普遍视品牌化内容为与30秒电视广告相对立的形式，在节目中作植入式广告，比如可口可乐对《美国偶像》的赞助。然而，"海尔兄弟"与当代品牌化娱乐的惯例有所不同，不仅未聘明星、名导（对比宝马广告电影短片中的麦当娜和李安），而且未在卡通片中植入海尔广告。① 两个可爱的兄弟是海尔全球化的大使，他们一起共同传递着一种扩张、友好，尤其是理想化的世界观点。或许有人怀疑，该卡通系列是否值得海尔广告投资预算的15%。② 该卡通系列极人性化地塑造了这个家电品牌，即便在非用户中，也产生了极大的善意。讲述品牌故事的魅力，有价吗？无价啊！

早在2001年，海尔签约美国电视商在美播出海尔卡通剧之举，被大肆宣扬（邓2001）。这笔交易现在似已告吹，因为至今似乎未有更新的信息。美国孩子或许会觉得该剧太闷、动画太静。但这样的反应对海尔来说或许并不是损失。张瑞敏在美国最不需做的，就是复制他的老策略，以牺牲产品品牌的塑造为代价，强调企业品牌和企业形象，而这正是制作该卡通片的目的。回到本章伊始之争：亚洲偏好企业名称的塑造，是否是没有全球性亚洲品牌的原因？以利润为重的亚洲公司，是否应该听从夏兰泽的建议而作转变，更多地进行产品品牌塑造的投资？

"塑造企业品牌"，即投资企业名称和身份，这一点在中国生意场至关重要，诚如第三章所述，对消费安全的关注，让中国消费者纷纷涌向

---

① 宝马广告电影短片以《雇佣》（*The Hire*）为题，集结8部系列产品植入网络电影，展示该汽车生产商的运动轿车、豪华和行政轿车、SUV越野车及其他车型。短片于2001年和2002年首次播出，由诸如李安、吴宇森和王家卫等国际知名、具有个人独特风格的导演执导，克里夫·欧文（Clive Owen）主演，并配有其他大明星。《雇佣》很快成为以品牌化内容作为营销策略的效仿对象。

② 该系列卡通剧耗去海尔广告预算的15%，而26%花在电视广告、30%花在户外广告上。见冯帼英和朱海松（2004），第14页。

大而响的企业品牌。因此,中国这两大巨头倾向企业管理先于品牌管理、企业思想先于产品形象塑造的营销方法,不足为怪。进入中国市场的外国生产商需要效法,赢取中国消费者的信任。

　　与此同时,从海尔和联想已进军海外这一事实,我们看到,全球化开始在双向流动。中国的超级品牌开始在欧洲和美洲本地化,正如麦当劳和宝洁在发展中国家本地化一样。随着战略性本土化势头的加速,"霸权"不再仅仅等同于总部在美国的跨国公司了。"海尔之路"在世界各地发展不同的本土化后的海尔文化之后,或许会有所变异。事实上,海尔正面临麦当劳十年前在中国遭遇的同样问题:怎样在目标市场中定位。这些在国内靠集体主义价值赚钱的企业,能多快地适应以竞争这一资本主义方式为特征的文化环境,还很难预测。张瑞敏和柳传志对集体主义(孙子的方式)的偏爱,妨碍他们欣赏《学徒》(The Apprentice)中实行的丛林法则吗?

　　回答这个问题现在还为时尚早,但可以确定的是,简单地将产品品牌塑造等同"西方模式",这种认识似乎不会持续很久。海尔、联想这样西行的中国企业别无选择,只有掌握产品品牌塑造艺术,方可在海外市场生存。但是,不断变化的情况或许不会打破平衡、减弱以企业为中心的通常为亚洲惯用的方式。我认为,网络将重新燃起美国企业家企业营销或曰主品牌营销的兴趣。经营思想上的融合正在发生。"哪种模式流行?"这个问题将与 21 世纪的协作精神越来越不相关。

　　诚如所见,很多美国品牌已不带它们的公司名称,这些公司有多种同时追逐多种消费者群体的子品牌组合,香水和服装品牌尤其如此,它们需要不同的子品牌来延伸不同的零售渠道。欧莱雅为高档零售商和百货公司延伸出兰蔻,为药店/折扣店延伸出美宝莲,为美容院延伸出丽得康(Redken)。每种子品牌还能占领特定的利基群体和不同的功能性种类,比如丰田的佳美和凌志,或者宝洁的多种产品比如飘柔、潘婷和海飞丝。多品牌零售渠道和多种类方法,使得构建包含独立品牌的"多

(子)品牌",成为必要。网络出现之前,消费者对公司与其多种子品牌之间的联系,知之甚少。若一个子品牌出问题,公司能轻易地将之逐步淘汰,对主品牌和其他子品牌资产没有不利后果。

但数字媒体改变了消费者与生产商之间的力量方程式,它们为聪敏、好奇的消费者提供了强有力工具,揭开生产商身份,使它的品牌组合透明。消费者一旦知情了子品牌之间的关系,一个品牌的问题,会影响到另一个品牌的声誉。这样的事情发生时,公司会有失去部分企业品牌资产的风险。我们开始看到越来越多的例子,比如福特重又开始企业形象宣传活动,改善其越来越不佳的名声。2005年10月播出的两则名为《创新》和《安全》的福特广告,主要展示主席和首席执行官比尔·福特(Bill Ford)在一间陈列室中与工程师们讨论产品创新与安全。电视广告也将福特这一名字与公司安全标准方面闻名遐迩的沃尔沃品牌捆绑在一起。这则广告由世界传播巨头WPP旗下的两大广告公司宾夕法尼亚舍尼与伯兰(Penn, Schoen & Berland)和底特律奥美创作,是福特汽车2001年以来第一则重要的企业广告(Thomas 2005)。① 美国开始重新重视企业品牌的塑造。

并非所有人都认为这是成功的策略,一位分析家说:"广告出售的是没有真实产品的品牌,对福特不起作用。这是过时的广告方式,越来越没有可信度。"(Nussbaum 2005)但是,这种观点漏掉一点。新近广告正视"福特作为公司太为古板这个问题",提升企业品牌意识度(Howard 2006)。把沃尔沃的安全诉求付诸福特的品牌形象,作为这次广告宣传的附加获利,让公司充分利用了明星子品牌的品牌资产。"这是一个有趣的策略,因为该公司本质上试图通过在福特中建立价值保护自己;它们将来可能使用福特名称帮助它们的其他任何品牌。如果它们

---

① 福特电视广告在主要的电视网节目之中播出,包括《早安美国》(Good Morning American)、《迷失》(Lost)、《绝望的主妇》(Desperate Housewives)和《CSI犯罪现场调查》(CSI),及世界系列赛和国家橄榄球大联盟(NFL)赛季期间。

能使福特品牌成功转向，那么，福特便能走出去，用自己的名字帮助仍在挣扎的子品牌比如林肯和水星。"（Khalfan 2006）我这里引用的是我以前在麻省斯隆管理学院的学生贾米尔·哈勒凡（Jameel Khalfan）的说法，因为他让我第一次注意到，企业品牌塑造在美国非常有前景。贾米尔和很多其他学生一样，倚新媒体生活，确信互联网正悄悄改变着企业的操作。

要不了多久，"多品牌"构架将不再能保护它们的无名小卒。很快，它们将不得不专注于加强企业品牌资产，将消费者新的电脑研究习惯的冲击降至最小。我听说可口可乐播了一支描写它多元化产品诸如动乐（Powerade）运动饮料、达萨尼（Dasani）瓶装水和美汁源（Minute Maid）橙汁的广告。为了在美国和中国都增强品牌意识，宝洁也采取行动将它的旗舰品牌相互联系起来。对于产品品牌塑造与企业品牌塑造之间的旧有二分法，对于将前者归为"西方实践"特性，后者列为"亚洲和中国"特性，以上这些案例说明了什么？单向的非此即彼的思维，将继续受到贾米尔及和他一样熟练使用媒体的Y世代人的挑战。在交融的美丽新世界里，模式是双向流动的。夏兰泽对中国企业家的建议，只是部分正确。

第五章 中国有波波族吗？

美国经济学家凡勃伦（Thorstein Veblen）若生活在今天的中国都市，一定感到印象深刻，未料到如此众多的中国人无处不在地急于实践他的"金钱攀比"（pecuniary emulation）理论（Veblen1994），作家蒂莫·塞克斯顿（Timothy Sexton）称此为"攀比"。该现象从处于社会金字塔顶的人开始，他们的消费标准被社会阶层低于他们的人效仿。① 你的消费代表你的身份（You are what you consume），亦即消费是建立在区分阶层的基础之上：对于处于较低阶层的人来说，获取社会声望最快的方法，就是复制更高阶层人的生活方式。比如，路易·威登、普拉达、宝马和芬迪（Fendi），都视中国为急速增长的中心，因为它们短期投资"大连、沈阳、成都等二线城市"会很有回报，"这些二线城市的居民有一线城市的希求"（Stalnaker 2002，175）。我2002年8月结束在奥美的实习时，三线城市（南方县城）已进入营销视野，表明富裕县城的普通居民有很快追赶上二线城市的希求。抢椅子游戏正在发生，对一直或已经是更高层次的城市，较低层次的人充满渴望。我认为，这一切就是凡勃伦《有闲阶级论》（The Theory of the Leisure Class）一书清晰阐明的社会消费原理。

市场细分给攀比性花费提供了动力。第一、二章中，我着重阐述商业品牌塑造的"生产线"以及具体广告战役中分层建构的内涵，借此考察广告和营销原初的具体创造过程。现在，我们转向高端市场和它的利

---

① www.associatedcontent.com/article/56421/conspicuous_ consumption_ the_ crude _ oil.html.

基群体，探究营销与风格文化之间的相互构成关系。我们将看到营销研究如何在流行文化与消费文化这两大研究主题之间架起桥梁，这个桥梁常常被学术界忽视。

我将通过讨论波波族（bourgeois bohemians）和中国的其他新人类（neo-tribes）现象，考察中国市场细分原理。波波族既可被视为一种流行文化，也可看作一种营销现象，他们的存在表明，跨国流行文化研究，需要给营销一席之地。我着眼于人类学概念"部族"（tribe）进入新营销词汇"族"或"族群"的改变过程，以及该新词汇对旧的"亚文化"观念形成的挑战。本章的基本主题是，划分、命名产品目标群体，使得攀比成为可能。消费者借特定的社会文化群体或"部族"而得以识别。我们将看到，在消费阶梯更高一端发现的消费主义的"部族"原理，其实是从"新人类"概念发展出来的各种有趣词语交叉其中的想象空间。一项中国波波族和新新人类（the neo-neo-tribe）的调查，介绍了每个部族的真实和想象的基准。

的确，如果消费被看成依层递进的螺旋上升，那么，处于上层的人肯定不能悠然坐等下一层级的人的追赶。迎合高层次消费者的商人的工作，就在于不断进一步细化这一社会等级中的市场群体。这些利基群体不仅分离高端消费者与普通大众，而且分离彼此。

表面上，现在围绕都市中国流传的无数"部族"话语，似乎不过是针对新兴富裕阶层的新营销策略。但是，商人能否创造需求，这个上世纪60年代大众文化批评欲说服我们的问题，并不容易回答。在控制消费者思想方面，今天的文化生产者不如20世纪早期的文化生产者有信心（Ohmann 1996）。诚如第二章所述，随着社会越来越富裕，成功营销越发需要发掘消费者自身的偏好和愿望，然后回售给目标群体。比如，部族原理若未叩击社会特权阶层现存的忧虑，就不会有人购买。他们渴望不被热衷于效仿他们的大众消费者捕捉到。因此，那些高高位于社会阶梯之上的人，像波波族这样的新人类，与社会阶梯低层次的人一样，热衷差异化游戏。差异与仿效是消费主义同一枚硬币的两面,中国也不例外。

波波热

"这是一群受过良好教育的人,他们一脚踏在波西米亚人的创新世界,一脚站在布尔乔亚人的抱负与世俗成功的领地。新信息时代的精英成员,是中产的波希米亚人。或者,我们取这两个单词的首字母,称波波族(Bobos)"(Brooks 确 2000, 10—11)。大卫·布鲁克斯(David Brooks)的《天堂里的布波族:一个社会新阶层的崛起》(*Bobos in Paradise: The New Upper Class and How They Got There*),是一本幽默的社会学著作,论述知识经济时代美国新精英阶层的崛起和文化影响。上世纪60年代反传统的轻松的婚礼仪式,以及80年代追求超预期成就的狂热,引发中国的波波崇拜。2002年9月,此书中文翻译版进入主要城市,旋即成为畅销书。一年前流行的"小资"一词,一夜间过时。"都是波波族了,我们还等什么?"成为流行宣言。2002年底,波波族一词成为不带半点讽刺的中国典范。

新造汉语词波波,意在与英文发音更为接近。但也有许多人使用最初的本土版本——布波,汉语"布尔乔亚"和"波西米亚"二词首字的组合。该词在2002年十大网络语中位居第三,紧随"与时俱进"和"三个代表"(Mooney 2003)。①

南京东南大学附近有家小咖啡馆就叫波波咖啡馆,此例充分说明,

---

① 政治宣传语"三个代表"为前中共中央总书记和前国家主席江泽民所创。他在2000年的一系列演讲中提出"三个代表"理论:中国共产党必须始终代表中国先进生产力的发展要求,代表中国先进文化的前进方向,代表中国最广大人民的根本利益。2001年7月1日,他在中国共产党建党80周年纪念大会上传达了同样信息,吸引了中国观察家的注意,因为他同时鼓励企业家和其他商业精英入党。

二线城市充满了一线城市的渴望。至少有一家网站西祠胡同（www.xici.net）曾张贴过一个波波网页，就波波族的行为举止、哪里能找到他们以及怎样成为波波族之类，提供建议。上网者回答一些多项选择题（比如"你满意自己的生活吗？"、"你觉得意大利时装如何？"等）之后，可测评出自己的波波潜力（《中国波波族：当代被发现的都市部落》2002）。商人张路之在中心城市广州开了一家DIY@ BOBO吧，为该新族群提供一个家的平台。北京还曾有个为期不长的波波俱乐部，赞助风水及其他与"灵性"有关的主题演讲。例子很多很多，不胜枚举。波波营销热出现于一、二及三线城市，新闻和网络上对此展开有趣争论。

广告文案开始利用波波热：

阿尔卡特OT715：

听说过"布波族"吗？这个时尚的名字代表了都市中优秀杰出的群体，他们追求自由，挑战自我，实现心灵的满足，创造属于自己的生活真谛。作为其中的一员，对生活中的一切都要求颇高，不但要有品位和质量，更要有个性和自由。因此，为了找到一款符合心中理想的手机寻寻觅觅。直到最近，阿尔卡特即将上市的OT715 GPRS手机闯入我们的视野。……它取材于七十年代复古高贵典雅的风格、揉合了二十一世纪的劲酷时尚品位。（《布波族的新宠儿：阿尔卡特OT715》2002）

联想昭阳笔记本电脑E100：

有教养的人是不会和张三李四去争第一的，波波们当然是有教养的人。所以，他的笔记本要表现出简约的风格。波波族爱死了那些深色穿着的乡下人，历经风霜的渔夫，穷乡僻壤的工匠和跳土风舞唱民俗歌的矮胖艺人。在波波们看来，这些"单纯"的土著看起来宁静而安详，他们虽然贫穷，但是过着富足的生活……与这些理念相适应的是，E100 的外观追求单纯但又不失靓丽，上下表面的深蓝色尽显单纯，而键盘和 LCD 的银灰色又透显时尚，本身矛盾的色彩，通过大胆的搭配又让波波族顿感生活的多彩浪漫。(《移动波波族，联想昭阳 E100 炫出新精英理念》2003)

长城盛世 2 号：深圳盛世 2 号是新型综合性"主题"公寓楼，由深圳最老的地产企业之一长城承建，其 2003 年春季发动重要的促销活动，目标指向形形色色的新人类如读图族、小资族、波波族、国际自由族人(IF)①。长城印制了一本不同于普通地产小册子的文化宣言白皮书，介绍多种多样、为每一族群顾客设计的公寓蓝图。半文学性语句编入 30 种不同户型的介绍之中，比如：

> 如果生活那么好玩，别的还有什么重要的？
> 生活就像一场预约的午场电影，无论悲喜，都值得期待。
> 空间狭小，难免大打折扣；
> 大而不当，未必是一种美。
> 智慧空间，才是完美所在。
> (《长城地产首次以大手笔见证"国际深圳"》2003)

欲诱导目标消费者体味"文化"与"建筑"之间的协同，进而欣赏盛世 2 号背后的深层基础设施之下蕴含的文化（无论它意味着什么）。

---

① 读图一族很少读书，而是沉溺视觉阅读，意指他们每天解读电影、电视及互联网上的影像。他们的世界由图示和视觉主导。国际自由族指会说不止一国外语、有闲有钱经常跨国旅行、充当具有双重文化型甚至国际性时尚感文化大使的富裕的中国人，这也是该族群的创始人、世界知名英语和个人培训专家刘克亚提出的国际自由族成员的三个先决条件。见《IF 来了，千万不要再提波波》，www.sqdaily.com/20030114/ca24225.htm。2003 年 1 月 14 日登陆。

波波（BOBO）国际，湖南省长沙市：

　　在 BOBO 国际，你有完美的视角看山，听这温柔的湘江拍岸。想吃快餐，打开电炉，几分钟内，你就可以就着简单的开胃小菜，与深爱的人一起在月光下畅饮。（"BOBO 国际"2003）

无论产品种类还是文案，"波波"一词及其对它的描述只传递出一个讯息，那就是优质。你若在这个广告文案中发现有看似玩笑的幽默，注意，中国的营销计划里是没有讽刺的。中国的波波主义完全没有任何布鲁克斯的讽刺意味。在非目标群体（比如文化理论家）看来是非常拙劣的模仿的文字，却引发正在寻找生活方式突破的中国酷爱时尚一族的深刻共鸣。这类波波广告活动，包括下面我们要探讨的这一个，很多已表现到极致。

广州方案：网上寻找潜在波波族

　　要讨论的这家企业，姑且称其为 S 地产，位于广州，确定波波族为目标客户。为减少广告支出，公司运用网络进行促销，设计了一套精细的传播计划。为识别目标群体并吸引消费者注意，几大在线活动同时发起：寻找广州波波族；开展"广州最酷十大波波族"评选；在门户网站上开设 21 世纪新模式《波波族与诗意生活》专栏；虚拟一住 S 公寓的波波族为角色，在门户网站进行《爱在诗意的翅膀上飞翔——一个波波族的生活自白》的故事连载；建立 Flash 动漫网站，为"波波族的幸福生活"和 S 公寓的品牌精髓（幸福生活 = 自由 + 财富 + 觉察力）作广告。

　　该传播计划的最大影响，从网上寻找波波族的调查问卷之中，可以估量出：

　　1. 你买冰箱时，取决的条件是够酷而不仅仅是能够冷冻吗？

2. 你在那种许多人都穿戴着登山鞋和滑雪眼镜,或者经常有人标新立异地穿着奇怪的服饰来上班的时髦公司工作吗?

3. 你会忽然有一天放弃掉目前的工作,跑到一个边远的地方自由自在待上一个月吗?

4. 你是否觉得就算一辈子独身也不是件什么大不了的事情?

5. 你是个无神论者,但忽然有一天遇见一个你所爱的人,你又觉得这完全是神的恩旨?

6. 你是否会觉得如果居住的空间体会不到生活的诗意是一件让人忍无可忍的事情?

7. 你是否觉得住在千篇一律毫无特色的住宅里是一种精神折磨?(林景新 2003)

十(原文如此——译注)大问题之后还配有说明,你若符合以上一项或多项条件,请即与 S 企业联系。你是潜在波波族,获鼓励奖,包括惊喜之礼和 S 公寓免费一日游。而且,请注意,若有意参加竞选"广州最酷十大波波族"(第二项活动),你只需参加散文创作大赛,提交最有诗意、最有个性的生活体验。相关人士进行评定,入选者将被授波波爵士称号。

论争:打破波波族的幻想

当然,不是人人都会追随潮流购买,或者轻信夸大的营销伎俩。最初的鼓吹稍退之后,北京的权威生活杂志《三联生活周刊》敏锐指出,中国没有波波族。但也有人,比如《经济观察报》生活方式版编辑叶滢,不愿低估波波生活方式对城市青年的吸引力(叶滢 2003),她预言,其热度很可能继续蔓延。我要补充的是,尤其是在有大批暴发户的地方。此观察并不离谱,尤其是在后江泽民时代不断变化的社会环境里。波波的原创精神——相对于没有灵魂的物质主义的富裕阶层——已经触及中国正在崛起的社会精英的要害。

在社会主义国家,对富裕的社会价值判断从不稳定。2003 和 2004 年,有"富人"头衔,似乎好坏参半。更为严密的监督似乎只是富人忍受的一个小小不便。让人更深感压力的,是当上暴发户的喜悦被社会内疚感吞噬。新一代党的领导人强调的政治正确的口号"社会公正",至少在理论上抑制盲目的物质中心主义的社会风气。媒体注意力全集中在三农问题(农民、农村和农业)上。① 国家主席胡锦涛将"扶贫"和"社会良知"提到国家议程之首。2004 年头几个月,温家宝总理高调宣称要帮助农民工追讨拖欠工资。其结果之一,就是激烈反对新富以及他们肆无忌惮的行为。保罗·慕尼(Paul Mooney)在《新闻周刊》(Newsweek)上的报告引用了一位北京作家的话,"人们看不起暴发户,因此中国人渴望加入波希米亚阵营"(Mooney 2003)。可以举出很多物质中心主义一发不可收导致付出社会代价的例子。2003 年,一宗二级谋杀案的审判涉及一有钱女开宝马撞倒一农民,该案轰动媒体。2004 年,云南大学一出生贫穷农民家庭的学生马加爵杀死四位室友,引发又一轮社会批评。这次,整个崇尚物质利益的社会遭受谴责,谴责它对深陷贫困备受煎熬的学生漠视,致使他疯狂失常。"财富"尽管没有成为富人的污点,正如"贫穷"没有成为穷人的污点,但中国人的舆论审判,已经宣告富人有罪,表明集体情感认同,已从新富转向新、旧穷人。因此,波波现象给中国新精英提供了一次调和物质主义与精神、精英地位与平

---

① 三农首次由温铁军作为政策口号提出,温铁军是农业经济学家和中国人民大学农业与农村发展学院院长。三是三个,农指"农村"、"农业"和"农民"。温在让中国政府意识到三农问题是首要问题后不久,于 2003 年 7 月在河北省建立晏阳初乡村建设学院,学院遵循晏阳初"解放而非救济"模式,坚持晏阳初通过农村社区发展进行普及教育和农村再造的思想。温铁军和一批志愿者及学院学生在农民工中培训和培育农民工精英,以期将他们送回自己的村庄后,提高自治和农村合作。

等主义理想的机会。

有趣的是,这股热潮也引起社会评论家的共鸣。它重又唤起一个一直存在的问题,那就是,中国的"布尔乔亚"有多大规模?① 中国从没有波西米亚,是不是就理所当然地认为布尔乔亚的状态也是如此呢?《三联生活周刊》提出这些问题,其答案是,"中国也许还没有真正的波波族,因为中国中产阶级还没有形成"(苗炜、陆晓逊等2002)。编辑们继续以讽刺的口吻,说中国人真正追求的是布尔乔亚,而自居波西米亚则是可有可无的伴装。S房地产广告证明了这一观点。波波概念在中国流传如此之好,或许就因为它瞄准了中国既缺乏波西米亚又缺乏布尔乔亚。消费这部伟大书籍中的第一号法则,即言之稀缺,是保证其销路迅速增长的最快方法。

寻找"中产阶级"

布尔乔亚问题如预期的那样,将波波族的讨论,提升到只有严肃的社会学研究才能参与的水平。但是,由讨论生活方式转向讨论社会学,这样的转型尚未发生。《三联生活周刊》提出的问题文化评论家也未回答。至2004年春季,对于此问题,并没有多少后续的讨论进入公共舞台。一个可能的原因是,公众注意力从"中产阶级"问题,转向繁荣的

---

① 美国语境下的"布尔乔亚"一词略高于"中产阶层",此二词在中国语境下可以互换。而且,中国"中产阶层"的生活条件和收入比大多数中国人好很多,大多数中国人仅处小康水平(见下一条注释)。因此,中国语境中的社会分层大致包含顶部的新贵暴发户、中间层的"中产阶层"、较低阶层的工厂工人和底层的农民。从这一语境来看,成为中国中产阶层,表明此人比较富裕,而此微差之意,美国人概念上的中产阶层是没有的。美国人还有"上层中产阶级"一说,但中国没有。有关中国和欧洲在认识中产阶层上的差别,以及中国中产阶层内的分层的精彩研究,请见古德曼(Goodman 2008)。

新基准,也就是小康(低于中产)。① 尽管推动中产阶级话语对中国南方利益更大,但北方和中国其余地区已依小康作为政策概念,它注定与不甚富裕的人口更为相关。

然而,中产阶级问题需要注意,不只因为它常在意识形态的洗牌之中被丢失。如前所述,中国的波波主义,只是发起者认定的波波主义,阶层与品味分离,最终发展成了一种社会想象,与波波族这一真实社会阶层不符。与此相反,大卫·布鲁克斯的美国波波主义,是明白无误的社会等级现象、基本的阶层建构。"中国波波族"是误称吗?有关中国中产阶层的数据,为揭穿波波族现象的评论家提供了许多材料。他们认为,中国波波主义的未来,首先取决于是否有布尔乔亚基础。由此看来,布尔乔亚状况对波波主义在中国扎根甚为关键,尤其值得关注。

李春玲的研究报告《2004:中国社会形势分析与预测》,提供了中国中产阶层的统计数据(李春玲 2004)。概述起来,现代社会学评估一个人是否属于中产,有四个标准:职业地位、收入、生活消费模式和主观认同。这次研究的数据由中国社会科学院"当代中国社会结构变迁研究"课题组收集。2001 年 11 至 12 月间,他们调查了 12 个省及直辖市、73 个区县的 16—70 岁的人口,最终,获取 6193 个有效样本。

第一,被调查者中 15.9% 归类为职业中产。五种职业归为"白领"职业:党政官员、企业经理人员、私营企业主、专业技术人员和办公室

---

① "小康社会"是前国家主席江泽民在 2002 年 11 月北京召开的中国共产党第 16 次全国代表大会上使用的政治口号。他说,到 2020 年,中国人民将全面享受小康生活。那时,人均 GDP 将达约 3000 美元。中华人民共和国内的普遍共识是,达到小康社会目标的根本性关键,是解决"三农"问题。社会学家陆学艺详细阐述的小康社会主义意义如下:它显示(1)比起重视 GDP 和纯粹的经济增长,政府将更重视社会公正和社会福利;(2)政府将更关注社会指标,胜过"繁荣社会"的经济指标。全面小康的社会指标包括第三产业就业人员比重、食品和电力消费水平、每千人口中医生的数量、每户居民拥有的住房,等等。陆学艺认为全面小康要求农业劳动力不能超过 15%,农村人口不能超过 50%,大学人数不应低于适龄人数的 20%。见王秀、夏金彪(2002)。

工作人员。

第二，24.6%视为收入中产。对所有被调查地区，没有标准的平均值。不同地方，收入差距很大，城镇个人平均月收入是农村个人平均月收入的2.5倍；发达地区的城镇个人平均月收入是欠发达地区农村个人平均月收入的5.4倍。如果用全国收入指数作为社会分类标准，就会产生一些奇怪的结果：住在大都市、经济条件差的人可能被划归"高收入群体"，而欠发达地区相对富裕的人被划归低收入群体。因此，有必要以地区而不是以全国为基础，重新计算平均值。调查区域分为六类：发达城镇地区、较发达城镇地区、欠发达城镇地区、发达农村地区、较发达农村地区、欠发达农村地区。研究组按地区得出个人平均月收入。每一类地区样本中，个人月收入在平均值以上的人，归类为中产阶层，平均值以下收入者为非中产。

第三，35%的被调查者是消费、生活方式中产。普遍通用的"中产生活方式"标准，和收入指数一样很难界定，何况中国还是个文化多样的国度，标准就更难一致了。李春玲和她的研究团队认为，除了大都市一些中、青年人外，"所谓的中产阶层文化在中国尚未形成"。因为尚无文化消费的具体标准，研究人员开发了一套精心制作的分数系统，测量每个家庭消费中档和奢侈品的能力。"中产生活方式物品"分成四类：必需电器（如彩电、冰箱和洗衣机）；中等消费物品（如电话、手机、CD播放机、微波炉和空调）；奢侈品（如电脑、摄像机、钢琴和摩托车）；有汽车。前两类每项1分；第三类每项4分；有汽车的家庭得12分。校准和比较每个家庭得到的总分之后，得出"消费中产"。但是，35%的人不承认中国城市与农村（分别为50.2%和25.1%）之间、代与代之间（21至30岁的年轻人为41.8%，更年长一代为24.1%）消费模式有巨大差距。

最后一个标准"主观认同"得到的百分比最大。46.8%的被调查者认同自己为中产阶层成员。在这一项中，性别差异最小，受教育程度无关紧要。与72.9%的大学学历者主观认同自己中产的比率相比，40.8%的小学学历者认同自己属中产阶层。从未上过学的人中，约31.3%的人认为自己中产。

这些数据相当可靠。然而，若将这四个标准综合起来，获得一个中产阶层的综合指数，那么，中国布尔乔亚的人数比例就会跌至4.1—6.0%。即便大城市，百分比也会低达8.7—12%。也就是说，既是白领、收入中等、消费水平中等，同时又主观认同自己中产的中国人，比例很小。

2005年1月，国家统计局（使用不同于中国社科院2001年采用的标准）透露的官方的"中产阶层"数据结果，引起争议。统计局确定三口之家的中产阶层家庭，年收入不低于6万元人民币（约7300美元）（于津津2005）。依照这一标准，到2005年为止，中国城市仅有5.04%的中产阶层家庭，比2001年中国社科院报告显示的24.6%的收入中产，低了近5倍。尽管统计局预计，到2020年，该数据将升至45%，但中国社科院与统计局数据之间的巨大差异，即刻成为争论话题。乐观者比如中国社科院社会学所原所长陆学艺，主张运用比较宽松的标准（张黎明2005）。陆认为中国布尔乔亚的基准不是收入而是职业。他举例说，"一个月收入3000元的白领是中产阶层，但月收入5000元的出租车司机却不是"（同上）。

统计局的暗淡描述，引发了一些有趣的网络调查。雅虎中国实施的一项调查，吸引了11万网民参与，为中国中产阶层中的最富裕者（约占该阶层的三分之一）描绘了一幅快乐的拼合图景。他们的生活方式什么样？开标致307或奥迪A42.4，月收入1200美元，住"多伦多森林"那样的豪华公寓，用索尼笔记本电脑办公，享受五星级酒店服务，去巴黎和东非度假（Yahoo 2005）。然而，雅虎的乐观结果，其实只吻合中国的"金领"，而不是白领。

阶级还是品味：信念飞跃

或许，我们要仔细思考的，不是"中国波波族在哪儿?"，而是"中国布尔乔亚在哪儿?"类似美国雅皮士—嬉皮士（痴迷低调生活）那样一个有经济实力的真正的社会等级在中国出现，为时还远。而与此同时，以波波的名义将波波族作为一种城市想象和营销，似乎已经奏效。这一现象是中国式自相矛盾。似乎什么也阻挡不了中国人沉溺社会想象，它煽起国人跻身全球、世界文化的梦想。

波波热表现出一种症状，我称之为"品味与'阶级'分离的信念飞跃"。中国的文化掮客将波波主义作为一种生活方式时尚而不是阶级文化产品，在中国进行出售。中国即便没有波波族，只要高档消费者的生活方式波波，其他还有什么重要？商人才不关心呢。但有趣的是，中国的社评论家们未注意《天堂里的布波族》一书的真正要旨：波波作为一个独立阶级在美国的历史性崛起。尽管大卫·布鲁克斯认为波波族的精英文化以模糊阶级差别而发展，因而马克思的"阶级冲突"论在此无效，但仔细阅读其著，会发现他提供了一个新美国中上阶层、阶级建立的详细的社会学剖面图，用他的话说，是界定了"体面的见识和品味的参数"（Brooks 2000，41—46）。

中国的波波热，可看作分离波波阶级与波波品味的社会对话或话语。思想上能如此飞跃的记者们大量撰文，描写那些渴望外国高档品牌能带来社会地位的中国女性对"生活方式的选择"。比如，她们或许会省吃俭用几个月，购买一整套香奈儿化妆品，即便她们绝对买不起一件香奈儿晚礼服（叶滢 2003）。石涛在他给保罗·福塞尔（Paul Fussell）的著作《格调》（*Class*）的中文版所写的序言中说："正是人的生活品味和格调决定了人们所属的社会阶层，而这些品味格调只能从人的日常生活中表现出来。"① （石涛 1998a，b；Fussell 1992）或许，品味是达到更高社会阶层和社会地位的最快捷径。皮埃尔·布尔迪厄（Pierre Bourdieu）说，品味是阶级决定的建构（Bourdieu 1984），但石涛及具类似想法的中国波波推动者们宣称的则正好相反：成为贵族不必行为上是贵族，回避福塞尔和布鲁克斯著述中均蕴含的讽刺。②

《天堂里的布波族》及同类有关生活方式选择的图书的流行，表明 21 世纪中国流行的一种文化症状。中国城市现在正充塞各色西方后富裕（post-affluent）社会常出现的社会潮流，在这些社会，奢侈不是拥有和显富，而是方式和享受。少即多（less becomes more）。但是，中国的利基消费者尚未足够地"高调生活"③——面子消费，什么时候才能坦然

---

① 福塞尔的《格调》中译本于 1998 年在中国出版，2002 年波波热到达中国时销售仍然强劲。许多人视其为《天堂里的布波族》姊妹篇。和后者一样，《格调》一书被中国文化倡导者变成促进信念飞跃的工具：中国人若学会有品味有格调地穿、吃、喝和消费，便登上了上等社会。

② 石涛为福塞尔《格调》的中文译者，他略去了书中所有对布尔乔亚及他们的品味的讽刺，在翻译序言中诚挚地倡导布尔乔亚及其品味。他序言中解释品味决定阶层的原理："正是人的生活品味和格调决定了人们所属的社会阶层，而这些品味格调只能从人的日常生活中表现出来。品味是决定一个人的社会阶层的更标准、更有效的方法。品味和格调某种程度上可以被培育和通过自身努力获得……通过自我培养和提高个人品味，一个不富有的人也能达到更高的社会地位"（石 1998a）。那么，我们应该遵循哪种品味呢？石涛引罗兰·巴特（Roland Barthes）作为榜样。"巴特谈自己希望的理想生活时说，'有点钱，不要太多；有点权力，也不要太多；但要有大量的闲暇。'巴特要闲暇干什么呢？读书，写作，和朋友们交往，喝酒（当然是葡萄酒），听音乐，旅行等等。简言之，过有品味的生活。"（同上）为维护"品味"，石将批评他的批评家们标为"边缘化的社会群体"，根本不理解"在一个多元化的社会，人们有权选择自己的价值取向"。他继续宣称，"劳苦大众"有权过有品味的生活，"有品味地生活着""不再是富人的权利。"（同上）石涛进而反问他的攻击者："为什么如此变化（社会分层）在有些人看来几乎不能容忍？为什么给人们提示阶层定位和理解自己生活方式的书被视为'误导'？"

③ 高调生活（one-upsmanship）指为了面子的炫耀消费。拥有并公开炫耀奢侈品，是高调的核心。而低调生活（one-downsmanship）是美国波波族文化消费的重大里程碑，不太在乎物品的拥有，更在意的是联系世界、完善自我、表达自我，此为新世纪一种更为自然的消费观念。

低调呢？品味、自由选择生活方式及低调生活这类问题，已开始困扰这个 2004 年才只有 4.1—6% 的中产阶层的国家。在财富累积起来并慢慢流入大众之前，热衷于品味的人和想成为波波族的人便在担忧富裕。随着时尚追逐者与社会批评家之间的继续论战，后富裕城市想象与社会现实之间的差距继续加大。这一景象，或许非常吸引西方时尚观察者，但对大多数中国人来说，社会阶层之间是在冲突而不是在模糊，围绕他们的城市想象，似乎旋转失控。但是，什么时候中国不再热衷攀比游戏？与此同时，波波热已成明日黄花，为其他更炫的新人类所超越。

作为细分市场的波波族

从很多方面而言，中国城市是在进行无休止的时尚比赛，试图超越不断升级的各种转向。角儿们你方唱罢我登场，可市场商人却始终在场。波波热不仅是一种流行文化现象，也是一种营销现象，对这股热潮的一些敏锐观察，来自商人。2003 年 4 月，《成功营销》商业杂志赞助，18 位商人聚集北京后现代城召开头脑风暴会议，议程为，波波热给中国商人提供了什么样的商机？

举办波波族营销专题研讨会，没有比北京后现代城再好的场所了，它距热门房产 SOHO 现代城约四分之一英里，建立在"后街"生活方式的新城市神话之上。① 人们已拥有或已承诺的一切，均被归入"前街"生活方式——过时、同质、拘束和孤立。"后街"允诺的快乐，不像与陈腐的中产阶层品味大相径庭的反主流生活那么多。后现代城的目标消

---

① 汉语"后"字含义很多。除表时间上的之后外，还可表位置上的之后。因此，该名字面显示它的地理位置——SOHO 现代城正背后。它的平面广告、户外广告，包含当代中国最有创意的一些文案，极好地凸显了作为第二的定位策略。一则后现代城的户外广告牌上写着："现代没什么不好，在后现代出现之前。"很机智地攻击了一下 SOHO 现代城。见胡瑾、鄂博（2003），第 26 页。

费者恰好是波波族。在后现代城里，一切都削减至波波财政秘籍第四条规则："你绝不能有太多的特征"（Brooks 2000, 92）。无装饰的凸凹不平的砖墙、用不规则木板拼合的木地板、裸露的地面——后现代城流露出看似漫不经心实则精心设计的波波精神。

波波研讨会

波波专题研讨会上提出了若干问题：中国到底有多少波波？这样的一个少数人群体能支撑一条生产线吗？族群被划分。但无论有多少波波，商人们一致强烈赞同，有必要利用此潮流赚钱。人们不必相信真的存在那种信念的飞跃就可以用这个概念盈利。下面是与会者的一些评论：

"布波族是更有个性、更有购买力的一族。"

"布波族都是有梦的人，他们最容易'上当'，也就是说会轻易地被'概念和故事'所打动。"

"向布波们卖精神。"

"中国社会将出现越来越多的富裕阶层，虽然可能不能明确定义这个人是否是'布波族'，但他一定具备'布波'的特征——讲究创意，追求精神。"

"商业机会来源于我们是否能为这些人提供高精神附加值的产品。比如，酒吧和饭店，关键在于你提供什么样的氛围和服务。"

"社会发展到现在，已经有了一个趋势，商业行为必须要和文化概念相结合。只有站在文化的高度、精神层次的高度上去竞争，你的产品和服务才会卓尔不群。"

"波波注重体验也敢于冒险，但绝不反社会、反潮流，他们的主流价值观与社会核心价值观是吻合的，这是他们得以成功和持续

发展的根本……我们不要把他们与流行、叛逆、暴发户连在一起。他们从不叛逆。"(《布波族商机大攻略之论坛与点评》2003)

丁克族及其他新人类

最后一段引文,对波波族的无意识(至少在中国)的中肯评价,尤具启发性。但是,了解谁属波波族是一回事,刺激他们花钱又是一回事了。他们需要购买的理由。论坛上的商人们认为,诸如波波们的需求是什么、如何俘获他们,这些难以回答的问题,其实答案很简单。给他们贴上"身份"(ID)标签。向他们出售独特个性。研讨会称此欲望,是 X 和 Y 世代向世界表达"我是谁!"的强烈需求。(刘蔚、王伟群等,2003)

波波族不是渴望自我验证的唯一群体。一族群尚未进入聚光灯下,便被其他新兴族群抢去风头,各领风骚时间之短,令人吃惊。其他消费者社会也有新人类,但中国的狂热程度,超过所有,导致诸如《IF 来了,千万不要再提波波!》之类的标题出现。与此同时,国际自由族与丁克族(DINKs,指双职工,无孩子)争相引人注目。① 小小舞台变得越来越拥挤。

新世纪开始后,细分顾客群成为流行。中国商人声称,他们不过是遵循差异化的社会需求。对于波波热,他们根本追随不上。一些与会者坦言缜密细分的必要性。营销遵循 20/80 原则,即社会 80% 的购买力集中在 20% 的消费精英身上。反讽的是,高收入者越来越不关心消费。老的人口统计指标比如"年龄"和"收入",不再是利基市场强大的身份标志。优质消费者需要有诱人的文化身份,将自己区分于其他精英同伴。由此,追求精准定位的营销热潮,一个接着一个地制造出大量部族标签。

---

① 丁克族是房地产市场的重要目标消费者。

米歇尔·马费索利和部落范式

中国内地或许走上极端,但"新部落"热是传自中国台湾、香港和日本的外来现象。中国内地正在发生的一切,或许只是比一般消费社会夸张一点的翻版。消费主义与新部落理论和现实之间的关系,是我们讨论的下一个主题。

法国社会学家米歇尔·马费索利(Michel Maffesoli)说过,当代消费者生活在一个风格文化激增的"部落时代"。部落倚品牌名称及角色扮演幻想构建。核心特征、主观性、自治甚至亚文化等旧有形式都不能诠释新形式的"社会性"。马费索利将"社会的"(social)与"社会性"(sociality)区分开来,前者指"有确切身份的个体的合理联盟",后者是非常不稳定的空间,很多暂时的部落圈在此交叉,其意义重在当下。

马费索利既迷恋又厌恶这种表现自我的反复多变的本能,正是它驱动着今天的消费文化。有时,他抱怨青年文化的"因循守旧",显示出对"个人主义"这一老概念的怀念,他视其稳定而独特:"我们看到的,是个人主义观念的消失,正让位于没有什么特性的大众。"马费索利(1996,76)说,"社会如戏剧一般丰富的真实,而社会性对此的应答令人悲哀的肤浅,"辜负了"惯有的"思考。但是,尽管略有改动,马费索利始终忠实于韦伯(Weberian)精神,认为"从社会学观点来看,身份只是流动、相对的社会地位。"(同上,65)他描述道,新部落主义文化之所在,就是"每天确认的"一个不断变化、流动的巨量网络群。(同上,97)。

诚如马费索利暗示的,此现象派生这样的对应现象:新部落的群体团结度(group solidarity),取决于他们偶尔的聚集(和分散),也变得与他们偶尔的聚集(和分散)一样脆弱。因此,关于团结(solidarity),

他提出新的问题：在媒体融合的新时代，人类的伙伴关系会发生什么变化？特别是，当相互作用同时发生于不同媒体时，这种密切关系会怎样有区别地被记录、感受和阐述？对于所有遨游在持续增长的网址链接仙境之中、一边听iPod一边打网络游戏的爱丽丝们，寻找到回家的路是最无趣的选择了。旅程在继续。我们将看到，马费索利《部落时代》(*The Time of the Tribes*) 梳理的部落范式中的技术，是现时的新兴部落——新新人类赖以生存的基础。

但是，马费索利提供的只是一个理论架构，不是现实生活中的例子。下面我们将考察正活跃中的社会新部落。波波及其他部落在中国瞬间兴起，对于就部落问题总体上作更为宽泛的深入探讨，具有启发意义。

"后亚文化时代"？

讨论马费索利，若不提他的理论对更早期的社会性范式，尤其是对迪克·赫伯迪格（Dick Hebdige）的"亚文化"概念的冲击，讨论将不完整。迪克·赫伯迪格的"亚文化"概念认为，英国工人阶级青年文化（光头仔和垮掉的一代，朋克摇滚乐队和舞者）激进成员，通过风格，在对审美习俗、社会习俗作间接挑战。① 应该说，只有在反对比之更早的亚文化范式前提下，部落范式才有意义。赫伯迪格的朋克团体允诺群体团结一致、致力于进行反对神圣物的颠覆性活动，"对法律和秩序构

---

① 赫伯迪格的亚文化范式采用的是伯明翰当代文化研究中心的批评传统。伯明翰学派批评家比如赫伯迪格、理查德·霍加特（Richard Hoggart，该中心的首任主任），不像法兰克福学派那样断然否定大众文化，他们认真对待媒体和流行文化主题，从中发现抵制现状的真实可能性。他们对大众文化的颂扬姿态，招致法兰克福学派虔诚的追随者的反驳。伯明翰当代文化研究中心在文化研究方法论上卓有贡献，因为，中心的理论家们探索出一种文化研究的跨学科方法，包括多种理论范式比如结构主义、马克思主义、女性主义、批判性种族研究，及更多诸如社会学和人种志学的传统方法。

成最为显著的威胁"(Hebdige 1979,110)。而马费索利的新部落不参于抵制当时的权力结构。他的典型范例——时下的青少年,只追寻潮流,不抵抗现状。"亚文化"理论是简单的、判定庞大的主流文化与有意识的政治抵抗的亚文化之间之对抗的二元理论,而在今天以知识为基础的信息社会,赫伯迪格时代区分文化与经济、激进主义和消费主义的旧边界已经模糊,我们或许会质询,其理论是否仍然有效。①

2001年5月举行的维也纳"后亚文化时代"论坛,或许是重新概念化赫伯迪格的旧范式最为深入的一次努力。很多欧洲青年文化研究者均对考察舞蹈和音乐风格文化有极大兴趣,据说,一个新领域由此诞生。大多数与会者同意,上世纪七八十年代的"亚文化英雄主义"已经终结(Weinzierl and Muggleton 2003,6—9)。但是,启用替代模型比如马费索利模式必须配有解释——他的理论过于轻易地排除了"政治"。如果新部落"最适宜的策略",是"尝试一系列生活方式,采取任何最适合当前情势的一种",他们不羁的活力便显得毫无目的(Clarke,Doel et al. 2003,137)。部落形成的时间越来越短,行动起来,对它进行重新定义,是鼓吹"后亚文化"时代到来的重要文献需下工夫完成的中心任务之一。

由亚文化范式向新部落范式转变的现象,在中国都市也有所呈现。

---

① 同样,马费索利的新部落理论也让我们重新评价布尔迪厄关于"习性"的社会理论。"习性的组合、分类的基本形式,这两者的特定功效应归功于一种事实,它们在意识和语言之下、超出内省审查所或意志控制发挥作用"(Bourdieu 1984,466)。"因此,生活方式是习性的系统产物……一家特定代理商的所有实践和产品在它们自身之内被客观地协调,没有任何故意追求一致性和客观协调,没有任何意识要与同一阶层的所有成员集中"(同上,172—173)。布尔迪厄认为,如果相信每个阶级有自己的特定习性,而且我们的习惯因此被无意识地区隔和激发,那么一个人不可能毫不费力地从一种规则转换到下一个,及全盘抛弃地交换身份标签。换句话说,生活方式绝不是简单地自由选择之事,而是习性界限。我们能调和布尔迪厄的结构主义动力与马费索利的断言"社会性在结构上具有欺骗性,且不可知"(Maffesoli,1996,5)吗?

熟悉夜总会和音乐圈的人，对新品味文化的疯狂部落化，都会印象深刻。中国摇滚之父崔健的时代已经过去。承载忧虑的中国亚文化亦是如此。分别至少代言一个重要商品的歌手周杰伦、王菲和朴树是当今最红的流行偶像。他们反叛的姿态很时尚，但与反传统几乎毫无干系。中国年青一代人追求一种"安全酷"，这种用于社交聚会的机智，并不伴随着某种灵魂探索（soul-searching），而后者正是新欧洲后亚文化运动的倡导者追寻的，该运动热衷于将被狂欢气氛扭曲的青年文化重新政治化。

当然不能一上来就用欧洲模式分析目前中国正在兴起的一切，但却很难不作这种比较，那是因为，酷营销和全球品牌塑造，促成了"全球青年"（二十岁左右的国际化城市青年）这一目标群体的形成。它是跨国商人的最后梦想：受数字技术和国际营销激发，全球青年文化似乎正从大西洋朝太平洋和印度洋会聚。然而，文化全球化倡导者急切简单地将西方与世界其他地方画等号，是在误导。中国的"酷"音乐和"另类"青年与欧美同类青年绝非等同——这是我下一章要探讨的主题。但是，将"融合"概念用于东亚的同类研究，确有价值。就像星空传媒这样的有线电视台开始依地区层面对节目进行整合一样（J. Chan 1997），东亚青年文化现在也在汇聚出一个新的轰动性部落——新新人类。

新新人类：东亚环境

马费索利的理论，在按部落细分的市场已呈其形的东亚，得到证实。马费索利式部落，已裂分得更为微小，在中国内地、台湾、香港和日本，每半世代便有裂分。中国的新人类如波波族、丁克族和国际自由族被认为品味保守，也就不足为奇了，因为，作为已被确立的社会精英，他们在时尚前卫上不及新新人类——他们的继任、亚洲最热门的细分市场。该部落成员年龄二十左右，不分性别。他们共同的特点，是总带着高科技通讯工具，行为不羁，没波波族有钱，因此，主流消费主义不容易抓住他们。

马费索利提及"技术发展可增强部落归属感"（Maffesoli 1996, 139），此论当受赞誉。但是，1988 年他撰写理论时，几乎没有预见，技术自身以"新部落"也感陌生的特征创造了自己的部落。在中国，新新人类是互联网聊天室中成长起来的第一代人。在日本，这一类人则在分享充满活力的手机青年文化，此番潮流正开始席卷中国城市。

中文新新人类，是日语 shin shinjinrui 的音译，由中国香港和台湾引介进入内地，实非巧合。在台湾，该词几乎与"X 和 Y 世代"同义。博报堂展望部（Hakuhodo Foresight）主任鹫田雄一（Yuichi Washida）认为，这一世代在日本指第二次婴儿潮以后出生的一代，现在正好二十岁左右。博报堂展望部是母公司的研究部门，为客户开发预见"未来情景"的方法（Washida 2003）。① 鹫田尤其关注新新人类中的女性，昵称 kogals，她们化妆鲜艳、穿着时尚，家庭关系不密切，对友谊的投入胜过家庭。许多分析家认为，这种趋势的发展，是信息技术提高的结果。（Washida 2004）② 我将鹫田雄一的洞察作进一步推进，视 kogals 为我第三章讨论的"中心影响力人物"，视新新人类的普遍共性为一种遍及亚洲的中心文化现象。

中国的新新人类

新新人类用五颜六色的头发、面无表情的扮酷、塑料乃至金属

---

① 博报堂展望部的鹫田雄一可能是仔细研究新新人类这一世代人口的第一批商人之一。他详尽阐述的日本与台湾在使用新新人类这一词语时用法上的差异，非常有用。鹫田雄一认为，新新人类有两种含义："在台湾指 25 - 35 岁之间的一代，在日本指 25 岁以下的人。"该词在台湾几乎等同于"X 和 Y 世代"。在日本，"X 和 Y 世代有两种不同称呼，新人类（shin jnrei）和'第二次婴儿潮'一代。"许多人也称第二次婴儿潮一代为 dankai junior，因为他们是第一代婴儿潮那一代人的孩子。因此，新新人类在日本是一个相当新的词，指第二次婴儿潮以后出生的、二十出头的青少年。日本一著名电视节目最先使用该词，而后逐渐蔓延开来。

② 出自我与鹫田雄一 2004 年 1 月 6 日电子邮件进行的交流。

的服装来显示自己与他人的不同。他们了解潮流趋向。他们是浅薄、不安分的一族……对于他们，还有一个描摹的说法，你若看着像人，就不属新新人类。（Longyuan yuquan，发布在网上，未注明日期）

某杂志将他们分为四小类：网虫、CD鼠、酒吧客和汽车狼……但是，新新人类因为没有经济实力，只有一些人是汽车狼。（Longyuan yuquan，发布在网上，未注明日期）

新新人类很难阐释，我们迄今尚未搞清他们的密语、行为密码和生活哲学。新新人类不应只被看成特定历史时期的标志。更重要的，是它表明一种不确定的意识形态。在中国，该部落与传统主义的联系正在消失，他们的思想和生活观与国际标准迅速对接。出生于上世纪70年代后期〔他们其实出生于1989—2000年间——作者注〕的他们，远离传统，对历史的了解只是通过电影、小说和电视剧间接获得，文学感受力由日本漫画培育。这是一个由快餐文化喂养的一代，这代人正在长大。与前一代人相比，他们更独立、更任性、更自我中心。他们汲取各类事物的方式是"自己动手"（Do It Yourself）。他们的生活不容教导和说教。（Guoke 2003）

生活最重要的是有趣……扮酷是新新人类反抗平庸生活的艺术与智慧。生命中最重要的事情是好玩……酷，就是新新人类反抗平庸生命的艺术与智慧。（《新新人类的"酷"生活》2003）

很难描绘出新新人类的一个统一形象。很多现实生活中的新新人类（比如我在中国网络新闻中找到的小龙、妮娜），似乎比想象中的这类典型温驯得多（余瑞冬2002）。这是一个只关心"时尚"、"发型"、"电脑配件"和"关系"的世代（同上）。但是，这里的"时尚"所指的意义，与其对新人类所意味的完全不同，它显示的是一种态度，而不是绚丽的物质。

御宅族与 Kogal

作一快速对比,看看日本的新新人类是什么样子。

"御宅族"(Otaku)和 Kogal 这两类人并不是分别指男性和女性,尽管他们与性别的相关度很高。最初这类男性消费者有特别的特性……他们通常能很快找到新信息和(高科技)产品。也倾向于集中关注技术规格和质量,以满足个人深入而狭窄的愿望……这些人称"御宅族"的人,与朋友、家庭疏离,喜欢一个人打游戏、看漫画,不参加体育运动和社区活动……"御宅族"一词(后)逐渐扩展至包括酷爱研究技术者(亦称技术怪人)或书呆子……"御宅族"常常冲动购买最新面世的电子产品,但一旦发现产品不满意,便弃之一边。

相反,Kogal(字面意义为"很女孩的女性")多为精力充沛、充满活力的年轻女孩,喜欢购物、聊天和时尚。让人吃惊的是,她们善于发明新方法使用电子产品。与"御宅族"相反,Kogal 不冲动购买。一旦买了,便频繁使用。比如,Kogal 现在一般都一天 24 小时、一星期 7 天在使用手机。如此频繁的使用,让她们发现很多说明书上未介绍的使用手机的新奇方法。几年前,她们就自己输入音乐数据,将手机沉闷的嘟嘟响铃声,改成时尚流行歌曲,手机沉闷的默认屏保文件换成可爱图片,通过手机互发电子邮件,是她们生活的基本组成部分。她们喜欢自拍,我们据此可以确信,今天可拍照的手机的创意,当初一定是建立在她们的需求基础之上。(Washida 2005,27)

鹫田雄一对日本新新人类的描述,主要按性别分为御宅族和 Kogal,与不分性别的中国新新人类形成鲜明对比。不能按 Kogal 的社会网络和购物模式,将她们直接归类为"叛逆青年"。御宅族和中国新新人类的态度,哪个更让人联想想到赫伯迪格的亚文化范式或者马费索利的部落原理,这个问题我们的确可以争论,但叛逆问题是个烟幕弹。不管他们来自哪种文化,"好玩"和"做自己想做的"是解开新新人类之谜的关键。另一个切入点是技术。中国新新人类的经典形象,是"一个伏在电脑上的身影,像只大虾"。可是,随着无线娱乐让中国青少年能像日本年轻人一样为自己的手机而狂:与朋友一起坐在拥挤的广场用智能手机交换音乐文件;一边玩奇幻网络游戏一边疯狂互发信息,这个形象也势必迅速改变。

替代结论:Sammy 视角,香港风格

香港的生力清啤(San Miguel Light Beer)是总部在菲律宾的生力企业巨头的主打啤酒之一,它的广告攻势是考察部落文化的又一案例,这是一次关于"态度"的广告活动,其目标消费群是香港的新新人类。

如何定位一种由老化的旗舰品牌延伸而来的清啤,是香港奥美团队面临的难题。当研究人员涉足将生力清啤嵌入青年饮者的社会空间时,开始找到突破口。探究的问题是:他们易变的心里在想什么?(广州奥美 2002)从五个不同角度入手,将关于这些年轻人的以及他们自己的故事和对话,拼贴集合到一起,以揭示他们一贯的"态度"模式:

"他们的对话杂乱无序,没有主题,他们生活在一个天马行空的对话世界……说着说着就开始转换到其他事情。"(采访城市大学一位社会学讲师)

"最难的问题是'吃什么'……为想吃什么花我一整天时间。"(无意中听到)

"谁会给我打电话?谁现在没事干?给他打完电话,我给别的没事干的人打电话。"(无意中听到)[①]

[①] 此信息选自 2002 年夏北京奥美关于生力清啤攻势的 PPT 展示。

这个部落群体无精打采地寻求着即时的满意,但这是个连接很密切的群体。他们觉得家是"最没劲的地方",于是"投身于香港大都市,"热衷视觉和感官刺激,"任何恶作剧都看着好玩……但什么东西都可即刻抛弃"(Blair, Armstrong, Murphy 2003, 75—76)。他们迅速转入下一个"热点商品"。

这描述与中国其他都市的新新人类相似。他们比日本的新新人类更疯狂、更野性,但他们共享一样的 C 文化——卡通(cartoons)、电脑(computers)、漫画书(comic books)和任天堂游戏;言说和消费同样的视觉语言。依据实地观察,生力清啤的品牌个性很快形成。他凭直觉做事,他不在乎舆论,是个冲动而不理性的很鬼的家伙。"当心,我心有点野!"Sammy,一个新吉祥物诞生。

第一次在一系列为生力清啤做的平面广告中看到这个淘气鬼时,我觉得他是讨厌的爱恶作剧的家伙,男的,性别感特别明显。可这个不守规矩的少年卡通形象吸引男男女女的目标消费者。他是潜藏在香港新新人类心中和脑海中的"最为自然的动物",一个遏制不住的现象。他无处不在,Sammy 的私人瞬间在公共场所张贴。Sammy "病毒"在电视、户外广告牌和平面广告中被公开投放。① 他突然出现在商店、公共厕所、酒吧和饭店、街上、地铁站,像纹身和贴纸一样,在任何你叫得出名字的媒介上勇敢示众:"我敢,你呢?"忍不住了就随时小便;路过女厕关女厕的灯;对你亮他的光屁股,撩你揍他;故意在拥挤的电梯里放屁;远远对着小便器撒尿;把一个年轻女孩推下崖向她示爱。下流的幽默,是他的特征。Sammy 风格的广告词是:"来吧,老兄!""嗨,老兄,这很好玩。""别太认真了。"他会抵着我们问,"你要有机会,是不是也很 Sammy 呀?"

---

① 亚洲奥美互动在 http://our-work.com/version1_2/files/web_sites/sammy_site/sammy_explan.htm 上呈现 Sammy 广告战役。2005 年 6 月登陆。

第五章 中国有波波族吗？ 181

图 5.1 Sammy 在生力清啤一幅户外广告中的调皮举动。北京奥美

你若怯于回答这些难题，就不是香港的新新人类，但说不定做中国其他地区或日本的新新人类还够格。我们发现，Sammy 的黄金法则"我唯一的法则是打破法则，破坏而不损害"，中国内地、日本和亚洲其他地区的新新人类也在执行。在 Sammy 身上，我们看到东亚青年文化热的现象兴起。

本章我以探讨波波族这一想象阶层开始，以新新人类这一现实生活中的社会群体结束。然而，我尚需找到一则捕捉中国波波族双重特性的电视广告，即他们即高调张扬同时又显出低调生活的姿态。这种人现实生活中很少，至少可以这么说。而新新人类的视觉形象充满了媒体，是因为它是扎根于现实的部落。真正的波波或许极少，然而，至 2006 年，极简主义（Minimalism）开始形成势头，时尚中可见精心装扮出的不经意趋势（低调的标志），传递出"简单风格本身就是流行"。如北京奥美的商人预计，炫耀的奢华或许慢慢会让位于朴素的美学。不管中国品味文化朝哪条路行进，波波族和新新人类的到来和流行，是中国市场部落化的明确信号。除了部落话语定理，我们还考察了两个其他的重要问题。虽然不能立即找到答案，但品味与阶层对立的问题以及全球青年文化兴起的可能，说明了我关注的问题的核心：将"营销"纳入任何区域流行文化趋势和跨国流行文化趋势研究之中进行认真考虑的重要性。诚如我们所见，商人只需迈出一小步，就能将关于部落的流行话语变成一种新营销现象，你当然也可以认为是将营销现象变成流行话语。的确，很难说清二者的出现孰先孰后，是现实生活中的部落，还是细分之后的市场。然而，无论孰先孰后，当营销遇到了文化，新的流行文化运动还会远吗？

第六章 Hello Moto：青年文化与音乐营销

"新新人类"社会一族,只包括独生子女中的一部分,至 2005 年,人数约 1119 到 1420 万。① 这些被称为"小皇帝小公主"的独生子女,据说每人都有 6 位家长(父母、爷爷奶奶、外公外婆),平均家庭收入的 50% 到 70% 花在他们的需求或愿望之上,从投资教育到购买设计师品牌的产品,(卢泰宏 2005,381)。享乐的这一代完全被惯坏了,自我中心、迷信高端品牌、喜欢用卡。有一流行说法,准确描述了这一代人的心态:"天天有阳光,明天会更好"(同上)。独特的"一个家庭两级消费"现象,根源就在这个族群之上——父母使用低层次品牌,省钱给孩子买优质高档品牌(陈素白 2005)。这代人还特别熟识媒体、了解全球最新时尚、迷恋一流通讯工具。父母或许只用一款旧波导,可独生子女用的却是摩托罗拉或三星,并一直寻思更新升级。本章将聚焦这一手机族,讨论他们的爱好、想象范围和最看重的产品——手机。

---

① 关于中国独生子女人口的统计数据,各资料来源有所不同。据中华人民共和国国家人口与计划生育委员会的数字,新世纪头十年中期,独生子女超过 1 千万。见 China Population. com. 2006 年 9 月 13 日。http：//www.chinapop. gov. cn/rkxx/rkxw/t20060913_ 152918774. html, 2007 年 5 月登陆访问。然而,其他统计数据表明,该数字在 1119 万到 1420 万之间。见导论,第 18 页注释①。这里要提请注意的是,不是所有独生子女都消费得起本章描述的品牌产品。虽然调查结果似乎违反直觉,但中国农村独生子女的百分比高达整体独生子女总数的 40%。见导论,第 29 页注释②。如果我们认同这一统计数据,那就意味着,到 2006 年,只有 6700 万到 8500 万的独生子女(潜在消费者)生活在中国的城市。

《手机》

  2003 年 12 月，metro China 手机网站新发布的消息称，上海、北京和广州全受《手机》现象迷惑。虽这么说，但一线城市的手机渗透，其实并非像该"现象"渲染得那样严重，传言全因冯小刚导演的卖座电影《手机》（2003）而起。冯小刚实可谓新潮电影第一人，在创意营销上非常有技巧。① 电影首映的前 3 天，票房收入 1500 万，成为该年中国收益最高的电影。② 银幕背后，取悦大众的魔术师是摩托罗拉 388C。这出悲喜剧的情节是这样的：手机主人是个有婚外情的男人，一天，他外出不慎忘带手机，落家里了，妻子正巧休假在家，无意接了他女友的电话。自此，借助摩托罗拉手机，牵出一件件绯闻。"性犯罪"教唆犯——各种型号的摩托罗拉，被置于舞台中央。每一次背叛，都让我们从这个小匣子上多学了几招使用功能。如此高超的植入式广告，对于当时据说产

---

  ① 冯小刚虽非采用植入式广告的第一位导演，但是，也只有他能将产品天衣无缝地融入情节，把整部电影变成广告。宝马赞助的《大腕》（2002），是冯小刚首次尝试植入式广告，其本身就是设计独特的模仿实践。电影让对广告敏感的中国观众看出电影里宣传的品牌。同《大腕》相比，冯小刚要在《手机》中销售的东西更直接：摩托罗拉手机和中国移动。当电影赞助者的字幕在屏幕上滚动时，我们怎么可能会没注意到摩托罗拉 A760？电影那极富特征的结尾，怎么会让观众忽略卫星定位功能和中国移动的动感地带服务？这两项大产品或服务的植入，已一览无余。因此，影片的另一主要赞助商宝马，显得相形见绌，就不足为奇了。

  ② 冯小刚是中国大陆最早采用贺岁片营销模式的导演，该形式起源于香港。冯小刚对香港模式有所改动，突出"岁末电影"的喜剧特色，结果非常成功。年末大家都想轻松娱乐，冯通过迎合大众口味，让每部贺岁片都获得高票房。Yomi Braester 在他的《商业广告时代的中国电影：作为文化代理人的电影制作者》（Chinese Cinema in the Age of Commercials Advertisement: The Filmmaker as a Cultural Broker）中，论述了这一营销实践。2004 年 10 月 15—16 日，在哈佛大学举行的"中国当代艺术与文化"专题讨论会上，该文在《中国季刊》（China Quarterly）上提交。

值正在下降的手机制造商来说,真是神来之笔。① 《手机》的炒作,让摩托罗拉(影片主要赞助商)在中国成为谈论最多的手机品牌,帮助它发展成真正的娱乐品牌。

开创移动音乐

据说,跨越文化边界的"移动音乐",吸引了全世界的时尚青年热切购买音乐手机。但新千年还在推进中,这种形式对中国青年有多大影响,尚不清楚。在中国大城市,音乐、青年文化和时尚文化的关系,是否与其他国家大城市类似,尚有疑问。我调查的重点,是2004年夏,在北京奥美进行的"时尚中国"(Cool China)实地项目。我对摩托罗拉品牌战略的批判性观点,虽基于独立的学术研究,与我在奥美的实地工作无关,但本章部分小节,将使用我在该广告公司设计的运用数码照片叙述这一研究方式。这项定性研究,试图发掘中国青年市场的消费者洞察。我还渴望探究数码照片叙述方式,是否可以成为跨越国界的深入研

---

① 据言风发表在《销售市场》(2004年第4期72-76)上谈论该片的文章称,仅摩托罗拉,就赞助了400万,排第二的宝马赞助了120万,中国移动80万。资金还不止这些。制作者还获取了很多小赞助商的资金。倘若你足够警觉,其实在影片开始后的头10分钟,就能看出6个以上的商品广告,且不是所有的都与汽车和手机有关。手机制造商运用电影作营销,已有若干先行者。爱立信投资《古墓丽影》(派拉蒙,2001),三星投资《黑客帝国》(华纳兄弟,1999)。《双雄》(陈木胜执导,2003)悠悠拍了一串15秒的镜头,男主人公郑伊健用诺基亚6180给女友发短信。
但单凭植入式广告,不能为《手机》创造奇迹。让这部影片成为中国电影业的一件大事件的,其实不是植入式广告,而是电影引发的被低估的多媒体和跨部门营销现象。比如,中国移动预计电影成功,在电影首映前几天,发行了一款以《手机》命名的短信游戏,其宣传词允诺,"进入我们的短信游戏,体验生活戏剧"。另一被低估的营销努力,是电影制作商与国美电器公司之间签订的条约,授权它在全国范围的约130家连锁店中的所有电视,独家播出《手机》预告片。如果说《手机》将摩托罗拉引入前台获得成功,它开创的前所未有的多媒体和多部门营销模式,则获得了更为巨大的成功。

究青年文化的有益方法。

进入 21 世纪后，摩托罗拉开始在中国过于饱和的手机市场中全心全意重新定义自己的利基目标群。它的形象正趋矛盾对立：摩托罗拉这个品牌名称，被认为既老又新，其文化是守旧中渐显时兴。"摩托"推广活动中时髦的广告形象，和故事片中巧妙的植入式广告，提升了摩托罗拉作为乐于冒险的品牌的知名度。但在说到品牌选择的喜好上，诺基亚在所有年龄层中占第一位。韩国产的三星，作为时尚之先，成为年轻人的首选，紧追摩托罗拉，逼近第二位。这种情况之下，摩托罗拉需要迅速复苏，甚至革命。

该公司的解决办法，就是在中国尝试它的全球惯用方案——开创针对青年人的音乐营销平台。当然，不只摩托罗拉加入到无线音乐潮流，诺基亚也在做同样的努力，与华纳音乐集团（Warner Music）及引领全球的数字音乐平台罗德艾公司（Loudeye）携手。但摩托罗拉在用偶像式产品（比如 Razr V3 和 RokrE1）制造轰动宣传上、在积极赞助直播媒体音乐会（比如新加坡的 Redfest）和创意节日（包括国际 DJ）上，似乎远超对手（A. White 2005）。这些首创活动的根本前提，是跨国营销商们普遍推测，音乐是进入今天的年轻人思想和灵魂的最快捷径。2004年 7 月 26 日发布的一则新闻标题，"摩托罗拉和苹果将 iTunes 音乐播放器置入摩托罗拉下一代手机"，（摩托罗拉 2004a）。此番合作，让成千上万的音乐爱好者能通过 USP 或蓝牙连接，把自己最喜欢的歌从 iTunes 播放器传到摩托罗拉下一代的"总相随"（always with you）手机上。

手机制造商创建手机音乐界面的进展飞速。甚至，在与苹果协议之前，一份价值 7500 万、与音乐电视网（后文称 MTV）的营销方案，已表明摩托罗拉计划借提供强劲的音乐服务，将自己转变成音乐品牌（Morrissey 2003）。2004 年是摩托罗拉公司不平凡的一年：创建摩托罗拉音乐网站，保证用户下载包括中国前沿、"新生"艺术家创作的音乐

（摩托罗拉2004b）。① 7月份与苹果公司的协议，进一步巩固了品牌与"新潮"音乐之间的联系。"新生艺术家"平台与具备 iTunes 功能的手机共同打造因时尚文化而繁荣的手机音乐社会。音乐营销，让摩托罗拉得以将其商业模式从提供声音、短信、彩信服务，发展到对于音乐运用和音乐内容的增值管理。

2006年后期，更多最新消息披露：摩托罗拉通过音乐功能优化的 Rokr 型号手机及中国最大的数字版权保护的音乐下载网站，正伸向中国的年轻人市场。后者可以进行全轨及彩铃下载，有1500首歌，每首只需25美分（Madden 2006a）。对音乐手机销售的乐观预期还在增强。② 可是在中国，搭便车者众，85%的中国年轻人（新 Rokr 手机针对的目标群）不会付费下载音乐（思纬市场资讯有限公司2006）。尽管他们听的音乐比以前更多，但也很少花钱买音乐 CD。这些免费搭车族会乐意花钱从数字版权保护的网站上下载音乐吗？美国大学生正在使用 Kazaa、LimeWire、BitTorrent 和其他点对点文件共享服务呢，凭什么期待中国的年轻人会自我约束？我在麻省理工的学生中做调查时，他们常抱怨说，"商业化 MP3，实在不是个好举措。"即便偶有企业努力传播合法下载，但诚如2007我广告课上的学生艾伯特·帕克（Albert Park）指出，"它们均受在不同的电脑上播放 CD 限制的阻碍。"（Park 2007）。况且，中国手机用户购买音乐手机，如果只因为拿着这样的手机时尚，而不是为了从 MotoMusic 上下载音乐，这款摩托罗拉，还能持久吗？③

行业专家意见不一，但文化批评家应该从不同视角提出问题。音乐营销现象已进入手机产业，但关于这一课题，学界和商界均未发表重要

---

① 网址为 www.motomusic.com.cn。

② 有文献报告说，2005年销售量为1026万部（Madden 2006a），预计到2010年增长到4500万部。见《2005年中国音乐手机销售量》，CbiNews，http：//www.cbinews.com/inc/showcontent.jsp?articleid=38782。2006年9月登陆。

③ 比如，中国 iPod 用户，基本都用小配件，从他们自己收集的盗版音乐中选择内容输入到自己的设备上。

见解。在中国,关于音乐与青年文化的关系,有各种推论,但对年轻人选择音乐的文化驱动力,很少有人做研究。而且,青年人自己的"消费者洞察",是研究链上最薄弱的一环。一提到"青年"这个词,马上就置入与"全球青年"同样的框架,而中国青年的音乐消费模式,即便现在没有,不远的将来,也会与欧洲青年和美国青年的音乐消费模式类似。肯尼·布卢姆(Kenny Bloom)的 Mogo.com.cn 数字视频平台上,有嘻哈和另类摇滚的音乐频道,会不会颠覆中国年轻人的音乐口味?我们是否能推测,中国"青年"与"音乐"之间关系的发展,与发达西方国家类同?

从音乐文化到青年文化

2004年在奥美实地工作期间,我琢磨,西方青年音乐与亚文化的主导模式,是否是中国分析家和营销者的一个好起点。的确,音乐是"新一代"的全球性语言,但是,西方的先锋青年乐意被看作反时尚和反品牌的,他们喜欢带激进味的音乐。但我们恐怕不能用这同样的方式来描述中国时尚青年与音乐的关系。我们需要寻找中国时尚音乐与朋克或者另类摇滚之间的联系,如果这两者之间存在联系的话。还有一个未知数,就是第三代(3G)手机服务(提高漫游能力和多媒体数据传输)和更宽的带宽能力,是否会改变中国人共享文件的习惯。在北京,我与中国青年接触的过程中,无论是在线上、线下、街头、美食广场或音乐书店,老有一个问题缠绕,就是中国的嘻哈、朋克迷,和我在纽约、伦敦街头不断看到的是不是一样激进?[1] 我琢磨,"音乐"是否是中国青

---

[1] 仅依据北京进行地域性研究,显然很局限。但尽管上海、广州自称商业文化和品牌文化十分繁荣,北京才是先锋音乐和艺术的摇篮、各种边缘文化有机会繁荣的地方。自崔健和中国摇滚乐队唐朝起,首都的音乐趋势,是中国更广阔的摇滚音乐舞台的晴雨表。

年文化的主要驱动力,我的《时尚中国》项目,是否可以缩减为只研究时尚音乐即可。

为解出这些疑问,我在奥美所做的研究衍生出地域敏感性研究,其中的"青年文化"重于"音乐文化"。对各种年龄青年最初的采访结果证实,西方细分青少年市场一般主要依据他们的音乐品味(Lindstrom and Seybold 2003),但中国不存在与西方相同的现象。中国的年轻人在音乐偏好上既有所选择,也能迅速喜欢上善于创造"杂糅"各种音乐体验的歌手。他们很少长时间倾心于某一个流行歌手,不坚持相对稳定的混合类型。既变化又融合多种风格的音乐家或许更能吸引这群易变的追随者。此发现,与很多跨国音乐商人的另一个推断抵触,即亚洲青年,如发达世界中的年轻人一样,越发乐意追逐特定的音乐种类(比如嘻哈)。

因此,跨国青年营销商认定的"品牌偏好与音乐品味有关"(同上,21)这一逻辑,在中国难以为继。时尚文化消费的全景之中,"音乐"是仅次于服装时尚的驱动力,它对品牌选择的影响无疑非常重要,但也不应过于高估。而且,相信时尚音乐就是先锋内容的跨国营销商,会惊讶地发现,中国"时尚青年"不消费独立唱片公司的作品。时尚文化与另类音乐的密切关系,似乎是发达世界特定的营销切入点,但在中国,这似乎是一种冒险的推断。当前要抓紧研究的问题,不是时尚音乐,而是另类文化,以及那些另类青年自身的特点。对此,我们将在下面涉及。

摩托罗拉和中国的移动数据

摩托罗拉成为我探索青年文化和手机品牌塑造的极好媒介,尤因该手机制造商在中国从技术品牌转向"时尚"品牌,同时与三大因素有关,即中国手机市场品牌图景的变化、音乐营销,及手机音乐与时尚文化的联系。

自1995年以来,中国手机市场已走过一段很长的路。回首往昔,

85%的市场份额被摩托罗拉、诺基亚和爱立信瓜分,另外的10%由西门子、三星、菲利普和松下划分。中国本土制造商直到1998年才进入竞争,仅占2%的份额。但到2002年底,该数字已上升到30%,打破跨国手机一统市场的局面(纪辛2002b,53)。转折点是1999年,国产重量级"三剑客":宁波波导、TCL和厦新进入手机市场,尤其是运用营销策略,将他们的跨国竞争对手逼至防御状态。TCL通过发展无线应用通讯协议(WAP)① 支持的手机,进入高端市场竞争。波导发起分销渠道攻势,发展出一个有5万家手机店和服务中心的严密网络,遍及地、县级市和二、三线城市,避开跨国手机占领的大城市。如此强劲的渠道战略,实为典型的中国特色,套用毛主席的一句语录,可谓表达确切,那就是,"农村包围城市"。诚如我们所见,娃哈哈和一些其他国产超级品牌,比如联想、海尔,也是运用这一战略取得了巨大成功。国产品牌控制了50%的市场,直到2004年,竞争优势又偏向跨国竞争对手。诺基亚和摩托罗拉低价的"乡镇手机型号"开始渗透低端市场(《国产手机利润暴降洗牌见底》2005)。与此同时,国产品牌正向高端市场挺进:波导和联想的高档手机价值157美元。从原本的较低阶产品向高端发展,是比较困难的攀登。2005年,波导进入紧缩期(臧中堂、程涛2005),他的国产同行TCL也极度受挤。②

如此激烈的竞争环境之下,诺基亚、摩托罗拉和其他竞争者都急于进行品牌塑造和广告推广。③ 还值得注意的是,企业重点世界性地由技

---

① 无线应用通讯协议是一组安全规范,让用户能通过手持无线设备,比如手机、寻呼机、双向广播和智能电话,即时接收和交换信息。

② 国产手机商面临的急迫情势,Quinn Taw 描述得非常确切:"在中国,高端品牌做得很好,低端型号做得更好,但TCL及其国内同行占据的中间地带受到严重挤压"。见 Shaw(2005),第20页。

③ 2002年,广告竞争到了白热化程度,熊猫手机以2百万美元成功获标,得以在央视连续2月播出15秒的电视插播广告。据李光斗称,TCL虽为老大,但后来者三星以2900万的惊人投资——其电器销售的5%,后者居上(2004),第12页。

术转向设计,音乐营销开始兴起。① 因为在发达国家,音乐品味是一个重要的人口统计指数,音乐内容与音乐应用也成为跨国手机运营商面临的最大问题。手机制造商们突然之间开始盘算新的商业战略,将"移动娱乐"整合进便携式设备之中。娱乐业与电信业开始大量投资在收入分享模式上,该模式允许价值链上的主要参与者相互交流、彼此吸收、共同发展,包括内容供应商(如迪斯尼、福克斯、索尼、环球唱片)、运营商(美国电话电报公司 AT&T、美国最大的本地电话公司及最大的无线通信公司 Verizon、中国移动)、手机(摩托罗拉、诺基亚)和技术(苹果、微软)。

新合作模式在中国滞后,有几个原因,其中之一,是移动数据产业链薄弱,中国消费者不愿为移动内容付费。在中国的大城市,移动娱乐的确开始创导新潮:彩铃、图像信息、Java 游戏、彩信、EMS 图片和短信笑话,时尚手机上都有。政府是推动手机内容领域发展的主要驱动力,努力将手机市场从声音传播,推向数据服务市场。当局预测,未来收益,将从单纯的入网费,转向信息与移动交易服务费。

可现实远远落后于此。关于中国手机使用,统计数据显示出这样的警示:吸引中国用户购买 MP3 手机是一回事,但是否能真正劝服他们消费移动数据,尚另当别论。与短信(SMS)相比,还能让手机处理图

---

① 2001 年,TCL 首次推出中国的 WAP 电话 TCL999D 系列,与之同时,发起称为"钻石文化"的新品牌文化。这绝非是单纯的比喻,手机外壳真的嵌上闪闪发光的钻石或宝石,增强其优质形象。在揭幕 999D 系列的新闻发布会上,公司发言人喋喋不休述说所谓中国宝石文化与品牌象征(诸如幸运、高贵、持久的承诺)的关系。TCL999D 热销。

韩国风格的手机翻盖及装饰性背景墙纸成为趋之若鹜的规范。加上流线型的外壳、(不同颜色的)多变面板,将手机引入设计营销的新时代,迅速变得与名人代言密不可分。现在,每个品牌都有自己的代言名人,比如,张曼玉代言best佳,韩国女演员金喜善代言 TCL,赵薇(歌星,最出名的是在周星驰的《少林足球》中扮演女主角)代言夏新,章子怡代言(以《卧虎藏龙》中的表演最为出名)南方高科,歌手李玟代言波导,等等,等等,不一而足。

像、视频、音频和多格式文本的彩信（MMS），其渗透率相对就低了。乐观主义者认为，收益流正在上升。调研公司 Pyramid Research 是一家针对通讯、媒体和技术公司的发展战略专业机构，它提供的数据显示了若干领域的光明前景。（见表 6.1）。

表 6.1　中国 2007 年 3 月的移动数据

移动数据用户	2003 年	2007 年
短信	217953000	562873000
彩铃使用	907000	199689000
彩信	1840000	58213000
电子邮件	920000	24337000
音乐使用	0	9702000

（资料来源：Pyramid Research）

表 6.1 中的数字，显示了这样一个明显事实，即中国到目前为止，主宰移动数据的依然是短信和彩铃下载，彩信使用在缓慢上升，使用音乐的用户滞后。这些统计数据虽然有用，但几乎没提供什么人力资源方程式，使我们对未来发展趋势作出任何可靠推测。中国用户的习惯、态度、内容偏好和对移动数据服务和应用的兴趣程度，IDC（一专事信息技术的全球市场情报公司）2006 年实施的亚太移动消费服务调查，对这些问题倒是提供了一些线索。见表 6.2（Wong，2007）。

表 6.2　不使用点对点数据服务的原因，中国（%）

N = 1006 位手机用户作答 a
调查问题：下列服务不使用或使用低的原因是什么？
传送点对点短信
费用：太贵，不知道费用到底多少，不想花这笔钱　　　　　13.8

续表

不需要该服务	62.1
不知道该服务	0.0
手机不支持该服务/功能	10.3
不会用	10.3
不是友好用户	10.3
难用	3.4

(资料来源：取自 Alayne Wong 的《2006 年亚太手机服务调查》(*Asia/Pacific Mobile Consumer Servias Survey*, 2006)，IDC, 2007。http：www.idc.com/.
a. 中国的受访者中，80%选自北京、上海、成都、天津、武汉和杭州等主要的一线、二线城市。20%选自桂林、珠海、玉溪和襄阳等三线城市。)

我将只对抑制数据服务和运用（而不是点对点的短信服务）的前三大因素作简要描述，因为其他几类不太具有统计数据上的意义。正如表 6.3 所示，除了照片图像传递服务，抑制使用较高级设置的两大因素，是"费用问题"和"不需要该服务。"其次的抑制因素（电话不支持该功能），在中国背景下可以这样解释，即假定收入限制了文化消费（如第五章讨论），即便用户升级手机后，可能使用也可能不使用该功能。

表 6.3 不使用其他数据服务的原因，中国（%）

N=1006 位手机用户作答 a	
调查问题：下列服务不使用或使用低的原因是什么？	
使用短信、彩信服务参与竞赛/民意测验/抽奖销售/投票	
费用	23.2
不需要该服务	57.2
移动不支持该服务	14.2

续表

下载图标/屏保/标志/铃声	
费用	23.0
不需要该服务	50.0
喜欢使用通过固定线路的互联网（PC）	13.8
发送手机拍照照片给另一个人	
费用	7.6
不需要该服务	33.5
移动不支持该服务	43.4
浏览移动梦网（如该运营商的门户网站及其他）	
费用	24.4
不需要该服务	29.9
偏爱使用固定线路的互联网（PC）	26.5
下载MP3音乐曲目文件和视频短片	
不需要该服务	30.9
移动不支持该服务/应用	39.7
偏爱使用固定线路的互联网（PC）	12.5

（资料来源：取自Alayne Wong的《2006年亚太手机服务调查》，IDC，2007，pp.20-25。http：www.idc.com/.

a. 中国的受访者中，80%选自北京、上海、成都、天津、武汉和杭州等主要的一线、二线城市。20%选自桂林、珠海、玉溪和襄阳等三线城市。）

　　国际营销商推断中国彩信文化与中国青年文化一样，已经就绪，但这些数字显示这一推断为假。鉴于这些数据，从短信对话到多媒体内容、从移动通信到移动交易，所谓应用革命尚未发生。可跨国营销商对未来依然非常乐观，他们预计，已排定在2007年的音乐和视频下载这样的增值服务一旦推出,销量一定猛增。① 下面我们来探讨欧洲该方面的现状,以资中国未来之借鉴。

欧洲手机运营商计划,5年之内数据收益增长10倍。但产业分析家米歇尔·德卢塞尼特(Michelle de Lussanet)的《新移动服务增长局限》(Limits to Growth for New Mobile Service)一文认为,这样的预测过于乐观。她2003年的投影展示,三分之二的欧洲运营商将在2004年开始提供3G流,该数字2005年将上升到91%。但即便在2008年,欧洲也只有16%的人使用3G。她预测,2008年,只有四分之一的消费者有3G手机,而这中间,只有四分之一的人(6%)会经常使用流媒体服务(de Lussanet 2003)。妨碍欧洲3G手机服务传播的主要障碍中,有两个问题最为明显:一,运营商的移动网络套餐与手机销售商的目标之间的矛盾,二,消费者可支配收入极其有限。这后一抑制因素尤其与中国人有关:如果欧洲人都不愿让自己的手机费加倍,中国人就更不会为新内容付费了。中国人的"收入阈值"和预算习惯这两个底线,在3G到来时都不会有多大变化。刺激诱因应内置于省钱的预付套餐里。经常使用流媒体服务的用户,往往都是生活在中国大城市的外籍人士和金领。换句话说,对占中国人口不到10%的"中产阶级"来说,第三代移动服务还

---

① 预计,中国将在2008年北京奥运会之前推出3G网络。中国移动、中国电信和中国网通开始在全国不同地方试验运行3G牌照。试运行结果,将影响中国政府决定何时颁发许可证。比之现行的体系,新技术能保证奥林匹克运动会的国际访客和媒体公司更快捷地传输视频和其他移动数据。为了本土供应商的利益,中国正在发展自己的本土3G标准(时分—同步码分多址存取,TD-SCDMA),以期他们不必依赖握有其他3G技术专利的外国公司。政府延迟大规模推出3G,是为给予时间,以期国内标准成熟起来。但TD-SCDMA在中国若干城市的试验,表现欠佳。而且,北京要如期在2008奥运之前创建并运行3G网络,缺乏时间。有最新消息称,3G许可将在2007年某时发放。与此同时,又有传闻,中国电信运营商有可能将国际某个主要3G技术(比如W-CDMA或者CDMA2000),与中国本土标准结合起来,建立3G移动网络。如果传闻属实,运营商则需要能支持两个3G网络的双模式手机。能支持混合3G网的手机,目前还没有,"生产也不一定容易"。见Lemon(2006),亦见苗苏(2007)。

很奢侈。其利润率比运营商和手机销售商预期的要小。

2004 年,中国移动梦网(移动互联网),一个联合的全国性移动数据服务平台,有一条五百多家服务和内容供应商的价值链(包括新浪、网易、搜狐和 263.net)。用户可以获取多种数据,如新闻、娱乐、金融、在线游戏和其他多媒体内容。据报道,市场一月增长 15%(Ransdell 2002)。尽管有这样最初的新闻炒作,梦网的无线内容和应用条款,主要基于短信,以新闻为主。专业股票、体育、娱乐新闻网站比提供彩信内容的网站要拥堵很多。2004 年的概略统计显示,与 1900 万短信用户相比,彩信用户只有微小的 200 万。① 2007 年的统计数据(见表 6.3)阐明了抑制用户访问移动梦网频率的三大主要障碍。除了"费用"(24.4%)和"不需要此项服务"(29.9%)外,第三个妨碍因素是"偏爱使用固定线路的互联网(PC)",高达 26.5%。手机制造商若想在中国大量销售智能手机,面临两大任务。首先,改变中国人的心态,不要只把手机当成高级无线电话;第二,教会用户将这部声音、信息机,融入他们想要进行的所有娱乐的丰富结构之中。两项任务均不容易,试想,那么多美国人还持同样观念呢。

基础设施滞后,以及消费者不愿增加每月的电话费,二者又把我们带回到诸如中国 GDP 的增长、社会财富的重新分配及中国尚不富裕的社会中文化消费的功能这些更为重大的问题。还有一个同样棘手的问题,前面已经提过,那就是盗版音乐。思纬②的一项调查称,有 MP3 播放器的亚洲青年中,70% 的人不付费下载数字音乐(思纬 2005)。中国的百分比更高。虽然 45% 的受访者称在过去的一个月里自己使用 MP3 播放器播放音乐(思纬 2006),但中国的年轻人和美国年轻人一样,不愿放弃购买廉价盗版光盘(CD)、不愿付费下载音乐和视频。3G 手机登场,

---

① 这些是 2004 年时获得的奥美内部的统计数据。

② Synovate,一家刚进入中国的全球性的市场资讯和研究公司,提供专业的研究、资讯及分析服务,公司的业务运作横跨全球 50 个国家。——译注

绝不意味着移动音乐商的任务完成。

"Hello Moto"

MP3 电话的未来虽无法预测，但摩托罗拉却通过给手机增加娱乐价值，成功地将自己转变成中国的"时尚"品牌。该手机制造商有一个优势，那就是，它是中国最著名的手机品牌。"手机"汉语俗称大哥大，几乎就是摩托罗拉 8900 和 9900 的别称。很长一段时间里，摩托罗拉作为手机品牌在中国的地位，就如同克里奈克斯作为面巾纸品牌、施乐作为复印机品牌在西方的地位一样。但 1990 年代中期，这个技术巨人名声骤降，因为它没有预测到数字手机的全球性转向，没有预测到中国市场会慢慢转向支持世界大多数手机网络的 GSM 技术。① 1990 年代晚期以来，摩托罗拉发起了一些更为成熟的营销活动，但随着"Moto"这一推广活动的发动，出现了真正的转折点。②

随着一句隽语变成一个品牌理念，"Moto"概念首先在台湾开始发掘，2002 年在中国大陆得到检验，它掀起一股内地"Moto"热，摩托罗拉一夜之间成为时尚品牌。"Moto"这个两音节的前缀，几乎可以处处

---

① GSM（全球移动通讯系统，俗称全球通）是世界最广泛的手机标准。GSM 网络虽起源于欧洲，但现在在全球 120 个国家使用。1998 年，GSM 网络在中国得到广泛使用。为完善 GSM 网络，诺基亚迅速大规模开发生产设备，因此，在中国市场获得牢固地位。

② 1999 年末、2000 年初，一个更成熟的营销方案揭开序幕。摩托罗拉将它的目标市场细分成 4 个部分，设计出相应的手机型号为不同的目标人群服务：天拓指向科技追求型人士，时梭指向时间管理型人士，V 系列指向形象追求型人士，心语指向社会交往型人士。细分的逻辑基础，是早有的认识，即不应把手机当作简单的技术小机件工具来推广，而应把它当作具有各种不同身份和个性的商品来推广。摩托罗拉因此开展了一次新的广告推广活动，销售带有以上设计的各不同目标人群特征的不同生活方式。摩托罗拉的这一全球品牌战略，可谓四管齐下，表示该公司在品牌构建上从技术驱动型，转向消费者关系型。

套用：MommyMoto、MultiMoto、SohoMoto、911Moto、MotoMusic、Kara（oke）Moto，等等。那句给摩托罗拉注入灵魂的时髦口号，是手机界最短的时尚宣言，它铸就了公司历史上的决定性时刻。摩托罗拉手机那些超级时尚的结构设计，无愧这一时尚新语。"Moto"完美地将年青一代的白领和大、中学生集聚在摩托罗拉旗下，这也正是同行对手要竞争的目标。"Moto"释放的"新时尚"，的确是正渐衰老的品牌寻求的解药。

"时尚技术"（时尚融合于技术）概念，成为其贯穿广告推广活动的主线。其中最富戏剧性的电视广告之一，是一位憨态可掬的男孩在为自己的 C289 寻找最时尚的彩铃。"每一种声音都有灵魂"，他自言自语。"Moto"，他欣喜地叫着，不厌其烦地寻找各种刮擦的声音，最后甚至不惧危险，寻找到火车碾压铁轨的声音。千钧一发之刻，一辆呼啸的火车掠过我们的主人翁。视觉幻想让人误以为他可能已命丧轮下。可是，不，接下来的镜头是，安然无恙的他已用手机录下完美的声音。该广告中散发的品牌信息，是聪明、狂热、冒险，尤其是时尚有趣。摩托罗拉将 Moto 声音，与 Moto 态度结合，离完全成熟的娱乐文化偶像，只一步之遥。

Moto 推广活动，继在中国和亚洲成功之后，于 2002 年又在美国和欧洲掀起，成为为数不多的几个反向型（从亚洲到西方）全球性广告推广活动之一。它的全球性 Moto 话语，让摩托罗拉一改古板的技术设备制造商形象，成为时尚潇洒的通信工具创造者。同样，在中国以外，摩托罗拉允诺创造时尚音乐，搭建新兴艺术家平台，展示远离主流大众偶像的新锐音乐人。有一位这样的"新生"音乐艺术家被转变成摩托罗拉品牌代言人，他就是北京出生的歌手朴树，曾在共同发布 E398（一款 MP3 智能手机）和 MotoMusic（电子音乐服务器）的庆祝会上演唱。①我参加了 2004 年 7 月在著名的 798 工厂举办的晚会，那里原是老厂区的

---

① 大陆流行歌手朴树获过 6 次年度百事音乐风云榜奖杯，他也是唯一一位在 2004 年第三届 MTV 亚洲音乐大奖上获"最受欢迎歌手"称号的中国大陆歌手。

图 6.1 说明 MotoRokr 推广活动广告。北京奥美

一部分,现在是北京先锋艺术区,聚集了很多画廊、画室、旅馆和书店。

另类青年与朋克综合症:民族志学解读

我与《经济观察报》的《生活方式》月刊编辑叶滢一起到达798厂,感受"当年最大的一次聚会"。我们去晚了,错过了晚会最精彩的时刻——朴树演唱专为E398创作的新歌。我们走进去时,会场到处是丢弃的空瓶子和小吃盘。冷饮摊前围满一群群的年轻人。懒散坐在凳子上的人,看上去很无聊。一支不知名的乐队正在台上演奏着震耳的音乐。巨大的展示空间,散发着精力已经发泄的气氛。看着仍逗留在晚会上的冷淡的年轻人群,我脑中突然闪出几个问题:是什么让他们如此喜欢朴树这样一个不事张扬的人?不首先了解年青一代是谁,又怎么知道他们的音乐趣味?我对《时尚中国》项目重做调整,着重研究中国青年文化,是不是比探索中国新兴音乐趋势更有意义?我想了解,中国"时尚"女孩或男孩的所想所为,新兴的"个人主义"青年文化,主要驱动力是否是音乐?最后,另类音乐如嘻哈或说唱,是中国另类生活方式的追随者们的默认选择吗?

春树与另类青年

另类一词,去政治化与去激进化后,听起来似乎很空洞。该词自西方记者和商人发明以来,完全被商品化了。今天,"新锐"已如此可以预期,用它进行标榜已不再时尚了。我是在摩托罗拉推广晚会上遇到春树的,这位高中未毕业便辍学的年轻人,出版了自传体小说《北京娃娃》,颇引争议,她也因此而出名。娇小的春树今年20岁,给人感觉是聪明、早熟,很撩人,看上去即挑衅又脆弱。说起她即将成行的美国之行,她说她渴望能上哈佛或者哥伦比亚大学("美国最好的大学"),重续她的学生生活。"我也喜欢北大,"她说,但现在梦想已逝,神情中充满渴望。她很享受富裕(凭自己的版税)和出名(作为《亚洲时报》的封面女郎)。

春树非时尚的语言和抱负,让在场的每一个人都感到放松,但一分钟后,当我们的话题转到朋克时,她态度变了。我说起,和我同去摩托音乐晚会的记者叶滢,提出伪朋克观点,让春树说说她对当前流行的"伪朋克"的看法。春树一开始,试图回避话题,我误以为她的保留是出于害羞,便钉着她追问,没想她转向叶滢挑衅起来,愤怒地指责她,言辞激烈。叶滢究竟了解朋克多少?她品味那么低俗(春树指着叶那晚穿着的饰有金属片的花裙子),明显没有时尚精神,怎么理解朋克世界?对于春树这样的真正朋克,"伪朋克"话题对他们不啻亵渎。

春树事件似乎可以表明,朋克的反文化精神在中国没有消亡。那晚之前,我采访过几个北京和广州的音乐工作者和流行音乐研究者。我同奥美的一个研究同伴一起,与叶滢有过深入讨论,她们很关注中国的朋克现象。为使我们的关注不只局限于北京,我们浏览了其他城市关注中国朋克的人士的博客。网上网下的见解大体一致,都认为中国朋克是嘻哈少年的饰品,没什么"真东西"。问到愤青(一个有时能与"朋克迷"互换的中文词)占多少百分比时,麦田唱片的营销经理 Xiao Yong 回答说,"是少数人,且虽被认为是年青一代中的先锋派,但在表达自己的方式上远算不上激进"(Xiao Yong 2004)。上海和广州的青年,一般被认为思想实际,不太会欣赏朋客。但崔健摇滚叛逆事业的起飞地北京呢?

首都的朋客迷和音乐人,借谐音,被戏谑地称为,精神上的"胖客"。网上对真朋客和伪胖客的讽刺评论,有助于阐释中国当前的音乐景象。

> (朋客)是一种投机倾向,中产家庭的子女,浮躁、自命不凡,

往往导致于此。(Da Zhi 2003)

中国朋客,骨子里既不是反叛者,也不是只追求快乐者。他们是"大腹者",是并非产自真正肥胖基因的胖子。"胖客"中的胖,其实指出一种求安逸、安全的生活方式,即贪欲名利,又紧张担心(严峻 2001)。

中国最权威的乐评人严峻的评论,揭穿了将中国朋客等同于无忧无虑精神的神话。然而,中国存在产生朋客的一个重要因素,因为,整整一代愤怒的年轻中学生(即当年17岁的春树之所属),生活在出了名的高考的压制体制之下,很多人跳入朋客音乐的时尚浪潮,寻求安慰。少数蛮勇者拒绝欲成功必死记硬背之路,选择最为激进的反叛方式:彻底退出体制。春树和其他志同道合者一起,将"中学辍学者"构成了一个新的社会群体。《北京娃娃》之畅销,就因为它直言不讳地再现了一位反叛魁首,反抗社会标准所经历的精神折磨。青年自传文学深深触动压抑、虚无的年轻人,在中国迅速成为一种新文体。和春树一样,这些年轻人与朋客摇滚青年关系密切。

见到春树之前,我以另一研究方式,了解中学朋客现象背后的大致逻辑。我埋头于辟有粉丝与杂志编辑交流专版的流行音乐杂志。偶遇春树,才带出中学生与中国朋客综合症间的关键环节。了解了这种联系,再读全国各地中学生和大学新生寄来的信件,我几乎处处都能看出二者之关联。下面是刊登在《我爱摇滚乐》和《激情音乐》上的来信,我随机选取了一些样本:

Han Shunyuan(18岁):面对高考的压力,我非常沮丧。这是我和同龄人的共同压力。这时,我发现了林肯公园(Linkin Park)。我被他们不满现实、反叛现实的精神吸引,他们的音乐让我产生共鸣。高考退居其后,高考剥夺掉我们很多珍贵的东西……听林肯公

困,让我感觉是在倾听自己。(激情音乐 2004, 95)

Da Li (大学新生):刚刚过去的初、高中 6 年生活,简直就是折磨。天啊! 我根本不愿回忆。我真是累死了。我整个生活简直就是崩溃。我成了大无赖,大疯子! 这就是中国教育的方式。我要被逼疯了!(读者铃铃 2004, 61)

Haozi (高中生):一天到晚就这样生活,这么大的压力,简直要把人逼疯。我简直想杀人。我想抓住人的衣领,使劲推,使劲推。理智阻住了我……太苦了,我累极了……我晚上不断做噩梦,白天头疼。我问自己:就这样毫无反抗地向高考强加于我的无期徒刑投降吗?……我受不了了,受不了了。(同上)

这些强烈抗议,证实了中国真正的愤青文化,但这不是一个彻底打破旧习的文化。比如,很多愤青都是极端民族主义者。诚如 Jack Qiu 所述,"中国网络空间的所有政治讨论几乎都关于民族主义"(Qiu 2006),且与"愤青"密切联系。爱国主义,与青年反叛者的我行我素之间,如何协调,谁也不知。但我们能肯定的是,和世界其他任何地方的年轻人一样,不恭的中国年轻人,也在试图颠覆规范。传达喜悦与离别的音乐很能吸引他们。但是,真正的朋客文化不可能在中国扎根、繁荣,是因为,朋客文化虽有忠实的追随者,对大多数年轻人来说,它只是短暂的一个阶段,他们很快就会转向。高考难关一过,大学新生便缓和下自己不守规矩的冲动,他们的忠诚度,也从真正的朋客偶像,转向香港嘻哈和台湾流行歌手及其他比较温和的音乐。原本无政府主义状的青年男女,转向非常迅速。正如《亚洲时报》(*Asia Times*) 上一篇论述中国新激进分子的文章所述,另类一族"就像套着电颈圈的狗,知道自己溜达多远不会遭电击"(Beech 2004, 37)。大多数真正的另类们,和春树一样,忠于朋客的同时,知道自己必须迅速成长,适应社会规范。但对他们的追随者,那些想赶超偶像的后来人,就不能期待太多。他们的激进主义烙印展示出粗暴、尖刻,但在其时尚密码上,而不在音乐品味上。

数码照片叙述与"安全酷"

春树表述的北京朋客现象,说明应视"朋客"为社会现象而不是音乐现象。音乐虽无疑是丰富的切入点,但不能视其为研究中国青年文化的中轴。观察中国朋客,还让我们认识到,在中国,"年龄",而不是"音乐品味",是区分青年的最重要的人口统计指数。不同年龄人群,(在音乐品味上)发展和界定自己的不同的"时尚"文化偏好和标准。朋客在时尚中学生文化中的中心地位虽不存疑,但考上大学后他们的忠诚对象立刻从朋客转向混合类型的音乐风格。比起"音乐品味"驱使,中国年轻中产使用品牌的方式,更受"代际原理"驱使。

我和我的研究伙伴带着这一洞察,外出进行"实地"调查。深思熟虑一个月以后,我们挑选了5位候选人(3男2女)作为被试,分属不同年龄段(16岁至23岁间),但同属中产阶级背景(依据他们每月零花钱的数量)。① 我们非常谨慎地选择出表示喜欢下列音乐形式的候选人:台湾和香港的流行音乐、电子音乐、欧美摇滚、日本流行音乐、朋客、电影音乐。除一人以外,没人保证说,只忠诚于某一种音乐形式。他们的品味不仅兼收并蓄,而且变化很快。唯一的例外是位叫健崔的20

---

① 每月零花钱因地区和个人而各有不同,很难做可靠的统计归纳。我的《时尚中国》项目中的5位参与者的零花钱每月从500到2000元(62—250美元)不等。但这个数字并没多大意义,因为他们只要有需要,总能从6位家长中的一位那里得到更多零花钱。央视市场研究股份有限公司和中国青年研究中心最近发布了一份青年生活方式调查,对生活在北京、上海、广州、沈阳、南京、武汉、成都、西安及其他城市的13到18岁的年轻人的生活方式做了调查。据此调查,城市青年每月平均在网络游戏上花费82元(约10美元)。见《八城市调查》,2006年10月5日,http://www.youth.cn/xw/200610/t20061006_ 422951.htm。2006年11月登陆访问。

岁中学辍学者,和他的朋友春树一样,非常特立独行。① 他是个音乐迷、一位优秀人才,当然,属于少数中的少数,所代表的文化行为,将"亚文化"族与"部落"文化族分开,两者是中国青年文化频谱中的两个极端。

我们的项目更符合典型的营销定性研究准则,而非正式的社会学项目草案,后者需要至少 2 千份样本,方能做出可靠的归纳。时间与资源的局限,也预先决定了本项小型实地调查项目的性质。我们的目标不大:通过数码照片,进入被试(候选人)的心中,了解他们的好恶,找出他们心目中的时尚标准。很明确,照片叙述这一任务,目的是赋权于 5 位民族志学研究对象,激励他们通过相机,叙述他们如何在特定生活方式和品位文化上建构意义。消费者一旦转变成她自己的民族志学者,便很受驱动,运用日常生活照片,展示和记录自己内心最深处的思想和感觉。

每位被试要在一周内用自己的数码照相机拍 50 张照片,将获得 150 元的微薄报酬(约 19 美元)。我们的基本设想很简单:用文字、更用相机叙述故事。照片展示的生活故事,必须反映拍摄者最根本的真实时刻。摄影日记中的每一张照片,都不可随意,必须具有情感逻辑轨迹。我们指导被试拍摄 1. 日常生活中让他们激动的事件和时刻;2. 让他们厌恶的事件、时刻或事物;3. "时尚"物和"时尚"人;4. 幸福时刻和沮丧时刻;5. 他们自己房间中的物品。完成后,请他们来奥美会议室,借助屏幕一边放映,一边给我们讲述每幅照片背后的"故事"。与此同时,我们还进行一项创意性调查,及对每位被试作长达 3 小时的深度访谈,作为照片叙述方法的补充。这一研究项目成果,建成了 5 份小型的照片档案,从视觉角度叙述故事。5 份档案各有精彩,我在此选出 3 份。

---

① 健崔为匿名,把摇滚歌手崔健的名字顺序倒过来。我们起名的策略,是让名字能提示读者该青年崇拜的音乐亚文化。崔健显然是这位青年心中的英雄。

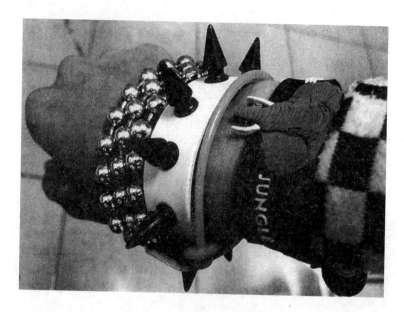

图 6.2　Simon 的护腕。北京奥美

第一份档案源自一位学设计与建筑的 21 岁学生 Simon，曾崇拜垃圾摇滚风格的涅磐乐队（Nirvana），他摄影档案的主题是"美"，拍摄的一系列照片，强调吸引他的物体间的创意空间关系。他运用空间来定义美。建筑与自然风景照、日常生活中的普通物品如 CD 以及他认定的重要的"时尚"纪事，赫然凸显于镜头之中（见本页）。他这份档案的焦点中心，我称为"有风景的房间"（见第 208 页），房间的一面墙上全是拼贴画，简直就是一个小型的视觉自传。这面墙及旁边的架子，充分展现了他现在与过去所有的业余爱好：艺术、音乐、吉他和他最喜欢的电脑游戏。他急切与我们分享的每一张图片或者物品，都道出他的过往故事，童年少年时的经历、成长的烦恼和幸福的记忆。这次视觉访谈结束时，他告诉我们："现在你们比我认识的任何人更了解我了。"

档案二的一系列照片围绕"理想的休闲心情"主题，拍摄者小张

(23 岁，女性）拍了一只蜻蜓的系列特写、她收藏的中外旧漫画（连环画，见第 209 页）书及她男友的宠物狗的很多调皮造型。这些照片，让她仿佛回到很多童年最珍贵的时光。她试图捕捉和展示的，与其说是特别事件，不如说是微妙的心情。每幅照片，似乎都让她感受到童年的点点滴滴，那是她希望建构的"自己未来生活的理想状态"。

　　档案三由一位我称为"酷小姐"的 16 岁女孩提供。她的档案由一百张手机和时尚杂志照片组成，其中很多，已成为她墙壁和天花板的拼贴画。这位被试是我们研究的理想对象。她成天和朋友们在一起玩，从不回家，是个典型的少年流浪者。她的照片集，展示了她丰富多彩的同侪文化——集体制造与消费的快乐时光，以及她们这一群体经常光顾的热闹地区。她和同伴合作制作天花板拼贴画的过程，简直就是一则表演艺术：她一边制作一边拍摄，忠实记录下了整个制作过程（见第 210 页）。

　　另一些照片告诉我们她的穿着爱好：匡威鞋和户外运动衫。还有正面背面都贴满贴纸的三星手机（见第 210 页）。她还带给我们比较手机装饰艺术的照片，将时尚贴纸与那些"很难看"、"一点不时尚"、"一看就知道拿这手机的人很没品"的贴纸放在一起对照。和本项目中的其他几位被试一样，她也喜欢宠物，现在是一只松鼠，不久前有 30 只老鼠。和她拍的松鼠照片混杂在一起的，是她感到沮丧的地方：厨房和她父母家的餐厅（她讨厌按时吃饭，总以薯片为食）。各种有趣的营销理念在这份档案中出现。其中之一，是她贴在公寓前门上的口号："另类公社"，另一个是中学女生的贴纸文化。

　　除此之外，三份档案均显示，他们自己屋内张贴的拼贴画，就在叙述着他们的故事。过去，孩子与父母挤在昏暗狭小房间的一张床上，根本没有自己的空间，与现在的奢侈相比，"一间自己的房间"，充分反映了中国城市独生子女一代的共鸣。

图6.3 "有风景的房间"。北京奥美

第六章 Hello Moto：青年文化与音乐营销　209

图 6.4　小张收集的中外连环漫画书籍。Zhang Yujing

210　品牌新中国

图 6.5　天花板拼贴画。Liu Tianqi

图 6.6　酷小姐的手机。Liu Tianqi

安全酷

五份档案证实,进行营销调查,照片叙述作为实地调查法具有优势。在照片收集过程中,"音乐文化"发挥的作用竟然相对较小。MP3 播放器虽然是中国青年眼中的时尚标志,似乎并不很普及,只有两份档案提到。CD 机和索尼随身听偶有露面,但其形象也不占主导。取而代之的,是新兴的宠物文化,有别于同侪文化的另一种同伴文化。照片充分展示了一种孤独文化,尤其是独生子女这一代,但商人们对此至今没有引起足够注意。一直过于强调全球青年的自我陶醉,没有留意到,这些独生子女一直在寻求伙伴,无论是朋友、宠物、动画或非动画物品以及手机或其他技术小产品。向城市独生子女一代营销手机音乐,若凸显其隐喻的伙伴功能、幸福童年及跨国营销商强调的传统上重视的"自我表达",一定非常有效。

这项实地调查研究,给人的第一印象是,照片档案提供的,与其说是可靠的数据,不如说是趣闻式见解。为更为准确地理解照片叙述蕴含的意义,我们要求 5 位被试在 39 个词汇短语中找出最能表达他们情感、精神、心理和社会取向的词汇短语。首先,没有一个人选择"酷"这个形容词,此有意回避很有意思。他们还回避与"先锋、最前沿"有直接联系的形容词。诚如一些猎酷一族指出的,我们似乎正在进入一个营销时代,"中心"正在变成新的边缘,而非酷正在变成新时尚(Grossman 2003)。

第二,虽然大多承认爱纵容自己,但都渴望努力过"有目标的生活"。其中一位,定义自己的"目标"是"学英语,做空姐",另一位是"考上大学,将来做金融家"。21 岁的小李渴望成为"有影响力的计算机软件设计师"。即便健崔,这位另类乐迷、反偶像崇拜的中学辍学者,也希望自己"成为公认的音乐研究者。"外表激进的大学低年级学生小张,对"自己不同生活阶段的不同目标"叙述得最为详细确切。她希望自己二十几岁时的生活丰富多彩，令人羡慕。30岁时在"专业技术"上成为"公认的"权威，40岁时做"有成就感的幸福的妻子和母亲。"

第三，除了一位例外，没有人承认自己"喜欢走极端"。健崔叙述说，"没有必要那样，过多自我暴露没什么好处。我相信中国的一句古话，'水到渠成。'总有自我实现的机会"。另一位评论说，"知足者常乐。我不喜欢大起大落"。还有一位希望自己学会"中庸"，获得最佳平衡。即使看上去很极端的女孩小张，也讨厌乖僻古怪的时尚，喜欢"适度、细致入微的时尚感"。

唯一选择"我喜欢走极端"的，是16岁的"酷小姐"。我是在西单华威商厦美食广场发现她的，她和一帮另类青年在商店闲荡，那里是日本漫画和偶像文化迷及哈韩族积聚的地方。① 她在同伴中显得非常突出，典型的朋客风格，戴着绿色隐形眼镜，红色头发狂烈地支楞着，两只胳膊各带了二十多个手镯，脖子上戴的细长领带是明显的日本式样。七八个围坐在桌旁抽烟、聊天的同伴簇拥着她，显然她是位意见领袖。她急躁、冷漠、很酷，舌头和下唇上都穿了孔。我百般劝说，她才答应参与我们的照片叙述项目。

然而，按照预约，来奥美正式访谈那天，"酷小姐"腕上一个手镯也没戴，原来那吓人的绿色隐形眼镜，也换成了传统的深绿色，没戴时髦领带，舌钉也不见了，原本不男不女的打扮，被很女孩味的温柔取代。"酷小姐"卸去一切会让我们联想到她的朋客风格的东西，除了下唇环。一身素色毛衣、蓝仔裤的打扮，让她看起来很温顺、很"普通"，

---

① "偶像文化"是一种日本流行文化现象，始于1970年代，蔓延至亚洲其他地区，它以因自己可爱外貌而出名的名人为中心。这些"偶像"大多是十几岁或二十出头的演员。该现象与偶像制造业有关，吸引年轻人进入这一生产体系，把他们塑造成适于在市场上出售的名人。此操作在音乐表演界尤其盛行。见Aoyagi (2005)。

没丁点反叛的影子。上次会面时那位急于走出我的视线的暴躁、冷漠的朋客艺术家,变成了超级友好、耐心、健谈的女士,遵从社会规范要求的所有礼仪。她一下将自己从坏女孩变成"好"女孩,这现象很具有研究价值。她很清楚"极端"与"正常"的界限。这种"角色调整",与一直坚持朝着混乱变迁(赫伯迪格语,罗兰·巴特称为"浮动意义")的朋克不同。(Hebdige 1979, 126)。这种"酷"可以打包,然后迅速褪去。酷小姐或许思想过于实用,没有忠贞于自己的激进事业。

《亚洲时报》一篇文章指出,中国的反叛者"不会成为真正意义上的詹姆斯·迪恩(James Dean)或年轻的鲍勃·迪伦(Bob Dylan)"(Beech 2004, 33)。该发现与伟达公关公司(Hill & Knowlton)所做的第一份有关中国酷追逐的调查(2004),观点一致:"中国大学生追逐有助他们展示'我特别'但不奇异、非社交禁忌"的品牌(Smith and Wylie 2004)。此调查不仅增强了这样一个普遍认识,即中国青年渴望"独立"和"个人主义,"还显示,35%的受访者声称,自己的"偶像"是父母,不是明星。而且,他们的生活观,一般积极乐观、具有创业者的特质。所有这一切表明,他们清楚且尊重自己的边界,跨越边界时,他们其实非常谨慎。这一洞察,转换成伦理与信念,突出显示,酷外表的青年,并非像我们一般认定的那样,随时准备挑战现状。心灵深处,他们都是创业者。① 正是这种创业精神,将大多数我世代,变成虔诚的"中庸之道"的观察者。② 我们两个月来采访的小李、小张、一位中学生和两位大学生,均是此独生子女一代双面文化的产品。

伟达公关公司的调查,也清楚表明,从流行的角度说,国际艺术家远落后于亚洲自己的流行歌星,比如王菲、周杰伦。"这代人认为,亚

---

① 很多人评论说,美国青少年也以颇具营销技能著称。他们比 X 世代更具创业精神。见 Sutherland and Thompson (2001),第 152—153 页。
② 在希腊哲学中,"中庸之道"指的是过度与缺乏二者的中间。中国人以取中庸之道而著称,此为儒家传统,可追溯到儒学经典四书之一的《中庸》。

洲音乐家酷，西方音乐家不酷"（Hill & Knowlton 2004）。该发现进一步证实，需要限定具体地区的"酷"音乐。王菲、周杰伦以及摩托罗拉的朴树等流行歌手，在市场上如此受人青睐，就因为他们的"安全酷"品牌没有涉及真正的破除偶像的行动或主张。

亚文化与部落文化

在中国，音乐一般是娱乐，不太被视为是自我表达的手段。的确，"超女"（真人秀节目，《美国偶像》[American Idol]节目的翻版）热以后，城市青年开始对唱歌比赛着迷，① 但关注的更多是电视比赛，而不是音乐本身，这可归因为青年人"平等求名"的热情（Madden 2005c）。同样，三里屯夜生活区的音乐俱乐部文化之繁荣，是因为青年人把俱乐部当作网络聚集地。他们聚会，为的是找乐，是迅速积聚社会资本。很少有人为体验振奋灵魂的音乐去俱乐部，更没人为感受各种另类音乐去俱乐部了。当然，有少部分音乐爱好者，消费反主流旋律，他们构成一个音乐亚文化的少数群体，在北京和成都（四川省省会）比较繁荣，但在上海和广州只有很小一部分。我用分离"亚文化"与部落文化的同样原理，分离音乐亚文化与音乐部落文化。

我们在第五章中提到，马费索里指出，当代消费社会，见证了各种风格文化或新部落的爆发，它们均倚品牌名称及角色扮演幻想构建。每一个拥有风格利基的部落，其集合与消散都很不固定，恪守部落身份的时间，不长于酷时尚的流转（Maffesoli 1996）。与不屑于目标（抵制现状）、只追求圈内一致的亚文化那帮人相比，部落成员最适宜的策略，是"尝试一系列生活方式，采取任何最适合当前情势的一种"（Clarke,

---

① 2005年，湖南卫视在中国电视上开创《美国偶像》的翻版，掀起全国"超女"热。粉丝和中国电视观众通过手机短信投票选取自己的偶像。据说，"超女"节目引发全国性在线讨论，问题涉及从民主到美的标准。

Doel et al. 2003，137）。新部落在快乐地从一种酷风格漫游到另一种的过程中，建构于亚文化的抵制策略被抛到九霄云外了。

亚文化与部落文化之间虽非严格意义上的二元对立，中国音乐景象，可以被概念化为在此两极间建立的频谱，一头是真正的音乐亚文化，另一头是本质上部落性的流行音乐。亚文化音乐粉丝和音乐家，通常都接近30岁，有非常优秀的音乐品味。他们有非常紧密的圈子，追求一种"精神"，这是"没有灵魂"的流行音乐所缺乏的。其主角无论是崔健，还是刚冒头的电子乐音乐人，比如Panda Twin，亚文化的精神特质，都是强烈渴望精神结合。而与此形成强烈对比的音乐部落（十几岁、20出头、接近30），却是追逐酷风尚，并以肤浅的形式效忠偶像、在网络音乐论坛上不断变换偶像，以此作乐、狂欢。

这一切与摩托罗拉和其他手机制造商有什么关系？首先，要清楚定义无线音乐的目标群体。中国"部落文化"与"亚文化"概念上的模糊，常导致选择焦点小组参与者上的困惑。比如，把从酷小姐（部落人）和健崔（亚文化追逐者）处采集的数据放在一起比较，试图从中建立一贯性的消费者洞察，是没有意义的。其次，"亚文化"音乐中存有能发展成具有可持续趋势的原创思想，即张亚东等精英音乐制作人激发的一种现象，他急切地寻求途径，以让地下精英不过多向市场妥协便能走向地面（叶滢2004）。第三，绝未关闭音乐与时尚间的嫁接之门。最后，对真正有意进行研究的跨国营销者来说，如果能诠释这些内省的反偶像崇拜者的音乐品味，也能说明常去三里屯及类似地后海（比三里屯更温和）处逐酷的装腔作势的年轻人的音乐品味，方能全面了解中国青年音乐文化。

如此多样的音乐文化，其研究成果跨国手机制造商若能加以利用，那将是决定性的使命。对此，我们仍需拭目以待。新的音乐营销模式是否奏效，主要取决于营销商在地域敏感与年龄细分上对音乐粉丝的探究与理解。即便中国的大都市青年，音乐品味也不是评价个人和社会身份的一成不变的标志。时尚青年与时尚音乐之间，不是简单的对等。此见解建立在这样的营销事实之上，即 MTV 清楚显示，音乐台没有单一的全球青少年和青年市场。今天的 MTV 从一个频道增加到 30 个不同频道，每个频道有自己的内容和品牌形象。研究焦点需再度放在消费者自身，即自设议程、知道如何执着、乐观地实现目标的独生子女一代身上。此前世代，鲜有此见。谁也不能长时间控制这一代人了。

第七章　中央电视台与广告媒体

品牌塑造的最后一步是将产品在不同形式的媒体上进行传播，包括电视、广告牌、互联网，等等。在计划和购买媒体方面，中国与西方多有类似，比如，广告主决定投放电视广告的具体频道和时段，越来越取决于西方的标准，即效率成本。但中国电视与西方电视有一关键性不同，即它属国有，由国家控制。中央电视台广告收益优于其他媒体的主要原因，就在于它既是政府喉舌，又是强大的企业集团。

审视中央电视台黄金时段广告拍卖、评估地方卫视为抵消此垄断而采取的对策，对中央电视台的"垄断游戏"，能有一个深入认识。我们还将考察中国目前最热的广告载体——电视剧。不过，首先我得对中国的媒体环境及1999年里程碑式政策文件的影响作一全面介绍。

国家规章制度与资本进入对中国媒体产生的混合影响，常为观察者所注意，普遍的认识是，资本生而具有解放性力量，中国对媒体的政策完全失去了效力。此番观点，我很质疑。市场驱动的媒体，毕竟不能等同于西方的民主媒体（赵月枝1998），且其在中国释放反政府声音的潜能被大为夸大了。此外，在1992年后的中国媒体领域，社会主义中国与市场，是一种共谋关系，而不是对立关系（王瑾2004；Gutmann 2005；赵月枝2005）。[①]

且看一些数据：

[①] 有关中国1992后毛泽东时代的重大意义，详细讨论见王瑾（2001b），第69页。有关外国资本与社会主义中国之间关系的详细讨论，见王瑾（2004）。

- 中国 2003 年①的广告收入，分布于如下的主要媒体：电视占 23.64%；报纸占 22.53%；广播占 2.37%；户外广告占 11.12%；互联网占 1%。2003 年中国电视台获得的总收入为 31 亿美元（张海潮 2004，21—23）。
- 2005 年全国电视普及率为 98.2%。全国电视观众达 1167 百万。中国有 368 个电视台，2214 个频道。约 89% 的城市家庭和 40.2% 的农村家庭能收到卫星电视。
- 2003 年平均每人日电视收视时间为 179 分钟（比 1998 年少 8 分钟），而美国观众为平均 230 分钟（王兰柱 2002，123；中国金鹰电视 2004，49—56；张海潮 2004，21）。

这些数据表明，电视是中国最有影响力的广告媒介，因而也是本章主要讨论的对象。城市电视观众日均 3 小时的观看时间里，有太多的节目选择。假定 2002 年各省台电视播出时间总和为每天 3 千小时，那么，节目供应与观众需求间的不成比例则着实惊人（中国金鹰电视 2004，21）。虽说播出时间数并不能说明节目质量及重播范围，但 2001 年至 2002 年间播出量上的大跨越（每年持续 14.5% 的增长），预示了电视台间的混战，与观众消费媒体的最大能力之间的不平衡，将愈发严重。2005 年，中国城市家庭平均可接收到的频道增加到 42 个，农村为 33 个（传媒咨询有限公司 2005）。与此同时，因主要政策的变化，鼓励频道增多，越来越多的频道在创立，却没有相应政策，鼓励拓展受严密管制的电视节目内容。许多媒体评论者认为，电视台遭遇瓶颈，不能提供新内容，因而节目越发类同，这转而使广告主气馁，并抑制了广告营业额的增长。

---

① 与 2002 年的 13.62% 相比，2003 年中国广告增长率为 19.44%。2003 年广告总营业额为 130 亿美元，占中国国民生产总值（GDP）的 0.92%；而美国 2002 年广告总营业额为 1280 亿，约占美国国民总值的 2.3%（"Ad Sector" 2004；Nelson 2004；张海潮 2004，10；CTR 央视市场研究 2005b）。

电视内容产业：部分商业化

中国有关深化媒体改革的讨论，集中在政策标准上，指望这样能复活不景气的内容领域。"内容为王"，是监管机构国家广播电影电视总局（SARFT）之真言。尽管西方大肆欢呼中国加入 WTO 后的"媒介内容自由化"，电视内容产业非但没有飞跃，反而自 2001 年以来倒退了。中国其他领域突飞猛进，唯此领域大为落后。我们或许会问，阻碍在哪里，或曰，西方的误导性欢呼错在哪里？

首先，WTO 协议并不约束中国媒介内容必须自由化。中国政府视媒体为"文化安全"门户，控制外国合资的政策不断变化。2004，中国似乎已准备好迎接电视节目内容的外国投资：维亚康姆集团（Viacom）子公司尼克儿童频道（Nickelodeon），与上海文广新闻传媒集团（SMG）签署合资协议，合作出品少儿节目。其他同行，比如新闻集团（News Corp）、探索频道（Discovery Channel），相继效仿，与类似的合作企业谈判。① 但第二年，国家广电总局缩减此前允诺，规定此类节目必须事先获准，且合资公司出品的节目，"至少三分之二必须符合中国文化"（Madden 2006b）。西方媒体必须与中国政府商讨制作节目的每一个细节。当尼克儿童频道最受欢迎的儿童节目《儿童选择奖》2005 年底终于亮相上海时，节目生产商受约做出重大妥协，调整节目难于控制的方面。② 同年，国家广电总局进一步加紧对广播和电视领域合资的控制，

---

① 2004 年 10 月，就合资制作广播、电视节目（不包括新闻）的问题，国家广电总局与商业部一起联合发布一项新规定，合资中，外国媒体公司占股不能超过 49%，出品的节目须包含不少于三分之二的中国内容。维亚康集团希望获允在北京电视台另创一合资公司，但 2005 年一项政策规定，外国媒体被允只能建立一个这样的合资公司。

② 比如，没有投票选举最喜爱的打嗝一项，也不让孩子评判哪位电影人物放屁最绝。见 Barboza（2006）。

禁止任何新的外资电视卫星频道进入中国，禁止向在华国外媒体租借中国广播、电视频道（及频道信号），限制与国外公司合作投资和运作频道。此举造成迪斯尼及维亚康集团在中国合作出品的计划无限期暂停（国家广播电视电影总局 2005）。

这些限制背后有一个调节原则：中国政府始终（且成功地）将"内容"分割为三大类别——能进行商业性制作的，① 不能进行商业制作的，及介于两者之间的。经营金融和经济新闻的频道和电台，被视为"安全内容"，可向跨国投资者开放。联合的娱乐节目制作，仍被禁止。新闻集团与湖南传媒集团（Hunan Media Group），及时代华纳与中央电视台和上海文化广播影视集团（Shanghai Media）所做的协定，使得内容市场不久的将来有望更为开放。但获取政府批准很不容易。与此同时，默多克与华纳介入国家广电总局的主要日程计划。加入WTO后，对于政治上不敏感的话题，比如金融与经济、科学与技术、休闲与生活时尚——任何意识形态上中性的大众市场的精神食粮如游戏节目、脱口秀、体育运动及戏剧，中国监管者毫不犹豫地给与特惠处理。部分开放有益于该社会主义国家，它刺激中国国内电视节目内容的发展，促进中国获取西方互惠广播权。

约30多个国外卫星频道获允在华播出，其中有美国有线电视新闻网（CNN）、美国家庭影院频道（HBO）、CINEMAX电影频道、凤凰卫视资讯台、彭博电台（Bloomberg）、星空传媒、欧洲体育新闻（Euro

---

① 因为中国是一个社会主义国家，"商业化"有着与现代西方不同的意义。中国背景下的"商业化"，意味着国有企业的"国家资本分散化"。确切地说，是政府在一定程度上为国内和国际投资开辟了这样一种事业。正如我本章所指出的，资本注入的门槛，各领域各不相同，一个领域之内的各个分支也各不相同。因此，中国的商业化不完全等同于"私有化。"同样，"商业内容"的意指也有微妙之处。在允许外国投资的商业内容上，不同种类开放的程度是不同的。比如，广告内容比电影内容相对开放。新闻这一分支内容最不向国内、外投资开放。至于哪些领域能商业化，下面的文字将进行阐述。

Sports News)，音乐电视台中文频道（MTV Mandarin），全国广播公司亚太财经频道（CNBC Asia Pacific），星空传媒集团5频道（Channel V），TVB8频道，探索频道和AXN动作频道。它们的广播权局限在广东省、外国外交公寓区或大城市的高级宾馆（三星以上）。珠江三角洲以外的广大地区接收不到。除此限制，所有外国内容发行前还需经严密审查。

限制节目制作给中国广告带来重大后果，因为，媒体向广告主兜售内容，而广告主需要媒体受众吻合其目标群体。比如，电视需要艰难地与广告主发展着复杂微妙的赞助关系，并主动吸引外资广告主，除非它有优质节目。因此，中国广告业成长的主要障碍之一，就是电视内容领域只能部分商业化。鉴于内容审查者只允许特定的外国媒体进入，只将经过选择的内容向资本开放，中国就媒体商业化的内部讨论，关注的不是"怎样商业化"（西方中国媒体分析者最爱讨论的问题），而是"商业化哪些分支领域"。这点常被西方媒介评论者忽视，他们欢呼，外国广播公司进入中国，预示世贸协议撬开了共产主义社会。① 此番欢呼，非但过早，还简单化了北京在为了自己的目的接收外资时所采取的复杂的媒体策略。

西方误解中国的另一个极端，是认为中国政策制定历来不透明。的

---

① 媒介研究者赵月枝在《水落石出》（When the Tide Goes Out, the Rocks Are Revealed）中写道，西方的主流观点认为，"中国加入WTO，向外资开放媒体体系，不可避免地会逐渐消弱中国共产党的权威控制，促进新闻自由"（赵月枝2004）。跨国媒体企业在中国的活动是否天然地对中国媒体有促进民主的影响，确实是不同说服派评论员们网上、网下广泛讨论的问题。中国进入WTO后，很多人发表文章，预测中国电视媒体相关规章制度将要发生的变化。2001年时，乐观主义呼声很高，但到了2002年，乐观主义者发现自己也充满了深度保留。这后一种典型观点，见郭镇之(2003)。与此悲观主义（即后WTO时代中国媒体现状并没有很大改变）对照的，是主流观点，强调资本对解放该领域的长期影响。比如，Doris Leung认为，随着越来越多的国外媒体巨头进入中国，怎样经营媒体产业的国际标准也深入中国。也正因为此，随着媒体市场越来越开放和成熟，中国政府将不能像以前那样严密地控制它。见其《WTO与中国媒体之未来》（WTO and the Future of Chinese Media），《全球节奏》(Global Beat)，htpp：//jmsc.hku.hk/newmedia/WTO_media.htm。

确,中国的媒体和文化政策具有惑人的欺骗性,但它们自有逻辑。诚如我们所见,国家广电总局对意识形态的控制虽总体上阻止了中国文化产业大规模的自由化,但对一些特定领域,官方却指定要"有赢利性"。有些是以个案方式处理的,被认为是门槛性的种类。

有赢利性的、非垄断的文化产业分支与内容服务领域,不是文化和信息安全的警戒区。这些领域包括演出、旅游、工业和文化展览、技术生产和视听产品发行、运动与娱乐产业,以及高等教育和职业教育。所列各领域及分支向国内外投资开放。与此同时,投资在这些领域的国家资本被视为侵入,被命令以各种方式退出,比如资产销售和转移、合并、关闭和宣布破产。政府知道,对于提供相对无争议内容和服务的领域,为确保其繁荣,必须引入大量资金,越多越好。

然而,与广告最为密切的是媒体领域那些正商业化或可能商业化的方面,但也是中国政府想保持垄断的部分,即广播和电视里播出的新闻以及它认为政治上危险或禁止入内的其他任何内容。政府在此采取了有趣的转变。这些领域的资本进入,因政策波动而竞争极大。政府授权国家资本垄断重量级媒体,如中央电视台、上海文广新闻传媒集团,但退出中小型媒体公司,此政策被认为不利于发展政府不想继续垄断的非垄断领域(及其分支)。

如此仔细地区分安全与危险的内容和服务,也促进了1999年指示播出与生产分离(制播分离)的里程碑式政策的出台。允许资本进入基础工业,比如传媒产业中与服务相关的价值链(有线传输、印刷和出版管理,零售业,信息传递与分销网络),这些基本与制作节目和内容无关的子单元,被认为是可以向商业投资开放的"安全"分支。

努力区分内容与传送,这也与国家的主导思想一致:鉴别出能商业制作的部分,然后将其商业化。政府然后进一步细分,确定每一分支中同时存在的禁止和自由领域。(政府与市场之间)的利益冲突上升时,则要求国家广电总局重新界定禁区的界线。管理者不断调整各分支的商业化禁区,及跨分支和每分支内可商业化的界线,这让西方投资者很是犯难。中国人似乎不遵从规则,该印象导致这样一个共同误解,即中国的政策制定者"难琢磨"。然而,中央政策很难转向,尽管会偶有微观上的缓解和删减。

82 号文件:政策上的里程碑

1999 年具有深远含义的媒介政策,是著名的 82 号文件《关于加强广播电视有线网络建设管理意见的通知》,主要改革均通过它得以实施。① 这些改革包括:网(传输)台(内容)分营;广播电视集团合并;为进一步集中中央控制,城市及县级的广播和有线电视网的整合;以及电视理论上的制播分离。② 此外,还下令逐步淘汰县级电视频道。原来的四级网络许可体系,减少到三级(国家、省、市)。这一大规模调整,引起广告业的重大反响。

首先,县级电视台的退出,减少了地方广告主的媒体购买选择,削弱了他们购买媒体的议价能力。与省级电视网谈折扣,现在对广告主而

---

① 1999 年以来,中文出版的商业杂志和书籍有关媒体改革的著述,对该重要政策文件多有分析。中国广播电视年鉴委员会编辑了《2000 年中国广播电视年鉴》(北京:中国广播电视年鉴社,2000 年)。

② 广播电视制播分离到 2005 年才部分贯彻。这是一个对策,央视这样的大电视台对此是赞成的,希望这样能获得更多对于地方电视台的相对优势,因为地方电视台的小规模操作,难以承担如此系统性的分离。隐含的议题是,通过吸引"社会制作力量"(即电视台以外的制作资源和资本)、商业化体育和娱乐节目的内容,使节目制作逐渐专门化和职业化。但是,由于基础设施问题,资本短缺,节目制作专业技能缺乏,以及政府管理体制之外中国内容制作市场的不成熟,导致电视台很难将播出权与节目制作权分离。现实与理论相距遥远。据黄升民和丁俊杰所做调查,大多电视台管理人说,他们的政策试验,限制在一些有选择的节目(而不是整个频道)上。管理者将这类节目的制作权拍卖给内容制作者。(新闻节目绝对在此实验之外。)但在一些很难区分"公"、"私"的体系之内,权限重复仍是一个问题。见黄与丁(2001 年),第 30—32 页。

言更为困难。省级电视网络成为主角,这也改变了试图影响全国电视观众的广告主的竞争方式。比如,至2003年,与占有12%的电视剧观众的中央电视台相比,省级卫视的份额达19%(吴东2003,18)。

第二,广播和电视(包括无线和有线电视)网合并,产生了一些强势企业集团,其中有北京广播电视集团(Beijing Radio and TV Group)、上海文广新闻传媒集团和湖南集团(Hunan Group)。很快,其他省市争相效仿,到2005年,中国主要广播集团在各地如雨后春笋,堪与上世纪90年代晚期报业集团的涌现相比。如此热切的全国性合并运动的主要原因,是WTO。北京已为想象的外来攻击,做好充分准备。中国加入WTO一旦已成必然,国家的政策制定者便在所有领域进行主要资产重组,传媒产业也在其中(王瑾2005b,13—18)。加入WTO后,"规模"就很重要了。中国人对全球化的理解,还没超越规模经济,于是,便有了诸如"做强做大"这样的政策口号。媒体合并被看成是防止维亚康姆、时代华纳、新闻集团这样的全球传媒巨头渗透的对策。然而,这些政府主导的大合并,并未像预计的那样,重构中国的电视广告业。

从理论上说,资产和资源合并后,应更有利于大媒体集团发展专门频道,吸引一部分观众选择付费服务。然而,直到2007年,中国付费电视因缺乏优质内容,仍没真正开始。频道接收基本是免费的,因此,电视台主要依靠广告收入(电视台90%的收益来自广告主)支付经营成本(谢耘耕和倪握瑜2007年)。此单一商业模式进一步增强了唯节目收视率马首是瞻的现状,造成电视台宁愿不断复制老式节目,以确保大众吸引力,而广告主则据此计划自己的广告费用(Zhou,Wang and Zhu,2002年,19—20)。这个恶性循环很难打破。节目雷同已是家常便饭(Keane 2002)。这样的体制不可能鼓励创新。大合并并没改变电视台过度依赖广告收入的趋势,让人失望。反而,有线、无线电视整合,减少了供选择的媒体,对广告容量有负面影响。生产新的或更多样化的节目内容所遭遇的瓶颈,越发明显了。没有相应措施开发内容平台,并使之多样化，便不可能期待媒体改革上的真正进步。

制播分离

82号文件最重要的措施，是广播电视系统内的台（节目生产）网（节目播出）分离。这项规章给因内容创新受限而惨遭不利的领域，带来新生。制播分离即内容（电视台）与播出（网络）之间的分离，这对中国广告业有巨大影响。在管理与财政基础上，以前网络与电视台是不可分割的。因为电视台以前是事业单位，故必须服从国家文化安全的规章制度，因此，商业化网络至今仍受禁止。分离之后，网络继续电视传输的同时，可自由扩展增值服务，比如，付费电视、视频点播、远程学习、宽带接入和因特网数据服务。

这一历史性分离之后，地方有线电视运营商开始兴旺发达。到2005年5月，11000万中国家庭订购有线电视，中国成为世界上最大的电视订购市场（Budde 2005，2；传媒咨询有限公司 2005）。很多有线传输公司，比如总部在北京的歌华有线电视网络股份有限公司，均非常积极地公开发行股票。即便对于未在证券交易市场上市的公司，"三重播放"（电视、电话和网络服务）模式也预示了可观的收益。① 电缆调制解调器高速访问（cable modem high-speed access）的价格，2003年是每月300元。基本有线电视服务级每月价格到2005年虽只微涨了15元（Ai 2003），但有线电视用户的数量一定会增加。② 更为有利的预兆是，到

---

① 信息产业部在有线电视领域外资投资这个问题上若态度温和，有线传播公司扩展资本的前景会格外乐观。有线传输被建议分成两个平台：A平台涉及播出电视节目的有线电视运营商（这与外国投资商仍保持密切的关系），B平台向有能力提供具有附加值的电信服务（比如声音和数据传播）运营商开放。据说，允许外国投资归类在B平台下运营。见 Budde（2005），第4页。到2007年中期，两部委对整合仍意见不一。"两部委（信息产业部和国家广电总局）是否能将既得利益放置一旁，共同携手，还有待观察。"见 Chan and Ip（2007）。

② 以用户数量及收费为基础进行计算，中国基本有线电视服务到2005年预计年收入能达3百亿人民币，比2001年增长275%。见 Ai Mai（2003）。

2005年，中国的视频点播用户预计超过1千万。与此同时，数字传播的运行，据报每年都在翻番，到2005年，估计每年收益2千亿（同上）。有线电视网络有望争抢到这特大馅饼中的很大一部分。所有这些数据表明，有线电视在未来的岁月里会爆发式地发展。

国家广电总局与信息产业部之间的联合与竞争

这个明显合理的价值链，却缺乏联系。多年来，因特网与有线电视业务之间的联合，在信息产业部与国家广电总局之间，一直是争议焦点。① 1999年，两个监察机构达成协议，约定电信运营商和有线电视运营商相互不得踏入对方领域。② 但新技术使得两体系（广播电视传输与电信传输）之间重复建设不可避免。有线电视运营商若受电信业务的阻碍，又怎么可能通过二者间竞争降低通讯费和上网费？③ 两个监管机构之间的利益冲突，一直持续到2007年。④ 另一方面，联合是全球化趋势，对于试图追赶国际规范、热衷规章监管的国家，无以回避。2005年

---

① 信息产业部在2001年的一份重大政策声明中，为两部门的联合开绿灯，但国家广电总局却拒绝了。焦点在于像中国电信和中国联通这样的固定电话运营商，是否能用它们属于信息产业部的宽带网络来提供有线电视，而属于国家广电总局的有线电视公司，是否能通过广电总局监督的有线电视网络，传输因特网和声音服务。(Budde 2005, 6)。

② 我指的是1999年国务院办公厅颁发的《关于加强广播电视有线网络建设管理意见的通知》。此为信息产业部与国家广电总局的君子协定。

③ 据报告，中国网民更愿通过有线电视网络连接因特网。两部门若联合成功，目前用电信服务上网的网民会改变方向。有线电视网络技术更先进，连接速度"快10倍，收费却比电信网络少很多"。见《中国有线电视网络能在与中国电信网络竞争中胜出》，www.chinaonline.com/industry/telecom/NewsArchive/csprotected/2000。2003年5月登陆访问。

④ 2005年5月，国家广电总局给上海文广新闻传媒集团颁发了第一个网络电视许可证，宽带用户得以通过机顶盒在自己的计算机或电视上接收电视播放服务。广电总局的这一创新举措，在中国电信和中国联通（广电总局旗下最重要的两个企业）于中国有线电视广播网每年一度的展览会上展示后，仅一个半月便付诸实施，这绝非偶然。见《中国视频电视许可证向电信运营商的广播公司打开大门》（China's IPTV License Opens Door for Broadcasters, Telcos），*Yahoo Asia*, 2005年5月17日，http://asia.tech.yahoo.com/050517/4/213dq.html。

新建立的国家电缆垄断，中国有线电视网（CCN），进一步预先提高了有线电视运营商的分担额，以期更好地与电信运营商分享收益。中国有线电视网主要隶属国家广播电影电视总局，在全国拥有 7 万公里的光纤干线传播网络。它将逐步合并当地分散的地方运营商，把有线、无线、地面和卫星传输均整合在自己旗下。

在有线电视运营商面临的新机遇中，中国正向数字电视（DTV）迈进。2005 年，广东、福建、山西、湖南、陕西、江西和其他省份，与直辖市北京、上海一起，开始将电视传输由模拟平台转成数字平台（"Nation Tunes In" 2005）。有线电视用户现在能看数字电视节目了。据统计，到 2006 年 12 月，有 24 个城市完成全面转化（China Digital TV Market 2007）。这一重要技术提升，既得益于建立中国有线电视网的远见，亦得益于 82 号文件。该政策文件驱使之下的中国有线电视网的商业化，引发一系列商业扩张，进入以前就与它紧密相连的其他服务领域。有线电视网一旦挣脱受内容驱使的电视台的束缚，联合与数字化，便是它符合常理的方案了。

但"网络"与"电视台"分离，并不意味着二者结束关系。有线电视网提供的基本服务之一，是传送电视节目。增长驱使之下建立的网络，主要依赖频道出租和频道传播，自然希望有更多频道。这一新的动态发展，反过来又给电视台带来压力，需要它提供新节目来满足有线电网的需要。随着电视节目制作领域的加速发展，广告主现在有了更多的频道投放自己的产品。不断扩张的网络，与迫切需要播出更多节目的电视台之间，这种自动给养，让价值链上各环节的所有参与者获利。

因此，82 号政令将有线电视网领域向不同标准的自由化及市场管理开放了。倘若没有这一政策，2004 年和 2005 年时，创作中国电视节目内容的人员，或许并未感到向国外寻找节目制作伙伴、部分向国外投资者开放的急迫。尽管他们的努力暂时受阻，时代华纳与中央电视台和上海文广新闻传媒集团互送秋波，及尼克儿童频道与中央电视台少儿频道联盟,标志着中国电视内容发展的转折点,而这之所以成为可能,缘自电视业对制播分离的反应。更重要的是,这同一政策,还促使国家广电总局将推动中国电视数字化视为当务之急(黄升民和丁俊杰 2001, 279—285;中国金鹰电视 2004, 241—245;中国电视网 2005)。数字化电视,是解决传播公司需要无休止增加频道的根本办法。①

这些重大变化重新定义了中国媒体市场,调查这些变化,82 号文件是非常好的切入点。我们还看到两个领域(媒体与广告)之间的相互依赖。研究付费电视与数字电视对广告业的影响,虽然为时尚早,但新形式广告在中国出现的可能性,令插播广告显得过时。2004 年 9 月,中央电视台开始播送"没有广告干扰的"付费频道。但中央电视台还计划新开一个由大广告主赞助的"品牌与时尚"频道,和一个向汽车一族兜售"增值服务"的汽车频道(李琳和杨玲香 2004)。强调互动的新型广告理念无疑会不断涌现,以应对技术对电视广告的威胁。② 与此同时,即便没有诸如数字录像(TiVo)类技术的助威,更多的频道选择,也已使中国电视观众养成频繁换台的习惯。早在 1999 年就有数据显示,中国电视观众换台率高达 44.6%,2000 年升至 50.4%,2002 年升至 57.6%

---

① 国家广电总局发展数字电视(DTV)的利益,与电信部门发展交互式网络电视(IPTV)利益之间的矛盾,是二监管机构间争执的另一热点。极反讽的是,国家广电总局已被授权推广数字电视,但它同时还控制颁发 IPTV 执照(因为视频节目被视为"内容"),这不是直接与 DTV 竞争吗?根据目前的规制,视频节目只能来自合法的广播机构。然而,若于电信运营商已通过与当地电视广播机构合作的形式,进入 IPTV 市场。央视网络电视与电信运营商合作提供 IPTV 服务,就是一个很好的例子。

② 至今为止,最大的威胁,就是数字录像技术,数字录像技术公司用自己开发的数字硬盘录像机(digital video recorder),让消费者能极方便地录制自己想看的节目。该机有很多特点,其中之一,是能根据自己的意愿筛选掉广告。2007 年,数字录像技术引进到上海。消费得起该技术的,属中国最富裕的阶层,是在华跨国公司最重要的目标群体。有关数字录像技术对插播广告的影响的描述,见《数字录像技术的故事》(http://www.tivo.com/5.1.asp)和《论数字录像技术与广告》(http://george.hotelling.net/90percent/geekery/on_tivo_and_advertising.php)。二网址均于 2005 年 7 月登陆访问。

(中国金鹰电视 2004,228)。面对如此易变的观众,广告主不得不设法寻求更新奇的方式吸引观众眼球。在电视剧或剧情片中做植入式广告,或许是解决的办法。① 或者,广告主很快会效仿最新的西方潮流,将推广活动整合进虚构的游戏世界。②

中央电视台广告拍卖:一场垄断游戏?

诚如所见,广告不仅给媒体业财力支持,还对可能由新媒体技术引发的创意革新很敏感。然而,媒体不是控制广告业起伏的唯一领域。广告处于文化生产与商品生产的交叉点,还受与企业的结构性关系的塑造。因此,企业客户和他们的媒体购买行为,对研究广告非常重要。同样,企业法规对广告实践产生的影响,不亚于82号文件这样具有转折意义的媒体政策。

比如,2000年5月,国税局拟议一项新税法,限定企业广告费不得超过公司年收入总额的2%,引发了广告业对国税局监管范围的激烈争论(乙鸣2001)。国税局为抑制猖獗逃税,干预广告规制。若执行2%的限额,将能防止公司投入过多广告费用,这笔支出是免税的。这一提议的最高限额,将给企业广告主如制药生产商一个打击,美国制药厂一年的广告费用高达公司总收入的30%。生活时尚类产品因为非常依赖广告,也会大受损害。该法律一旦实施,大广告主和广告代理公司都将遭

---

① 见第六章有关中国剧情片中手机广告的讨论。效仿摩托罗拉,诺基亚也将其电话植入冯小刚2004年的影片《天下无贼》。

② 美国有三种与游戏有关的广告越来越流行:游戏内置广告,与传统广告类似,只是存在于虚拟世界。浸入式游戏内置广告,能与玩家互动。典型的是客户付费给代理商或游戏开发商,要求他们在开发游戏"级别"时融入主要赞助商的产品。第三种叫广告游戏——整个游戏从开始开发时就考虑到营销信息和具体产品。广告游戏是品牌娱乐在虚拟世界的翻版。更多细节,见 Jones and Martin (2007)。第一家视频游戏广告公司 Massive,于2005年在纽约成立。试想,中国多么迅速就赶上西方的营销趋势,广告游戏引入中国,只是一个时间问题。

受重大经济损失。

国税局未与管理广告领域的国家工商管理局磋商便做出提议,难怪引起强烈抗议,导致多方参与激烈谈判。最后,立法通过将最高限额从每年总收入的2%,提高到公司前一年销售额的8%。法令还增加了较大的缓冲,使得属高风险领域(比如计算机业)的新建立企业有了更高的广告费用限额。① 此番争论亦表明,广告业在监管事宜方面没有足够的代表出面发言。

更重要的是,关于广告费2%限额的争论,牵连到中国最大的电视集团,中央电视台。反逃税法是一双重攻势,对准的是两个目标:企业广告主和中央电视台。它含蓄批评中央电视台每年的广告拍卖,每年秋天都诞生一个标王。以最高标的中标黄金时段的广告主,可在下一年每天晚上7:30(新闻联播后、黄金时段节目开始前)为自己的产品宣传5秒钟。一些其他广告主也在7:30之前的"黄金"60秒内购买5秒钟的电视广告播出权。声名狼藉的招标战迅速制造神话:在中央电视台黄金时段花费巨资,能使企业下一年的销售量剧增。② 拍卖从1994年开始,但印刷媒体和政策制定者直到1990年代后期才开始对"不健康的标王现象"予以猛烈批评。2%限额因此也是立法者的手段,以限制中国企业在央视黄金时段拍卖中不成比例的支出。

所有的标王都哪儿去了?

一起来观察一下下面所选的"标王"列表以及它们的竞标价格(张

---

① 挑选出的符合最高限额达8%的部门,包括医药、食品、电器和电信。对于像投资和先进技术这样的高风险领域,税务局会在其开始业务的头5年,在具体分析的基础上,审核其税前广告花费的需要。税务局据此评估结果,可允许所涉及的公司在广告花费上不设最高限额,或确定出更高百分比的限额。

② 将这一广告业务与超级杯的广告作比较,区别在于,中央电视台的营销着重销售量,而超级杯的广告注重产品品牌塑造。

志安、柳剑能 2004，93；赵曙光 2004，56—60）：

1995 年	孔府家酒	全年中标价	375 万美元（中央电视台建议起拍价为 150 万美元）
1996 年	秦池酒	全年中标价	750 万美元（中央电视台建议起拍价为 172.5 万美元）
1997 年	秦池酒	全年中标价	4015 万美元（中央电视台建议起拍价为 206.25 万美元）①
2003 年	熊猫手机	单元中标价	1320.02 万美元
2004 年	蒙牛乳业	单元中标价	3753 万美元

这些数据显示了很多市场不理性的征兆。央视要价与广告主最后的中标价相差巨大，1996 年增加 4.6 倍和 1997 年增加 18.7 倍。积极投标全为自愿，飞涨的价格因此不完全缘自垄断媒体的控制。

上世纪 90 年代中、后期，竞标热还有其他原因。面子问题和过于看好央视黄金时段广告的销售力，是主动哄抬价格的主要因素。与美国电视广播网黄金时段 30 秒钟电视广告季度利率相比（1999 年仅需花费 19 万美元）。② 这一全为争夺 5 秒钟插播广告的行为，显然很反常。秦池酒首席执行官一年之内将标王从 750 万增加到 4000 万，不啻鲁莽赌徒。在争夺中连续两年做标王，对企业来说，等于自杀，果然，秦池酒第二年深陷债务。此公司不是第一家付不起央视广告费的标王。事实上，秦池酒 1997 年声名狼藉的标的，引发公众对央视和招标热的强烈反应（Hu and Yu 1998；Yan Zhigang 1998）。

黄金时段广告招标是中国媒体市场独有的销售方式。多年之后，宝洁、日立（Hitachi）和高露洁（Colgate-Palmolive）等跨国广告主才参与

---

① 这些统计数据由 Shou Peiei 挑选（1996）。
② 据浩腾媒体（Optimum Media）称，1999 年第三季度，在美国网络电视黄金时段投放 30 秒广告需花费 19 万美元，但白天为 21960 美元。见 http://www.newspaperadvertising.com/articles/art5.html. 2005 年 5 月登陆访问。

竞争。① 中央电视台以拍卖形式确定广告价位，有几个原因。最显然的，是广告主的标的往往超过媒体插播广告的真实售价。拍卖的秘密，在于广告主主动暴露了自己在广告花费上的最大能力。同时，也显示出哪类企业（比如酒类）愿意做最多的广告。② 这一竞拍趋势，也受上世纪90年代更大的商业环境的推动。经济增长已将中国由卖方市场转变成买方市场，对消费者的争夺逐步升级，促使企业一哄而上，寻求轰动的推销广告。央视被当成有抱负的国内企业创奇迹的法宝。每天晚上7点，中国约有3亿台电视机开着，超过8.5亿人同时收看中央一台。新闻联播之后天气预报之前的65秒钟③（共13条广告，第一条属于标王），自然成了相互竞争的广告主最炙热的商品。企业试图借5秒广告持续长达一年的"地毯式轰炸"效应，梦想自己的品牌一夜之间家喻户晓。有成功的故事。1995年的标王孔府家酒1996年取得1090万美元的销售记录。即便秦池酒，第一年也有很好的收益，自夸其市场占有率比首登央视一频道的前一年增长5倍（赵曙光2004，57）。神话迅速增长。央视招标净收入从1996年的360万元人民币（45万美元），飙升到1998年的

---

① 外国公司参与央视年度招标为什么行动缓慢？行业推测，集中在两个可能的原因之上。一是竞拍在11月初举行，此时大多外国投资者尚未做好下一年的广告计划。二是大多外国广告主依据对媒体的定量测量而购买媒体，中央电视台直到2000年初才提供统计数据，支持黄金时段广告值得投资一说。

② 头几个标王都是酒厂，表明央视竞拍的头几年，中国酒业是最冲动、好斗、主动竞标的企业。中国进入WTO以后，烈酒的关税从65%降低到10%，放慢国外葡萄酒、啤酒和其他西方烈酒的进入速度。中国酒商的战场越发限制在中、低端的烈酒市场。然而，这是一个能容纳很多玩家的大市场，他们排队等候着分割有序的当地目标。或许是因为国内酿酒业低成本高回报的性质，像五粮液和古越龙山这样的大酒厂被允许有子品牌去罔顾后果地增长，以满足不同目标的不同口味。该领域作为一个整体，以"多是多"和"大是多"为营销策略（子品牌越多越好），这也解释了为何该领域追求"标王"现象预示的轰动效应。关于国内酒业，更详细的分析，见翁向东（2002），第182—187页。

③ 2005年，新闻联播后的65秒钟时间减少到60秒。这段时间内插播广告的数量由13条改为12条。但每一插播广告的时间长度仍为5秒钟。见中央电视台广告部，《黄金段位广告招标政策调整说明》，《广告人》，11期（2004年11月）：第20—21页。

28.4亿人民币（3.55亿美元），但在秦池酒崩溃后开始减缓，1999年，央视招标收入微降到26.8亿人民币（3.287亿美元），2000年进一步滑到19.2亿人民币（24万美元），但2002年适度回升到26.3亿人民币（3.287亿美元）（禹建强2004，212；张志安和柳剑能2004，94），2006年激增到68亿人民币（8.6亿美元）（Kwok 2006）。

秦池酒事件不是1998年后央视招标收益下降的唯一原因。上世纪90年代中期，中国媒体激增，让企业广告主有了更多的媒体选择、更大的议价能力。驱使媒体价格下降的另一原因，是竞标企业为抵制黄金时段价格飞涨所采取的有效对策（张志安和柳剑能2004，96—97）。央视对于收益下降的反应，是拒绝暗标之类的非理性拍卖方式，选择培育长期收益增长而不是短期拍卖获益。这一战略性再调整，表明已不再过度重视单一广告收益。与此同时，央视增值性价格改革，也允许广告主选择和混合广告段位。比如，2004年，蒙牛乳业购买总额达3750万美元的广告段位，分散播出，不仅跨季，而且跨节目单元和黄金时段。原本以夸张姿态呈现的"标王"传统，在1999年左右结束。随后，中央电视台实施了双赢策略，保护企业客户和媒体卖方的双重利益，一个理性的媒体营销新时代，开始到来。①

---

① 一些调整相继出台。1999年央视将季节性单元改成两月型单元，让媒体时段尤其更吻合电器制造商的销售周期。将媒体单元分出各个月和淡季（即7月和8月），有助较小企业进入其他买不起的黄金圈。同年，央视市营销人员开始周游一、二线城市，向地方企业介绍他们新公开的服务型计划。2003年又对黄金时段的广告长度做出调整——新闻联播前的3个5秒广告改成4个15秒广告，紧接在《焦点访谈》之后播出的优质广告，由4个15秒广告，减少到3个。这些措施不仅考虑到塑造品牌的需要，15秒比5秒要有利得多，而且也实践了最基本的市场原则，那就是，更少的广告供应，会刺激越发激烈的竞争，抬高媒体价格（张志安和柳剑能2004，98—99）。与"标王"现象相比，这一刺激广告费用增长的方式，从长远角度说，更为理性。

一个同样值得注意的战略是，中央电视台强调黄金时段广告主的"附加值"。对于央视最受惠顾的客户，媒体打包服务包括，在央视所属的其他媒体上的免费广告，与央视长期战略合作伙伴如国家财经新闻媒体和几个城市的户外和公共交通广告经销商的特惠交易（季风2002b，86），这构成一个综合的媒介组合，是省级及地方电视台对手无法企及的。

"我们不仅出售广告，还出售服务"（卢金珠 2002，93）。央视低调地将"媒介营销"观念带入众人注目的中心，参加每年 11 月招标活动的热情开始回归。今天，央视的成功，被视为企业界对中国经济的强劲势头充满信心。甚至宝洁和联合利华这样的外国企业也加入竞争。2005 年，宝洁购买了黄金时段广告，加上电视剧播出赞助，成为当年最大的赢家，投放费用总计超过 4650 万美元（王纪辛 2004，104）。"标王"现今被赋予新意，它是对黄金时段电视节目理性的综合性消费，不再只是一锤子买卖。2006 年，央视招标作出另一重大改变：重新定位为"黄金资源拍卖"（premium resources auction），彻底抛弃原先的称呼"黄金时段"，反映出非黄金时段播出时间的收视吸引力，比如两年一次的"青年歌手大奖赛"和 2006 年的 FIFA 世界杯（Savager 2005c）。拍卖形式的改变，刺激更多的节目赞助，无疑也是在回应人气颇旺的竞争对手湖南卫视（其最近两档风行的节目，进口韩剧《大长今》和偶像秀《超级女声》），吸引了成千上万的观众，给广告主带来巨大收益。① 来自省级媒体的新挑战，会让央视招标显得越发落伍甚至被高估了吗？并未如此。"央视招标不是培养品牌的唯一手段，但要想成为大的著名品牌，你非得竞标"（古月 2002，89），这仍是大家的共识，即便到了 2007 年，此论仍千真万确。

---

① 好奇于韩剧如此受追捧，我买了一套电视连续剧，观看了完整的 70 集。韩剧的成功，归因于几个相互缠绕的因素：历史宫廷剧是中国观众喜欢的类型；中文配音让观众忘了自己是在看外国电视剧；剧情讲的是帝王的珍贵食品和草药，以及二者有效结合改善食者健康，不败坏食品的味道。食补是中韩两国共有的独特传统，而这一主题以前还未有电视剧中涉及过。电视剧大受欢迎是很自然的事。除此之外，还有那催人泪下的故事情节：年轻姑娘不畏艰难终于成功的历程。当然，还有爱情故事、三角恋情，为一个普通姑娘在女人给男人看病受禁的年代争当御医的漫长冒险历程，增添了情趣。韩国人知道怎么利用中国内地和台湾的《大长今》热赚钱。他们将电视剧中虚构的宫廷保持原样，变成大陆、台湾和其他亚洲游客的游览胜地。该剧在中国引发一场韩国食品、服装、音乐热，当然，热起来的还有电视剧中宫廷菜肴内恣意使用的高丽参。

电视观众研究：反垄断的媒体组合策略

央视2005年招标提高了近52.5亿人民币（6340万美元），比上一年收益高出18.9%。此番收获，部分原因在于国外企业的加速参与。宝洁击败国内广告主，成为第一个外国"标王"。联合利华、吉列、高露洁和肯德基均投标成功。[1] 招标竞争逐步升级的另一重要原因，是2004年国家广电总局的一项新规定。

第17号令暂行办法，限制广告不得超过日播出时间的20%，晚上7点到9点，每一小时节目时间里不能超过15%（谢颖2005, 102）。后一约束，意味着黄金时段广告削减3%，总播出量短到总数为18分钟（即这两小时内播出的每个节目可插播9分钟的电视广告）。除此之外，酒类广告从每天的17支，降到了12支，原本晚间7—9点黄金时段播出3支，现降为2支。电视剧广告遭遇更大限制：黄金时段以外的电视连续剧（一集45分钟），只允许播放一则限时为2.5分钟内的广告（袁方2004, 29）。国家广电总局的原意若是抑制广告纷扰，那么，新措施减少了插播广告，收视率因此上升。比如，四川电视台遵循新规定，广告费增长了30%（Png 2004）。平均收视率为各卫视台增加22.2%，中央电视台增加12%，市级电视台增加13.9%（谢颖2005, 102—103）。央视将其拍卖的黄金时段限制在9分钟之内。另外非黄金时段的9分钟用以常规的广告交易（张海鹰2004）。（未中标的企业，争夺剩余的9分钟的竞争同样激烈。）电视广告播出时间的缩减，让广告主深陷困境。[2]

---

[1] 与前一年宝洁投入的不到217万美元相比，外国公司在央视2005年招标中总共投入7.533亿人民币（0.94亿美元）。见Zhang Lu,《宝洁成了央视标王》《中国日报》, 2005年11月20日。http://www.chinadaily.com.cn/english/doc/2004 - 11/20. 2005年5月登陆访问。

[2] 与此同时，因为价格炒作，很多弱小的省级频道填不满18分钟的定量。

中央电视台 2005 年招标脱销，一定程度上是因为黄金时段广告时间的短缺。而它成功的另一更重要因素，在于可信的研究公司新提供的媒体检测数据。2003 年 11 月宝洁代表举起竞标旗时，正是因为它确信这一广受认可的统计数据，证明央视 1 套具有优质价值。

到 2004 年 11 月，央视 1 套的全国覆盖率高达 94.4%，是唯一在全国各地都能接收到的频道，几乎没有盲点。① 2007 年，晚间新闻联播后、天气预报前那黄金一分钟的收视率，在北京、华北、华中和西北，均无匹敌。营销传播服务的世界领军企业 WPP 集团，其媒体子公司 MindShare，2004 年调查了中国 25 个城市，统计数据进一步证实了所提到的 65 秒钟的市场价值。况且，29.2% 的央视观众在观看黄金一分钟之前和之后的两个节目之间，不会换台（MindsShare 2004，27）。

长期以来，学者一直认为，媒体曝光率，并不一定能转换成实际观看或阅读广告的人数。但不能否认的是，只要有曝光，则表明接触广告的机会增加。② 况且，我们如果相信央视内部数据，该频道 CPM（每千人成本，即将一则广告传播到一千个人或家庭的成本）仅 1 元（中央电视台 2006），那么，央视一套显然是广告主的最佳选择。③ 基本原则是选择 CPM 最低的媒体。一般都认为，"选择媒体，标准在于它是否以最合算的价格，向最大量的暴露目标播放信息"（Sissors and Baron 2002，51）。

看一看电视观众测量（TAM），可知在中国媒体购买与媒体计划已

---

① 针对观看晚间新闻联播（中央电视台的摇钱树）不同年龄段的全国观众份额进行统计分析，13.5% 的观众年龄在 25—34 之间，18.1% 的观众年龄在 35—44 之间，20.5% 的观众年龄在 45—54 之间，31.3% 的观众年龄在 55—64 之间，该数据证实了这一观察。见 TCR 市场研究（2004），第 23 页。

② MindShare 研究显示，68.4% 的观众是通过观看央视一套播出的电视广告得知某个著名（且是拼命回忆起的）品牌的（MindShare 2004，27）。

③ 央视的数据统计或许并不牵强，因为我们知道，中国电视的 CPM 平均分数最低，为 18，紧随报纸之后，报纸为 24。见 Hung, Gu, et al.（2005）。

越来越国际化。自测量电视观众的 CSM 媒介研究公司（全名为央视—索福瑞媒介研究 [CVSC-SOFRES]，由央视市场研究公司与总部设在伦敦的 Taylor Nelson Sofres 集团合资）于 1997 年成立以来，中国的媒介研究已经进入科学时代，越来越专业化。收视率[1]虽仍是测量观众的基本尺度，但新概念如 CPP（每收视点成本）、CPM、GRP（毛评点）、VPVH（每个收视家庭的观众），已源源不断进入这一新产业。

CSM 是目前在中国最大、最权威的 TAM 公司，它的对手 AC 尼尔森（AC Nielsen），在覆盖范围和技术发展方面远落后于它。CSM 运用日记卡调查（diary panels）和在各家置入电子仪器的方式，提供不间断的 TAM 服务，全天候监测 2.8 万多家庭，8 万多人，观察 80 多个城市和 14 个省的观看数据，测定约 7 百个主要频道。目前，它为 20 多家国际广告公司和广播公司、100 家电视台和 300 多家国内广告公司服务（禹建强 2004，155—164；CTR 市场研究 2005a）。

嘲讽者或许会冷言道，所有这些科学的媒体数据，证明了一件不需电视观众测量技术的事实，那就是，中央电视台这样的垄断媒介集团，每千人成本 CPM 很低。然而，CSM 每月发表于《国际广告》上的媒体报告，为媒体计划者提供了很多值得参考的见地，远不止只证实了频道组合带来成本效益上的好处。比如，CSM 在 2004 年 12 月实施的一项测量研究显示，购买部分央视黄金时刻，不是广告主唯一的选择。该研究将 6 个主要城市的前十名媒体和频道排名，出现了完全不同的结果，公认的中央电视台的垄断性，其实值得怀疑（CSM2005，104）。购买若干不同地方媒体的广告时间，如果组合搭配得好，着眼成都、上海市场的广告主，大可不必劳神央视黄金时段招标，完全可用较低的广告费，选择成都市电视台和四川省电视台，加上上海电视台和东方卫视。以上这个假定的媒体选择，其实很有道理，因为 CSM 统计数据显示，在上海，

---

[1] 收视率是测量观众规模的基本方法，数字由人口中拥有电视机的家庭总数除以观看某一节目的家庭数得出。见 McGann and Russell (1981)，第 93 页。

最受欢迎的前 10 个频道均是地方频道。有报告证实，上海地方台（据报告，观众占有率为 71%）强于中央台（王兰柱 2002, 230）。① CSM 报告则将观众份额分到具体的频道。以成都为例，央视两个收视率最高的频道与成都台和四川台的收视率差距很小。至少有 5 个本地和四川省的频道显示出它们的优势，收视率接近央视 3 个排名较低的频道（均低于 5.5 个百分点）。该有关频道份额的详尽分析，促进了窄播的实践（见表 7.1）。

TAM 技术无意中给我们提供了有用的工具，颠覆了垄断媒体总能垄断的神话。科学揭穿了神话的漏洞，动摇了它的神奇。这是 TAM 月度报告的真正价值所在。它们使中央电视台保持警醒，同时也为伺机从垄断媒体巨头那里攫取观众的少许媒体，增添了力量。

表 7.1　2004 年 12 月上海、成都主要电视频道收视率

上海

排名	节目名称	播出频道	平均收视率（%）
1	新闻透视	上海台新闻综合频道	14.1
2	电视剧——中国式离婚	上海台新闻综合频道	12.7
3	上海电视台新闻	上海台新闻综合频道	12.0
4	观众中来	上海台新闻综合频道	11.3
5	电视剧——老娘舅和儿孙们	东方台新闻娱乐频道	9.1
6	电视剧——沉默的证人	上海台新闻综合频道	8.7
7	天气预报	上海台新闻综合频道	8.7
8	热线传呼	东方台新闻娱乐频道	8.4
9	电视剧——母亲	上海台新闻综合频道	8.3
10	案件聚集	上海台新闻综合频道	8.2

---

① 上海最受欢迎的地方台是上海市电视台，东方明珠台和上海有线台。

成都

排名	节目名称	播出频道	平均收视率（%）
1	同一首歌元旦特别节目新年畅想曲大型演唱会	中央台三套	6.7
2	电视剧——康定情歌	中央台综合频道	5.5
3	新闻背景	成都台新闻综合频道（一套）	5.4
4	天气预报	中央台综合频道	4.9
5	黄金30分	四川台二套（文化旅游频道）	4.7
6	同一首歌2004歌迷大互动观众最喜爱的歌曲	中央台三套	4.5
7	真实纪录——陈丽仙和她的女儿们	成都台公共频道（五套）	4.4
8	今晚8:00	成都台新闻综合频道（一套）	4.4
9	18:30新闻现场	四川台四套	4.3
10	新闻联播	中央台综合频道	4.2

资料来源：CSM媒介研究公司，《媒体数据精选月报》，《国际广告》，2005年第3期：第104—105页。

省级卫星电视网：联合阵线的故事

绝对控制不可能，彻底抵制也不现实（王瑾2001b，c）。中国媒体环境不能简单地总结为，是弱与强、资本与国家、或理性与神话制造之间的抗争——这样会让旁观者轻易决定为谁欢呼。比如，不能把CSM看成是对抗力量，因为它是个合资企业，国有的中央电视台占有其中

32.4%的股份（禹建强2004，160）。可它又绝不是社会主义国家的一个工具，因为它的主要股东，是半自治的CTR媒介研究公司，宣称与母公司中央电视台有明确不同。中国媒介环境内的竞争，大多情况下发生在相关巨头之间，比如信息产业部与国家广电总局之间的争斗，CSM与AC尼尔森之间的竞争（刘再兴2003），或者块与条之间的矛盾（王瑾2005b），以及我们将要看到的央视与省级电视网之间的矛盾。真正被边缘化了的媒体，在较早时期行政法令之下完成的媒体聚合过程中，已被吞食（Lee 2000，12—13）。全国整合后的幸存者，是强势的核心媒体。任何情况下，我们都不是从资本收购的简单角度，讨论一个正在商业化的媒体。别忘了，中央电视台背后是北京，省级电视网背后，是强大的地方政府。中国的媒体组织因对于文化安全非常重要，因而是一体两制的组织，资本主义的身体，社会主义的面目和灵魂。我非常赞同赵月枝的观点，颇受追捧的中国媒体市场的发展，不会导致政府控制力的衰退（赵月枝1998，2005；王瑾2001b，c）。媒体市场的成长，只是引发双重规则之下的新游戏。诚如媒介学者Wu Guoguang所述，"大众媒体业盛行企业精神，但党的原则仍在"（G. Wu 2000，60）。

党的存在，在中央电视台显得最为突出。CSM早先分析的一个基于地方的收视率调查，显示了这样一个媒介景象，即中央电视台与省台之间的观众份额分配无一定之规。富裕省份的电视台相对尤有优势。比如，在珠江三角洲，广东省电视台、广州市电视台和邻近的香港电视台，将中央电视台挤出前10的排名。贫穷的内地媒体更易受央视的侵蚀，因为在决定生活方式的选择上，央视被视为权威。但即便这些地区，高于地方电视台的央视收视率，也随着现代化在内地的逐渐广泛深入而改变。广告主宁愿选择沿海地区的媒体做广告，因为那里的观众比其他较贫穷地区的观众的购买力强。但是，随着诸如宝洁、可口可乐这样的跨国公司开始瞄准尚未开发的三、四线城市，统计出的优先被选的媒介目标又有改变。这背后的原因，其实很简单，一线城市的快速消费品已经饱和。生产体香剂的跨国厂商若寻思要清新中国的 26 亿腋窝，也没什么错，虽然占中国 70% 的是农村人口，但中国人，尤其是中国贫穷的农村人，不使用体香剂。

城市转向农村的策略，提高了内地省级电视台的价格，因为，在中国，试图在平价基础上与对手竞争的广告主，会选择媒体组合和频道组合，以最大化具体地方的广告曝光，而不是只关注中央电视台。此媒体组合策略，已经改写游戏规则，为内地地方媒体的出路，开辟了更大的市场空间。

"地方电视媒体"，指那些非一线城市的媒介实体，这种归类一开始很复杂。2002 年之前，它即包括县、市和省级电视网络，又包括有线、广播和卫视。① 后来的 82 号文件，逐渐排除县级电视网络，将有线电视与广播传播结合，消除了频道线路和信号的混乱交错，为省级电视台清理了场地。

猖獗降价

我们或许会问，从 2002 年以来省级电视网络情况如何？回答这个棘手问题，首先得考察这个无规则的国度在媒体与广告实践上的两个异常现象：媒体折扣与卫星频道的落地费用。二者对省级电视台的地位均影响极大。在发达国家，大折扣是作为奖励，给予淡季和旺季均购买广告的广告主（McGann and Russell 1981）。但在中国，电视台与大企业机构内部广告部门的增加，损害了广告代理公司的代理功能。比如，大企业能绕过广告代理公司，直接与中央电视台机构内部附属的广告部门联系。这种异常，破坏了媒体与广告公司之间的关系，让广告主与媒体谈判时有了更大的议价能力。所有客户，无论大小，给予同样折扣。媒体生存的关键，归结为竞争到最高的折扣。据 2003 年一项调查，中央电

---

① 82 号文件没有立即取缔县级电视台。它们在若干年内被逐步淘汰。

视台给予36.1%的折扣,省级电视台折扣翻倍到73.5%,21家省会城市电视台抬高到82.9%,25家区级电视台哄抬到83.4%(谢颖2003,92)。

媒体如此慷慨地降低自己的利润率直接追逐广告主,使得广告代理公司举步维艰。"零佣金"不断蔓延,进入新世纪,广告公司体制完全陷入混乱。① 直到今天,分层折扣现象仍在延续负增长的恶性循环,尤其对于那些没有能力打大折扣的媒体市场。此现象造就的环境,让央视和富裕的省级电视台比如湖南卫视、安徽卫视得益。

落地费

落地费是比较贫穷的省份的另一痛处。理论上说,只要有电视,就能接收到每个卫星电视台。可电视台得为跨区落地付费。一个省或自治区、城市越富裕,它的年接入费就越高。比如,北京的歌华有线电视公司针对北京以外的电视台,若其想在北京播出节目,索取落地权3百万人民币(36.3万美元)(刘国基2003)。秘密联网和友情落地屡见不鲜,因为,没有几家电视台付得起如此天价的费用(高原2002,91)。② 其他地方的门槛费低一些,但年平均费也得12万美元(赵曙光2004年,71)。对于中国西部和中部较小、较贫穷的省级电视台,仍是很大的负担。获取70%的全国观众的12个频道中,9个属中央电视台,只有3个省级频道(沈天澜2004a,119)。杭州市电视台拍卖自己的落地权,将2到3百万人民币(24.2到36.3万美元)的价格抬高了近10倍,让这一趋势更为恶化。2006杭州主办杭州世界休闲博览会时,此方案成功阻止了很多想进入杭州的电视台(袁方2004;《世界休闲博览》,2005)。

---

① 有关"零佣金"的讨论,进入新千年后的头几年尤为热烈。见赵楠楠(2002)。关于该议题的一次典型讨论。见第一章第38页的注释①。

② 2003年时,只有上海和四川两家电视台能付得起在其他省份百分之百的落地费。但北京电视台和四川电视台达成协议包括友情落地,各自免费落地对方城市。

杭州市电视台的例子,会不会引发中国东部缺乏资金且善于利用机会的电视台的效仿,目前还不得而知。该市为保护杭州,决定限制有线电视播出的频道数量,此为清除掉一些较小的省级电视台的策略之一。这样的限制,数字化电视从技术上完全能做到。但我们不禁怀疑,卫星鸿沟,或者更直截了当地说,富裕省份对贫穷省份的歧视,是否表明在确保媒体平等上,国家广电总局政策条款不妥。

如果有始作俑者,这就是82号文件,它的出台,是为了提供政策,指导部分商业化的媒体市场。该政策文件的主要精神,制播分离,给地方有线电视台运营商以自主权,他们据此制作自己的盈利计划。不光中央电视台,省级卫视现在也依赖当地无线和有线广播公司,向目标省份转播节目和广告。有线电视网络因此有权为了自己的目的转换内容了。一时间,很多中央和省级电视台播出的广告,被当地有线电视公司掐掉,换上当地的广告。为中和该现象,2004年出台了暂行办法第17号令,取缔此游击队式投机,禁止中转台将自己的广告切入电视节目。

省级卫视联盟

折扣不平等及落地困难,表明媒介环境对幸存的、尤其是繁荣的省级电视台,非常敌视。更糟糕的是,省级电视台必须播出中央电视台的新闻联播和天气预报,以及二节目之间的那黄金65秒,眼睁睁地看着三分之一的全国电视广告收入悄然落入央视口袋。怎样插手切分广告黄金时段的这块大蛋糕,成了新世纪各省级电视台面临的最迫切问题。从2002年发表的全国收视率统计数据来看,它们的目标不是毫无希望:处于欠发达地区的省级电视台的收视率达30%,发展中地区的省会和直辖市各为12%和13%,中型市中心区平均为17%(赵曙光2004,70)。单个省级电视台虽显然远远落后于中央和势力强大的市台,但29个省级电视台若联合起来，或许能成为广告主注目的焦点。①

这一理论，在2001年11月12家卫视台接受促进跨省媒介购买的"联合服务协议"时，付诸了实践（赵曙光2004，74—75）。2002年10月成立了一个叫省级电视台广告协会的横向联合组织，可一年以后正式协议才得以签署，29家电视台才能在黄金时段的黄金时分，播放自己的电视广告。购买省级媒体65秒钟内广告的广告主，不必逐省谈判了。省级规模的媒体联合，瞬间成为现实：该协会与每位广告主约定统一价，加入联合的所有电视台晚间6：58至7：00播放相同的电视广告，确保广告在这一省级联合层面上全面曝光。此策略行动，让广告主在中央电视台以外，有了真正的另外选择。② 黄金65秒给这些省份带来1.98亿人民币（2475万美元）的收入，比2003年广告主纷纷拼命议价时，央视同样时段的拍卖少40%（赵曙光2004，75）。对于中国电视，此统一战线是一个巨大转折点，它标志着挑战中央电视台垄断全国观众份额的对手出现了。

塑造频道品牌：多样化对策

省级电视联合体的崛起，似乎需要把中国媒体市场一分为二，但西方的两分法观念在中国从未奏效。2005年时，央视媒体垄断的地位尚未打破，与此同时，各种反垄断模式业已出现，使得"省级统一战线"并不起眼。

2005年时，品牌塑造、定位和区隔的基本原则，已经影响到媒体业，且有了很多改变，拥有丰富资源和自己独特卖点的强势省级电视

---

① 涉及的市电视台包括南京、北京、上海、深圳、昆明、苏州和杭州。

② 笔者曾著文探讨蕴含于"省级统一战线"中的跨区逻辑，登载于一本论述空间与流行文化的文集之中。我发现，随着规模经济原则得到普遍认可，跨区媒体网络雨后春笋般地出现。新千年以后，很多这样的跨区联盟建立起来。省级统一战线就是这样的例子。有关这一现象的讨论，见《定位中国：空间、位置与流行文化》（王瑾2005b，16—18）。

台，干嘛还绑在一个让弱小电视台受益的共同体上呢？理性的市场营销，需要不断寻找定位策略，让相同产品显得与众不同。统一战线违背了市场大趋势。即使媒体商不十分精明，也很快开始仿效成功产品商的做法：使自己与其他竞争者区别开来。

　　塑造品牌频道，成了媒体营销的流行手段。一个节目或者一个频道，若不能吸引特定的目标观众，就会在类似的节目中失去竞争同类观众的优势。有远见的卫视台忙于给自己定位。海南电视台，是在混乱的市场中开拓出适合自己道路的最早电视台之一。冠名为旅游卫视，电视台制作节目总以"旅游"为中心主题，并急切等待着付费电视收获季节的到来。海南电视台的目标观众都是白天工作时间较长的高收入白领，旅游卫视的黄金播出时间因此推迟到晚上9点，甚至更晚（纪辛2002a，84），这绝对是专业化电视台的标志。频道品牌化观念的流行，使节目质量原本已为人知的卫视台，在确定自己的利基市场和观众群上，又往前迈进了一步。2003年，湖南电视台将自己的品牌重新定位于娱乐与吸引年轻人的交叉点上，取悦年轻观众（言风2003，94）。安徽卫视，另一重量级省级电视台，依赖电视剧作自己的核心品牌标识。2004年，该台创立一新频道，《第一剧场》，专放首播电视剧（贺庆凯2004）。此举措与其他电视台完全不同，那些电视台的收益主要来自电视剧重播。

　　最后两个塑造跨地区媒体品牌的例子，用的不是简单区隔的老套模式。一个是贵州卫视采用的创新方法，电视台利用"西部大开发"的国家政策，将自己重新塑造为金色西部卫视品牌，一网覆盖贵州及西部其他省份，把该"地区"作为独特的卖点（季风2002a）。另一相似的交叉案例，是由四个颇受欢迎的区域电视台（浙江卫视、安徽卫视、湖南卫视和山东卫视）领头联合了四个优质频道。这几个频道着重的主题虽完全不同（分别为技术频道、电影频道、经济频道和综合频道），但每个频道都自夸自己在当地有高达20%甚至更高的收视率。四巨头的这一交叉培育，据说带来"金牛市场"，除其他可能的收益分享之外，黄金时段广告能带来约 4 千万人民币（490 万美元）的收益（李秀梅 2004，111）。

　　2005 年，中国广告主已有了多种投放广告的选择。省级媒体营销进一步的新发展，使（媒介、电视台、频道和节目之间的）媒体组合，成为最符合广告主成本效益的策略。投标者已越来越不仅仅考虑在央视黄金时段做广告后的情形，而是依赖于投资回报率，由精确测量每个频道和广告的接收率后计算得出。2005 年 11 月，中央电视台未能达到自己 2006 年的拍卖目标，此为 5 年以来的最低增长（Savage 2005b）。央视无疑需要比以往更加努力，以维持自己的相对优势。媒体环境越商业化，便越难有一方独霸垄断称雄的局面了。

电视剧：一种广告媒介和品牌化娱乐

　　除了越来越成熟的品牌塑造专长外，省级电视台还有一张王牌，即播放电视剧之强项。首轮和重播电视剧的广告收入，2003 年据说达 220 亿人民币（27 亿美元）（《伦理剧火了 收视率降了》2005）。晚上看电视剧，是特受喜爱的全国性消遣方式。电视剧和城市肥皂剧让诸如湖南、安徽电视台很早就成了公众注意的中心。即便上世纪 90 年代后期，外出夜生活在中国各地蔓延之后，晚上待在家里看电视剧仍是中国观众的强烈偏好（中国观众仍热衷晚上待在家里看电视）。统计数据说明了该形式为什么被视为广告盈利的最有效方式：

- （2003 年）每天 179 分钟的电视观看时间中，52 分钟花在电视剧上。新年、春节、暑假、寒假高峰季的 4 个月里，每天观看电视剧的时间超过 56 分钟。北方观众看电视剧比南方观众更多，每天平均 61 分钟。（上海电视节和 CSM 2004，36，38）
- "电视台购买电视剧的支出，占电视台广告总收入的 70%"。

(上海电视节和 CSM 2004，20)
- 2002 年播出了 1564 部电视连续剧，创下 231 亿人民币（28 亿美元）收入。(同上，83，145)
- （2003 年）电视满意度为，23.4% 的观众喜欢电视剧；14.4% 的观众喜欢娱乐节目；12% 的观众喜欢新闻；9.3% 的观众喜欢体育；9.2% 的观众喜欢音乐和戏剧。(刘燕铭 2003，11)

这些数据表明，客户的广告花费，主要取决于电视台电视剧目吸引力的大小。一些能播出高质量电视剧的卫视台，比如安徽电视台，在竞争中便占优势。

可是，一般来说，制作电视剧不盈利，这实在是悖论。全国范围有 36 家国营电视制作公司（SOEs），300 家国家广电总局在册的独立制作公司（Rinaldi 2006b）和 266 家自身有能力进行内容制作的电视台。据说还有 300 家游击队式制作小公司参与竞争。如此庞大的队伍，只有 121 家持有有信誉的"A 级电视剧制作许可证"（同上）。[①] 此业务有一定风险，至少可以这么说。首先，供远远大于求。2001 年，全国制作了 9 千多集电视剧，但实际交易量保持在 8 千集（上海电视节和 CSM 2004，26），其余播出时间以重播充填。电视台不选新剧，宁愿重播老电视剧，主要因为财政上的限制。资金不太雄厚的电视台不直接从制作公司购买电视剧，而是从央视 1 套、8 套等电视台购买二手新剧。单从资金角度说，资助电视剧制作每集需要高达 20 万元人民币（24242 美元）。制作 3 千集新电视剧（省台一年播放新电视剧的容量），大约需要电视台 720 万美元，而从别处购买只需 72.7 万美元（同上，29）。这些电视台不能像央视和上海电视这些大电视台那样，在全国首轮播出电视剧，但在本地区首播，仍是很合算的交易。

---

① 要获得 A 等级，制作公司必须在前两年内完成并播出 6 个电视节目或 3 部电视剧。

电视剧重播如果已成惯例，那每年购买的 8 千集一手新电视剧会是什么前景？三分之一未播，三分之一赔钱，只有三分之一挣到广告费（季风 2004，106）。新电视剧供应量越大，每部电视剧的广告要价就越低。微薄的利润率，促使制作公司以数量（制作更多的电视剧）代质量，从而产生恶性循环。理论上说，严格的进口国外电视剧的配额，以及国家政策包含的文化保护制度原则，应该为国内电视内容制作者创造了有利的商业环境。①但此领域常因国家广电总局自相矛盾的政策授权而既受益又受害。2002 年以后，82 号文件促使有线电视台和广播电台整合，间接将对新电视剧的需求从 8 千集削减到 5 千集，整整削减了 30%，总产量从 3800 小时削减到 2200 小时（刘燕铭 2003，12）。2004 年，国家广电总局另一规定，突然禁止所有与警察和犯罪有关的电视剧和纪录片（前一年特别流行的电视剧类型）。禁止所有涉案剧黄金时间播出。该规定让电视台最后匆忙争夺，急求替代产品，导致警察剧价格骤降，从原本每集 3 到 5 万元人民币，下降到 1 万元（《伦理剧火了 收视率降了》2005）。国家广电总局的突发奇想，极大地影响了电视剧和速变的大众口味。预测什么主题趋势能吸引观众已是难事，预测内容政策会有什么改变，就更难了。电视剧制作业可以说是摇摇欲坠。②

很多产业评论者将中国不发达的电视剧制作，归咎于缺乏资金和才能。唯有时间能判断，这个向国内外投资者部分开放的市场，是否能帮

---

① 按照国家广电总局 2000 年 6 月发布的规定，播出外国电视剧的时间每天不能超过 25%。而且，黄金时段播出（晚上 6 点到 10 点）不能超过 15%。见上海电视节和 CSM（2004），第 216 页。

② 中国电视剧主题上主要是历史演义（包括《三国演义》、《康熙大帝》、《红楼梦》和其他清朝宫廷剧）、传统侠客功夫剧，及着重关系和犯罪故事的当代都市剧。只要一个主题卖座，效仿者便如雨后春笋，直到耗尽大家对这一主题的兴趣。比如，仅 2000 年，关于纪晓岚就有三部制作、郑成功有二部制作。两位均是公众熟知的历史英雄。

助恢复该行业的消衰（王瑾 2003，14—17）。① 与此同时，广告主陷入两难，他们不得不在重播的电视剧上投放广告，这资金现在是省台一笔稳定的收入。仅 2002 年，《橘子红了》和《不要和陌生人说话》这样的热播剧，分别在 29 家和 31 家电视台转播（上海电视节和 CSM 2004，35）。两部电视剧均在 2002 年初在央视首播，可重播一直持续到 2004 年。我 2002 年 7 月到奥美做实地研究时，通过频换频道，完整看完了重播的这两部电视剧。2004 年夏天我又以同样方式，看完了早在 2001 年就开始首播的另一部 40 集的热播电视剧《大宅门》。晚间若干个省台在分别重播同一热播电视剧，时间长达 2 到 3 个小时，得以让我这马拉松式的观看成为可能，唯一一个问题是，我在广告间歇不断换台，寻找想看的剧集，无意中错过了所有的广告。奇怪的是，广告主重新投资重播的电视剧时，似乎没有担忧。1999 年重播的另一部百姓喜欢的电视剧《雍正皇帝》，为央视挣得比 1998 年首播还多的广告收入（同上，154）。电视剧重播是各省台的主要节目，此类节目他们的收视优势高于央视，因此，本地广告主没有理由小觑卖座的老电视剧。②

植入式广告

至 2006 年，中国电视剧的广告形式主要是 15 或 30 秒的电视广告。但"冠名赞助"开始越来越流行，可以让广告主最大曝光至少半年（上

---

① 国内资本进入国有媒体业，也存在很大问题，极易受政策波动的影响。诚如我们所见，国家不给内容产业自由。媒体内哪一分支部分能商业化，这对广电总局来说，是个大问题。因为中国对 WTO 的承诺，迫使它让零售和分销领域获得自由，允许上市的"媒体和文化产业"被明确定义为出版、视听制作、电影发行和信息传输。专营这些潜在商业领域的国内公司（或更明显的商业领域，比如房地产），倍受内容领域追逐，而内容领域因为在合资形式、为公开上市而进行资产投资和输入这些方面的限制，而不能商业化。表面上，首次公开募股的渠道很多。仔细审视，只有有限的国内"社会资本"被允许进入媒体领域。

② 国家 2002 年电视剧收视率的统计数据显示，省级卫视频道占 61% 的观众占有率，比央视高 22%。见上海电视节和 CSM（2004），第 48 页。

海电视节和 CSM 2004，155）。出名例子，是娃哈哈冰茶剧场和可口可乐青春偶像剧场（王正伦 2003，16）。宝洁的星夜剧场（2005）引进略微不同的形式：在赞助的剧中（不是剧前和剧后）播出独家赞助的电视广告。

我避开广告快速观看电视剧的经历，是电视插播广告主和冠名赞助商应该引起警戒的，如果大多中国电视观众都像我这样热衷电视剧，怎么防止他们在插播广告期间频繁换台呢？零点研究咨询集团（Horizon research consultancy group）2006 年的一份研究报告证实了我的观察：受访观众中，85.15％的观众在电视广告开始时不看电视，51.26％的观众换台。① 广告主的最终解决办法，似乎是在品牌化娱乐上（又叫植入式广告［product placemen］或 PP），即导演冯小刚在其畅销片《手机》和《天下无贼》中的所为（见第六章）。

广告植入电影很常见，但产品植入中国电视剧，却是一个新生种类，因为，通过品牌化内容进行创意融资，这对生产者和营销者还是新概念。研究和观察中国创意产业的学者金迈克（Michael Keane）视嘲讽剧《编辑部的故事》（1991）为后毛泽东时代最早运用植入式广告的例子（Keane）。但该形式在中国没像当年在美国那样流行起来，美国平均每个节目每 100 秒钟的电视网络广告时间中，有 36 秒钟出现品牌。晚间脱口秀节目做得更好（或更差，取决于制作者是否认同该形式）：《杰·莱诺今夜秀》（Tonight Show with Jay Leno）每 100 秒钟的电视网络广告时间，平均有 93 秒出现品牌（Kerwin 2006）。这做法太招眼，被视为缺乏创意，招来《30 秒电视插播广告之后的生活》（Life after the 30 – Second Spot）一书作者约瑟夫·杰夫（Joseph Jaffe）的奚落：植入式广告是

---

① 零点的报告《电视节目消费习惯》由植入式广告代理公司新广告事务所（Office of New Advertising）委托，完成于 2006 年 4 月。覆盖北京、长沙、成都、厦门、新乡、曲靖、绍兴、诸暨、安庆和其他二、三线城市。该分析涵盖 2018 个有效样本。

"一个已经破碎的泡泡"(Jaffe 2005)。

中国的植入式广告不存在这样的问题,据新广告事务所创始人和营销总监及专事电视节目生产和发行的欢乐传媒(JoyMedia)前常务总经理李睿德(Larry Rinaldi)称,在中国,除了大众汽车和宝马,品牌化内容并未纳入媒体和营销费用。新广告事务所是北京几家植入式广告公司中的一个,创始人李睿德是位颇有远见的营销者和植入式广告的传道者。他预测,如果这类广告腾飞,将会有100万美元的花费。在被问及障碍在哪里时,他归结为中国电视娱乐业的惰性:

> 电视台、制作公司只做自己熟悉的商业模式……不是万不得已,无须创意融资,因此,植入式广告只是事后考虑,是躲躲闪闪的事,由公共关系部和指定的生产人员甚至明星的婆婆处理,快速挣上一笔。大多植入式广告过去是、今后依然是简单的名人植入,免费创意,实施拙劣。(Rinaldi 2005)

新广告事务所这样的广告公司,希望能将躲躲闪闪地做植入式广告(比如在前景、背景和一些支柱上),变为塑造出完整的人物、场景,或交叉促销,比如 Hostess 纸托蛋糕,用给怪物史莱克或三星的矩阵按钮的绿馅,促销 Twinkees 饮料(Rinaldi 2006a)。李睿德对自己的事业很乐观,因为,诚如杰夫对美国的观察,李睿德认为,在中国,15秒和30秒插播广告的终结,势在必行。

有效到达率与创意广告形式,可能只是冰山一角。① 中国电视剧的未来,部分在于内容创新(包括塑造品牌的内容),部分在于大胆的省级电视台驱动新商业模式出现。后者或许能改变国内制作公司(通常是将专有权卖给中央电视台和上海电视台)的交易形式,与(至今仍被阻

---

① "有效到达率"是媒体营销的一个术语,指媒体策划者想要的在暴露频次范围内的目标观众百分数。

拦在电视制作领域之外的）国外投资者协作。总之，两个阵线的改进，均有赖政策的突破和策划"创新内容"的本土企业的创举（Keane 2005）。国家广电总局 2006 年 4 月发布的突破性规章，已经预示电视剧产业创新时代的到来。2006 年 5 月 1 日以后，制作公司无须再事先呈送脚本，等待国家广电总局的批准。此前，广电总局是要控制主题的选择和平衡的（国家广电总局 2006）。在中国，即便内容上对规定的违背从来都不彻底，这种部分的开放，便会引发对高质量内容的大量需求，如此良性循环起来，创造出的作品将越来越优秀。① 如此，半独立性的电视剧产业，或许会繁荣起来，开始挑战央视的垄断地位，因为，央视拥有中国最大的机构内电视剧制作中心。即便我们批评政策施加的限制，国家政策的促进作用还是不能低估（王瑾 2001b）。②

2007 年中国媒体的总体局面，是反对简单运用垄断或半垄断主题，因为，国家和市场从来就不是对立的关系，对此，观点越来越一致（Ma 2000，28；赵月枝 2005；Fung 2006）。总之，我们已经看到诸如国家 82 号文件和 17 号暂行办法这样的规章制度，创造出的连锁反应，有促进效果，也有限制效果。过分强调市场作为手段击溃权威国家的力量，会忽略掉中国政府媒体政策的威力，本章试图修正的，正是这种分析缺陷。

曾在中国经商的伊森．葛特曼（Ethan Gutmann）谴责他看到的美国公司对中国的主动妥协。他的《失去新中国：美商在中国的理想与背叛》（*Losing New China: A Story of American Commerce, Desire, and Betrayal*，2004）一书，罗列出一系列公司（思科［Cisco］、北电［Nortel］和太阳微系统［Sun Microsystems］），它们为进入中国市场获利，与中国政

---

① 忌禁警匪剧之外，又加了忌禁婚外恋和戏说历史的主题。
② 关于中华人民共和国政策制定的促因功能，另一个例子是上世纪 90 年代中期实施的双休日政策。关于 40 小时周末政策产生的中国城市休闲文化，见王瑾（2001b，c）。

府合作,向中国政府提供监督技术。2005年1月,他在华盛顿特区全国新闻俱乐部(the National Press Club)讲演,重申自己书中的中心议题:"没有来自北美公司的巨大帮助,中共不可能控制这一全新的传播方式(互联网)"(Gutmann 2005)。

国家政策促进市场开放,然后紧缩,再然后重新调整后部分开放,如此循环往复,这是社会主义中国的特征。大量资本涌入中国媒体后产生的复杂作用,无论自由主义观点(市场对抗政府权力),还是马克思主义观点(资本积聚阻碍媒体多元化),均不能对中国媒体改革提供满意的评估构架。自由主义观点多有问题,我对此已有表述。马克思主义观点也有盲点。很奇怪,西方马克思主义观点以雷蒙德·威廉斯(Raymond Williams)和法兰克福学派的反市场观点为立场,支持中国共产党中极"左"分子的意识形态,试图仍像过去一样,通过控制内容来达到控制意识形态的目的。可以这么说,马克思主义方法是批评西方自由资本主义媒体的最有力的方式,西方自由资本主义媒体是全面商业化的一部分(Lee 2000,27—28)。但中国问题不属此类,马克思主义方法和自由主义方法均不能提供完整的关键性解决方案。如果中国政府和市场均不能驱动创造性媒体内容的出现,那么,希望在哪里?这个问题,我在结论部分继续讨论。

评述政府—市场对峙论,只是本章关注的一个焦点。绘制复杂的媒体环境,是本章另一焦点。以"媒体购买"为切入点,从中央电视台每年的广告招标,我们可以看出,媒体、广告和企业间因利益的融合与冲突,产生的结构性依赖。考察"标王",有利于我们细察有关中国媒体垄断的流行论断,并注意到省级电视媒体带头采用的对策。和国家媒体政策一样,观众与内容(尤其是电视剧)在推动各电视台间的竞争上也起了很大作用,中国的国家政策对于电视市场的开放,既有促进也有限制作用。此论听起来不可思议,但确实如此。

最后,要提醒的是,在中国电视内容的制作摆脱政治控制和单纯的市场控制之前,在无休止的重播被《北京人在纽约》(1993)、《三国演义》(1994)和《走向共和》(2003)这样高质量的电视剧取代以前,收费电视和数字电视能给中国广告主和媒体构建者带来什么,依然只是幻想。

结论　奥运会倒计时

定位之类的旧模式如今颇受攻击。美国新一代营销人士宣称，消费者已经成为制造商业信息的一分子，期望亲身与品牌进行（有意义的）愉快而难忘的一对一互动。这一新学派强调，视消费者为自我赋权的力量，无论有无商家干预，均能与品牌进行真实的互动对话。体验式营销（experiential marketing）初见端倪。① 生产消费者（prosumer，在生产产品和提供服务上起积极作用的技术热衷者，或自己动手［DIY］的业余爱好者）的兴起，推动美国企业重新审视一些早先的概念，比如"品牌本质"和"品牌定位。"② 这些较老的工具，无论在将消费者洞察融入品牌塑造和广告的复杂过程中起多大作用，仍算是以生产为中心的大众营销。我们看到，定位在中国仍是一个刚兴起的模式，在相当长的时间内仍将占主导地位。但在并行发展之中，我们还能看到口碑营销（buzz marketing）的萌芽——体验式营销中的一大趋势。③ 北京奥运会前夕，

---

① 越来越多有关体验式营销（XM）的著述在美国出版。马克斯·蓝登曼（Max Lenderman）的《体验讯息》（Experience the Message）是一本是很好的入门介绍（书）。埃里克·豪泽（Erik Hauser）的体验营销论坛，是有关体验式营销的重要资源。见http//www. experientialforum. com/adboard. php。2006年9月登陆访问。

② 关于"生产消费者"的详细定义，见第二章第89页注释②。那些积极主动的消费者反对"大规模生产的沃尔玛世界，要收回权力，证明自己能生产自己想消费的产品，且乐于自行生产，顺便，或许还能挣点钱"。见Roth（2005）。生产消费者促成的非正式经济，是阿尔文·托夫勒（Alvin Toffler）和海蒂·托夫勒（Heidi Toffler）的著作《财富的革命》（Revolutionary Wealth，2006）的一个主题。

③ 体验式营销利用新媒体技术传播品牌信息。互联网是培育口碑的最佳温床。口碑还可通过传统的口口相传（word of mouth，WOM）进行散播。但他们往往采用P2P网络技术支持的口口相传形式，比如博客社区的病毒式传播。

预测未来，我们或许能探出些若干关键性指标。

2008年是中国广告业的涅槃，而这不仅仅是因为奥运会。若干趋势的成熟与融合，使这一年成为对广告人来说不同寻常的一年。中国品牌的全球传播解决方案正在形成势头：威汉营销传播集团（the West – East Marketing Group，简称WE）在于中国内外建立品牌，及促进中国广告公司与全球同行的交叉联盟上，正在创建信誉；中国体育营销将与品牌化娱乐相结合；病毒营销人员初具规模，开始通过P2P（peer-to-peer，点对点）网，传送富媒体广告。"创造性"是这个行业的核心，而这一专业术语通过知识共享（Creative Commons，CC）中国大陆版之类的数字平台传播开来，CC中国大陆为2006年3月在北京发起的知识共享国际项目的地方篇章。的确，北京奥运会是一支火炬，将为中国人点燃最大篝火，可这片土地早已准备就绪，等待各方力量的聚合，迎接奥林匹克舞台上"新中国"的首次登台。

威汉：西方遇见东方

2006年，为履行世贸协议，中国允许外资建立独资广告公司，排除了阻碍中等规模的国际广告专业公司进入中国的障碍。这一改变，引发国内广告公司与跨国广告公司因长期不平等力量关系而蕴含的危机。中国签署世贸协议之前，对于一家花费不足3百万人民币（38万美元）的广告客户，国际4A广告公司是不屑一顾的。但世贸组织新条款，改变了广告公司与客户之间的结构。在拥挤的池塘里，挑剔的鱼是吃不到食物的。现在，对于每年不到3百万的小客户，国际4A广告公司也接了（《广州是广告业第一块墓地吗?》2006，71）。旧的食物链秩序（国际4A广告公司垄断国内大亨和跨国客户，国内广告公司啃中、小中国客户）正在打破。大鱼涌入小鱼水域，一同争抢有限的鱼饵。对于国内广告公司，情势更为不稳定。他们若只依靠国内中国客户，很难生存下去。

　　食物链危机之外，还有个问题一直缠绕中国企业，那就是，"我们有自己的品牌吗？"中国品牌只有4个进入《财富》500强，而美国有249个，法国46个，日本45个（陈培爱、佟文娟2006，24），中国人能赶上去吗？每一个热衷国产品牌的中国人都有疑问（Roberts, Balfour, et al. 2004）。关于这一议题的辩论，一直没有什么新意，直到2007年，中国政府开始加速将"中国制造"转变成民族品牌，针对国际市场，投资7千万元（9百万美元），发起"出口中国品牌"的运动。（陈徐彬2006）。有产业评论员认为，中国公司在研发上投资微弱，让跨国公司占优势。另一些人认为，中国制造商不重视知识资本（IP, intellectual property），这同样让他们难以在长期竞争中与海外公司匹敌。比如，当很多中国公司终于采取迟到的行动，在外国注册时，发现自己的名字已被其他公司抢注。中国50多家最著名的品牌，有大约一半遭遇此类问题（陈和佟2006）。联想因为疏忽，不得不放弃"Legend"这个名字。若无大规模的政府介入，很难解决研发不足与知识资本文化滞后问题。但除了政府倡议（比如出口中国品牌工程），或许还有其他解决方案，让参与者觉得自己没有被北京牵着鼻子走。

　　威汉营销传播集团的进入，实为一石二鸟。创始人陈一枬（Viveca Chan，精信中国［Gray China］的前董事长及行政总裁）运用不同的方法解决以上所列问题。她寻找方法解决两个问题：首先，中国国内广告公司怎样让众多全球客户了解自己，避开只依赖国内客户生存的困境？其次，对待怀疑"民族品牌"的哀怨态度，怎么回应？与其攻击中国生产商以及他们的商标在国际上没有名气，不如努力寻求可行方式让中国品牌名扬海外。陈一枬认为，中国广告公司和中国生产商面临的障碍是同样的：那就是急需传播方案，以消除传播差距。创立威汉营销传播集团，就是在填补传播的空缺：它提供平台，"促进（国产）品牌进入全球市场，同时帮助国际品牌在中国寻找据点（本土广告公司）"，从而整合中国本土资源和全球资源（Murphy 2005）。

至少有 14 家国内广告公司已经签约，其中包括大贺户外传媒集团、总部在广州的黑马、阿佩克思（总部在成都，《超级女声》节目的策划运作商）和平成（波导手机的广告代理公司）①。威汉营销传播集团的全球平台是全球广告公司网络联盟（Worldwide Partners）提供的，此为一个总部在丹佛的独立广告公司组成的国际团体，威汉与其进行了战略合资。威汉要做的工作，理论上说，就是协同决策，集中地方与全球的资源、专业技能和客户关系，形成松散但双赢的联盟。陈一枬说，"中国企业找到威汉，就找到了展示自己的国际舞台"（陈一枬 2005，27）。威汉营销传播集团 2005 年一创办，立即激励了中国广告业、媒体和企业界三大领域。最近获取的客户是雅虎中国，它曾是精信广告公司的老客户，让威汉团队整合其品牌传播和创意服务（"雅虎中国"2006）。陈的愿景能多快实现，大家都在拭目以待，也有人提出了批评。问题是，衡量成功的尺度是什么？我们怎么知道该模式是否真奏效？对于威汉，2008 年非常关键，因为集团制定了一个两年盈亏平衡的时间表。但达到财政稳定只是目标的一部分，模式的可持续性与对其的评定仍存争议。

尽管对威汉的保留意见很多，但它打破了广告公司各自为政的局面，形成中间地带，居于国内广告公司与国际 4A 广告公司之间，但不与二者中的任何一个融合。坦率地说，威汉营销传播集团不是混合品种。另外，集团的中文名字威汉二字，或许会让人产生错觉，以为该集团由中国民族主义者领导，在广告上促进本地化事业，抵抗全球化趋势。然而，威汉营销传播集团的 4 位主要缔造者，均是经验丰富的来自国际 4A 广告公司的国际派（陈一枬自己出生在香港，当时还处于英国

---

① http://www.baoye.net/bencandy.php?fid-308&id-9570 网站上登有对平成广告公司首席执行官吴晓波的一个采访，很精彩。文章既展示了吴晓波对于中国广告全球化的前沿性思考，也从一个业内人士的角度，对近 25 年来中国广告的趋势作了精彩分析。

控制之下)。换句话说,此一积极支持中国国产品牌和国内广告公司的集团,不是由地方主义者掌门,而是由真正具有跨国身份和经历的人掌门(陈刚 2005,28)。陈一枬的密切合作者、平成首席执行官吴晓波评论说,"对于推动今天国际广告的全球性多样化,威汉营销传播集团做出了非同凡响的注解"(吴晓波 2005)。该集团提供了地方主义和全球主义之外的另一选择,因为它受离心的国际主义愿望所驱使,同时代表了"中国广告专业人士的自我意识的突破,他们深陷强大的国际 4A 竞争对手的包围。"(吕少峰和李雯 2005,48)。显然,有暗示 WTO 引发危机的,也有期望这种尝试拆除本土与国际之间的界线,并创造新协同的。威汉以前所未有的规模,帮助大陆二线品牌增加国际曝光,使中国向"品牌中国"更近一步,这是盛世长城将国家本身变成品牌的愿景。

体育营销与娱乐营销

"品牌中国"的决定性时刻,无疑在 2008 年夏季北京举办奥林匹克运动会之时到来。许多公司(国内的和跨国的)已在打磨自己借奥运营销的计划。奥运赞助商中国移动,从用户角度说,是世界最大的移动运营商,且是世界排名第四的最有价值的品牌(排在微软、通用电气和可口可乐之后)。为备战奥运,它将创意业务分别委托给了若干家广告公司(Savage 2006)。耐克采取类似行动,它调整与另一奥运赞助商,也是它的最重要竞争对手阿迪达斯的竞争,结束了与智威汤逊上海广告公司 8 年的合作伙伴关系,转投另一家跨国广告公司 Wieden & Kenney (Savage 2005d)。Wieden 在塑造新体育明星刘翔的项目上最为成功,之后便获得了前述的一单最重要的客户生意。刘翔获得 2004 年雅典奥运会中国第一枚奥运田径金牌后,成了民族英雄,甚至比姚明更为耀眼。可口可乐很快与刘翔签约,代言 2006 年春节的电视广告。这支广告暖人心扉,展现了这个除夕之夜被困巴黎、想家的孤独运动员在一家法国中餐馆喝着可口可乐,正想念妈妈的饺子呢,立即被两个动画人物神奇地运回北京的家,加入家人传统的饺子宴。与此同时,阿迪达斯也开始自己的营销推广,推出 1 千件印有北京奥运吉祥物"5 福娃"的 T 恤,该吉祥物包含中国最受欢迎的动物的特征,如鱼、熊猫、藏羚羊和燕子(Hargrave – Silk 2005)。联想现在是奥运会全球赞助商、2006 年冬奥会及 2008 年北京奥运会的官方计算机合作伙伴,与可口可乐联合,生产外壳带有奥运会标志的限量版纪念性笔记本电脑。

无论是否是官方赞助商,均将注意力转向奥运营销,期望创造企业声誉,甚至良好利润。早有记录证明,赞助奥运对于品牌形象和销售,有巨大影响。据 1998 年一份研究报告显示,美国 88% 的电视观众认为,"以播电视广告换免费观看奥运会,此价公道。" 85% 的观众认为奥运赞助商是"行业领导者",78% 的观众从电视上注意到哪些公司赞助奥运会,44% 的观众认为,"购买电视报道期间做广告的品牌,是个人在为奥运会做贡献"(Hart, Schiavone and Stipp 1998)。

中国人对北京奥运的期待更大。国产大品牌期望沿循三星、松下的足迹,它们均通过在本国举行的奥运会成为全球品牌。无法负担成为正式赞助商的,也梦想通过央视为提高奥运会广告效力而发起的媒体宣传活动,能一夜之间成为重量级品牌。中央电视台有 2008 年奥运会的独家播送权,期待广告商争相出高价抢夺电视插播广告。① 至于北京奥运会是否能为中国创造全球品牌,曾就职于星空传媒的布鲁斯·奥尔特奇克的观点富有洞见:"这一疑问包含几个问题。首先,北京奥运赞助商能获得什么样的全球授权?我的感觉是,大多是本国授权。真正有益的,是看中国品牌是否赞助 2012 年、在中国之外举行的奥运会。这将有助'中国公司'

---

① 中央电视台成功的体育营销案例已经很多。2002 年世界职业棒球大赛期间,一些本土的无名品牌花费比较合理的媒体预算,结果一夜成名。两周的世界系列赛,收视观众惊人,观众收看频次近 85 亿,使中央电视台成为体育赛事方面最热门的中国媒体。(沈天澜 2004b),第 111 页。

创建全球品牌。"（Oltchick 2006）要想成为奥运会规格的品牌，无疑需要一个以上奥运会周期。但没有中国很想举办和赢取的其他比赛了。

然而，体育营销并未垄断现金流。2005 年，湖南卫视以两个热门节目（《超级女声》真人秀和韩剧《大长今》），在收视率上击败中央电视台时，一个同等重要的营销热潮出现。一方面兴起歌唱比赛热，另一方面是都市兴起的韩国料理及韩国补药文化热。[①]湖南卫视的成功，一下将"娱乐节目"变成流行语。此类节目在西方很寻常，可在中国，新闻节目和各种各样的娱乐秀主导电视，湖南卫视的娱乐电视尝试，给人耳目一新的改变。这一趋势在广告业亦很快流行起来。2005 年以来，娱乐营销已在中国制作了一些非常激动人心的广告推广活动。

2005 年，最脍炙人口的品牌化娱乐，是塑造中国搜索引擎百度（baidu.com）的一系列 60 秒网络电影。[②]由总部在广州的协作广告公司创作的这些电视广告，借鉴创新的宝马系列电影（这些电影全以《雇佣》为题，一开始只能在网络上看到，每部 8 分钟，克里夫·欧文饰演的司机在电影中开着宝马展示精湛的赛车技能）的理念，其模式成功招徕熟知媒体、精明使用媒体的西方消费者。

百度系列电影拍得更短，完全模糊了内容与电视广告之间的界限。电影获得第 12 届中国广告节金奖，进一步巩固百度作为中国"搜索引

---

① 第七章略述了中国《超女》现象。节目激起一场论战，导致国家广电总局 2006 年 3 月发布进一步限制。新规章规定，参赛者必须至少 18 岁以上，禁止广播公司给获胜者颁奖，参赛者不得表现怪僻，不得在舞台上跳舞，服装和发型不得怪异。而且，播出时，评委不得让参赛者出丑、难堪。广播公司不得效仿已有的《超级女声》真人秀形式。政府最终在 2007 年初秋取消了《超级女声》。有关《大长今》之详情，见第七章注释 27。

② 你可在以下两个网址上看到电影：http://www.youtube.com/watch?vj-5G98g3-DI，2007 年 6 月登陆访问，或者 http://daodao.org/article.asp?id112，2006 年 8 月登陆访问。

擎首选"的地位。①该系列由4支电视广告组成,戏剧化地表现一次简单的推销:百度之所以是最好的中文搜索引擎,是因为它更懂中文的微妙差别。比谁"更"懂呢?短片虽未提谷歌,但在用黑色幽默编派它,其嘲讽攻击,表现在标点符号上,或者更确切地说,表现在用停顿给无标点的口语句子带来的语义转换上。

其中有一短片围绕一简单的组织文字展开:我知道你不知道。这句话深究起来可以有很多意思。广告短片利用动词"知道"和它的否定语"不知道",表演了一个只会说"我知道"三个汉语词的西方外国人,与强劲对手唐伯虎之间的欢闹的语言竞技。唐是中国明朝(1368—1644)著名诗人、画家,唐璜式传奇人物。唐的展现让老外瞠目结舌。他很快变化句中的停顿位置,让这句似乎能不断延长的句子变出无数花样。

我知道你不知道→我知道,你不知道

我知道你不知道→我知道"你不知道"

→你不知道,我知道你不知道

→我知道。你不知道我知道。你不知道。

广告周星驰式的无厘头幽默很吸引人,一些评论家肯定地说,国际

---

① 根据2006年中国互联网信息中心《中国搜索引擎市场调研报告》,百度占据中国市场最大份额,62.7%,上升14.2个百分点,而谷歌却从33.3%,下降到25.3%。http://www.interfax.cn/showfeature.asp?aid17250&slugIT%20SURVEY。见国际文传(中国)电讯社,2006年9月登陆访问。

4A公司高管绝对理解不了这种风格。①百度系列电影中,唐伯虎的绕口令精彩得最后吸引走了老外的中国女友,把老外(暗指谷歌)气得吐血。该无厘头喜剧及续篇,不仅赢了谷歌,还将网络短片发展成最热门的广告新媒体,引发该广告的策划者陈格雷的疑问:"商业广告莫不会发展成短小的数字娱乐吧?"(陈格雷2005,37)关键词是"数字娱乐",吸引力在于快乐原则。2005年福特汽车公司在中国发起推广福克斯(Focus)车系活动,重又使用这一形式。该"动感生活"的主题推广活动,推出著名的第六代导演(他们出道于上世纪90年代,秉承真实电影的传统,制作新锐的反浪漫电影,有的秘密制作,有的以合资身份制作,这其中包括王小帅、张元和贾樟柯)制作的8部3分钟短片。电影在中国的福特英文网站(www.ford.com.cn/focus)首发,同时,也在新浪和搜虎门户网站播放。②推广活动背后的理念,是娱乐营销,而在中国,福克斯的目标消费者,一般被认为是狂热电影迷和年轻的追求快乐一族(王瑾2006)。

娱乐营销与植入式广告联合,比体育营销更成功吗?竞争如是,单独用哪一种形式都不能长时间吸引中国人。若想比众多蜂拥模仿者技高一筹,真正的赢家,得知道"如何将体育娱乐化和娱乐竞技化"(王润

---

① 周星驰是出生香港的电影制片、演员,表演风格被称作"无厘头。"其无厘头喜剧主角都是贫穷的小人物。制作完自己最卖座的影片《功夫》之后,他琢磨出吸引全球观众的诀窍。他尤爱赞美下层人,爱迎合中国人的情感。他的经典作品包括《少林足球》和《国产凌凌漆》(一部詹姆斯邦德电影的模仿版)。他以批评社会礼教的传统规范而驰名,其电影充满俏皮话、广东俗语及民间和滑稽幽默,打破大中华区票房纪录。他是讲汉语国家最受欢迎的导演和演员。更重要的是,他是当代中国人模仿的源泉。他的确了解"中国幽默"之所在。

② 推广活动全名为"动感生活 聚焦福克斯"。另5位导演是刘浩、小江、孙小茹、李虹和姜丽芬。最初贴电影的网址www.ford.com.cn/focus已不存在(2005年6月)。我是从其他链接的网页上看到孟京辉的《西瓜》和李虹的《小小孵蛋》两部电影的片段的。但网上不是一直都能看到。有关新闻发布,见http://auto.sina.com.cn/z/jjkswstpqmqd/index.shtml。2006年8月登陆访问。

珏 2005，72），简言之，就是协同两种营销类型的能力。①这样的努力已经开始。2005 年，摩托罗拉的无线服务品牌"动感地带"举行街头霹雳舞比赛，它本身是一种很酷的运动形式。更具创意的尝试由 TCL 的海盗②游戏电脑（PC）完成。TCL 宣称它是 2004 年"法国电竞世界杯"中国代表团唯一指定比赛用机，能给海盗添加一种"战斗机"形象，据说这一联合本身能增加玩家的肾上腺素水平，增强作为一种体育赛事的整体游戏体验感（同上，73）。所有产品中，运动竞技驱动与寻乐冲动相结合的产品，最吸引二三十岁的年轻人。

德诺美和社会网络

X 或 Y 世代还有一个共同特点：他们老远就能嗅出营销诱惑。营销主导的广告推广活动，对于吸引这些消费者的注意力，越来越没有成效。百度的无厘头电影系列产生巨大反响，主要依赖口口相传。诚如福特推广"动感生活"，该搜索引擎未花一分钱做广告，未向主流媒体发新闻稿，也未在自己的主页上宣布或张贴这 4 部电影。自始至终，陈格雷与策划合作者们设计的，是一次病毒式推广活动。为开个好头，他们要求百度员工给朋友发电子邮件和少量因特网域名以创建链接网页。一个月内，10 万网民观看了这 4 部短片。据报道，到 2005 年底，大约有 2 千万点击（陈格雷 2005，35）。此事实支持这一假设，那就是中国有能支撑长尾经济的尚未开发的利基市场。

克里斯·安德森的长尾理论，现在的游击营销圣经，在中国的博客上广为流传。有人将安德森的分析运用在轰动的"超女"上，建议中国

---

① 一些产业评论家指出，在中国 X、Y 世代人的眼里，NBA 篮球赛和世界杯与娱乐节目已无二致。跨栏运动员以及奥运金牌获得者刘翔和休斯敦火箭队篮球明星姚明都被像电影明星一样对待，倘若他们还能唱一两支歌娱乐大众，那就更好了。

② 原文为 Island，有误。——译注

商家将传统的 20/80 市场营销原则倒转一下。①随着新千年的开始,病毒实验在中国释放的长尾效应偶尔可见。但直到 2006 年夏,中国才有了第一家国内病毒式营销公司,即建立在 P2P 的社会网络模式基础之上的北京德诺美科技有限公司(DynoMedia)。②

该公司通过一个连接各种设备和平台及连接病毒式传播应用(比如即时通讯、电子邮件、手机短信/彩信、播客和 P2P 软件)的包罗众多的 P2P 网络,向消费者传播非侵入式富媒体内容和优惠券。其主要目标,是中国 4 千万 P2P 因特网用户,和它的 15 千万手机用户,他们能给公司网站发来用户创造的、公开或版权灵活的内容,包括视频、评论、评级和论坛上的交流。公司力图一石二鸟,既为消费者建立公开平台,同时给商家开创建立自己社会网络的快速通道,就如耐克创立的足球在线社区 joga.com,是个只邀请足球迷的社会网络。北京德诺美科技由美国麻省理工学院毕业生创建,团队由技术创业者和媒体/广告专家组成。其平台的独特特点,是用优惠券作为广告商与消费者之间的传播媒介。优惠券的种类包括"时尚和酷趋势"、"食品"、"数字传播"、"休闲和旅游"及"家装与家具。"比如,点击北京德诺美科技网站上贴的麦当劳炸鸡腿优惠券,用户不仅能兑换优惠券,还能登陆访问链接到产品主题的富媒体内容。这是由德诺美公司发行在互联网上、植入品牌化电视剧中、与情境相关的优惠券服务。③观众在节目前和节目后,会收到免费优惠券,当点击它们时,数字优惠券会下载到指定的本地文

---

① 这些评论者建议商家"丢弃20%的上层精英消费者","与长尾上的80%的消费者对话"。见张兵武(2005),第 30—32 页。传统营销中,商家最重视的是 20%的上层消费者,因为他们占 80%的销售量。

② 见公司网站 www.ucantv.com。

③ 这些电视节目均有法定权利,且获得了中央电视台许可证,能经营数字优惠券服务。

件夹。①

德诺美的内容非常多样。对麦当劳,它提供的内容包括电视广告及顾客提供的有趣的视频短片,讲述自己与麦当劳有关的独特经历或快餐文化。再举一个旅游方面的例子。一种推广丽江(云南一景点)的旅行社的优惠券,与独立制片人拍摄的该历史古城的纪录片、音乐、美术甚至导游词及德诺美 P2P 网络用户提交的以丽江为主题的数字相册片配在一起。内容提供者,多出自中国大城市不断成长的创意阶层,其中,有些是年轻的地下电影制作者和自由职业者,正力图通过病毒式渠道最大限度曝光自己的作品。他们或公开自己的作品让大家分享,或收取少量费用。灵活的数字版权结构,是德诺美又一独特特点,他们欢迎终端用户将优惠券和富媒体内容发给自己的朋友。借助病毒式平台发布、分享、再分配和重新安排有趣的视频和针对性广告,德诺美完成独特的一举四得的定位:高科技服务品牌、病毒式营销和社会网络平台、开放式内容提供商和电子商务网络构建商。

该公司的自适应分析引擎,为广告商提供细分需求和良好的综合在线/离线数据服务,让他们能追踪消费者对网站的使用,让作为客户的公司或广告公司能准确测试市场,开展推广活动,评估投资回报(ROI)。服务费用按 CPM(每千人成本)、CPC(每点击成本)、优惠券兑换率、媒体观看率和传递推荐率收取。德诺美有个中国媒体合作伙伴 CRD360,是一个总部在北京的最先进的电视和数字娱乐公司。问及他们的内容提供模式与其他 P2P 社会网络通常的模式有什么区别时,德诺美合资公司的主要创建人 Han Cheng 解释说,其他社会网络充斥盗版内容,德诺美提供的内容均有版权。"我们的经营完全遵从麻省理工学院和麻省理工学院斯隆管理学院的专业标准。"

---

① 优惠券分成两大系列:全部免费型优惠券和限制性优惠券。德诺美将前者分销给广大受众,但有选择地将向目标受众推销后者。全部免费优惠券主要面向宾馆和快餐连锁店。限制性优惠券对电器、化妆品和汽车的消费者有较高价值。

这种病毒式经营模式是否足以吸引终端用户非常投入地建立德诺美社区网站，还有待观察。在广告要求预付款的情况下，他们是否还愿意贡献自己的创意内容？对此，目前尚不得而知，但有一点似乎已经明确，那就是，社会网络媒体和 Web2.0 技术引发的越来越多的商业概念，在中国正在整合草根创意传播与商业传播。

创意文化与知识共享

说到 Web2.0，第二代软件工具和服务实现的协作在线社区前景，我们马上想到知识共享项目（Creative Commons movement，简称 CC）。① CC 强调"内容开放"和用户生成创造力这两个关键概念，确定了数字时代传播文化的基调，其灵活的数字版权管理形式与德诺美不谋而合。CC 是知识共享国际项目的一部分，由网络参与者构成，包括 40 多个国家和法定管辖机构（legal jurisdiction）的艺术家、互联网用户、网络活跃分子、律师、科学家和学者。这是一个非盈利组织，致力于创造一个创意作品的共享空间，更容易共享和依赖。CC 挑战严格的"版权所有"体制，免费提供创作者灵活的著作权许可。这些许可（有 6 大选择），在"完全版权（保留所有权利）与公共领域（不保留任何权利）之间，有宽泛、有弹性的灰色地带"（CC 网址）。知识共享提倡自愿的、"部分版权所有的"数字版权方式，使内容提供者面向在线用户将自己的作品标记为免费，或对复制、修改或散播作等级越来越高的限定。最终的宏伟目标，是实现全球的数字共享，个人终端用户在没有第三方介入

---

① Web2.0 是蒂姆·奥莱利（Tim O'Reilly）2004 年创造的一个词，指一种网络前景，文件被分成"微内容"单位，能在多个网域中传播。亦指第 2 代软件工具，让终端用户能聚集和重组这些微内容片段，建立类似维基这样的依托协作型网络社区和社会网络社区。关于 Web2.0，我见到的最佳定义是 Richard MacManus 和 Joshua Porter（2005）所提供的。

下,能输入自己作品、获取他人作品。知识共享国际(iCommons)前执行总裁克莉丝提安妮·亚申费尔特(Christiane Asschenfeldt)解释说,"知识共享反映了互联网本身的结构:它只是个工具,被一个个非常智慧的个体淋漓尽致地发挥与运用"(Asschenfeldt 2005)。

CC 强调终端用户、促进"版权共享",这正是德诺美之追求。虽然 CC 注重给创意作品授权和解放知识产权制度,而德诺美注重的是病毒式营销,但他们都使用 P2P 网络作为媒介,传播共同分享的创意。发展此类数字平台,对中国具有特殊意义。中国的内容产业由国家控制,"创作自由"只是个意味深长的概念。就因为控制病毒式内容的在线传播比较困难,所以,中国数字网络或许是中国创意表达挑战限制标准的发轫之地。西方背景之下,知识共享挑战的,是具有限制性的企业版权文化,劳伦斯·莱斯格(Lawrence Lessig)称其为"许可文化"(permission culture)(Lessig 2004)。①中国没有莱斯格所述意义上的支配性知识产权(IP)文化,但类似 CC 和德诺美这样公开内容的平台,刺激创意增长和散播,最终将产生自下而上的效应,有益于所有草根创作者。

CC 中国大陆版目前尚属雏形,但它对中国社会的影响,将是多方面的。项目负责人王春燕相信,CC 中国大陆版将帮助"促进新的版权文化,"广泛散播中国的创造性知识和文化,提供合理的保护知识产权的途径(王春燕 2005;见 http://creativecommons.net.cn)。CC 强调大家"双赢"的解决方案,终将促进它发展商业许可。CC 中国大陆版有意举办推广活动,与德诺美这样的病毒式营销平台协作,虽然这在全球知识共享国际社区之内是争议焦点。这样的协作若能实现,将促进中国营销与草根创造力的实验性融合。

试想,每一个互动数字媒体的终端用户都是潜在的生产消费者,自愿为品牌创造内容,同时,利用其利益相关人的地位,更好地监管企业

---

① 引用莱斯格的话,"只有在权威或过去的创造者的许可之下,创造者才得以创造"(Lessig 2004, 8)。

行为。生产消费者文化在中国虽然还几乎不为人知,但这一新兴的参与文化在美国已经非常活跃,促使媒介学者亨利·詹金斯(Henry Jenkins)思考美国生产消费者正在怎样改变着企业运行。他对此非常乐观:生产消费者社区不仅正带来"较大的集体议价权力",解放公共领域,导致媒体环境分散化,同时也让大媒体和其他企业集团负起企业公民的责任(Jenkins 2006, 249)。

如果詹金斯描述的草根成就,未来能控制企业的贪婪和不规范行为,我们要问,在这初现的新现实之中,学术评论者(企业良知的监督者)位在何处?詹金斯对此未作论述,对于企业媒体和草根媒体的融合,评论界会有怎样的关注,目前尚无预测。

中国的大媒体是政府控制的,中国企业与政府密不可分,此背景之下的企业—草根"联盟",意味着什么?在中国(如果我们在乎非传统的空间)最好的办法,是区分詹金斯与信息法教授尤查·本科勒(Yochai Benkler)书中描述的"融合文化"。①中国草根媒体若能与企业(政府)媒体平行发展,永不融合,将能更好地服务于中国。此前猜测的 CC 中国大陆与德诺美之间的潜在联合,与美国发生的 Survivor 粉丝社区(草根)与美国哥伦比亚广播公司(企业)之间的融合不同。德诺美模式之所以吸引人,是因为它本质上不是企业(政府)媒体,它力图成为社会媒体平台,协调商业网络与社会网络之间的关系。

如此看待"融合文化",表明我们需要细察始于西方的舶来理论。对西方后富裕社会所进行的分析,或许不适用于发展中国家,甚至永远不会适用。中国的创意数字文化(如果不是一种生产消费者文化)是否能由下而上持续向好发展,现在还不得而知。中国人目前使用的最主要媒体是电视和手机,因此,中国目前不会有大量对于基于网络的"生产

---

① 我指的是本科勒的《网络财富:社会生产如何改变市场和自由》(The Wealth of Networks: How Social Production Transforms Markets and Freedom, 2006)。本科勒的理论与詹金斯一致。

者-创作者"混合体的批评。此消息对于那些期待中国长尾很快出现的人,是喜忧参半。是技术将需求驱至长尾。除了因特网,还有其他一些提供低成本散播需求的新传播工具在中国各就各位,让普通消费者能即时接触内容、商品、服务和完整交易。网络并非能立即流行,因为它对大多数中国消费者而言(7亿农民消费者),还是一种奢侈。或许,按安德森的说法,把X、Y世代看成潜在的利基消费者更为合适,但就因为成千上万的农民没有选择使用网络媒体,而把他们排除在外,是没有道理的。如果驱动安德森远见的,是规模经济,那么,聚合的市场应该超越"利基",将所有类型的"小"市场都纳入进来。中国农民的绝对数量,就能创造销售奇迹,可口可乐和宝洁目前正依赖这一奇迹。而手机是传播到这一消费大众的最有力的媒体。

我对中国长尾及数字鸿沟的思考,有一隐含信息:忽视发展中国家与后富裕社会之间可支配收入的差别,总在上海追逐欧美翻版,将不可能解决"中国的症结。"观察者若从全球(西方)—本土(中国)二元论出发,就容易将上海和北京等同于"本土"而忽视了中国其他地方。对此,不仅在中国的跨国商需要谨慎,而且做国际广告和跨国媒体研究的学者也得小心,不能单从欧美立场看发展中世界。本书展现了西方品牌、营销和广告思想在中国的成功之处与不当之地,以及它为中西合璧开辟的机会。总之,掌握中国营销和广告文化的最佳方式,是既颂扬协同,也赞美差异,同时,给予后者更多的施展空间和尊重。

消费者遇到技术、理论遇到方法之处

最后,我欲进言有意接受具有批判性、理论性的方法论方面的洞见的读者。理论总是不可分割地与方法论连接在一起,对于理论,本书方法上的实验性探索,已经具有两方面的意义。

首先,与企业结合的研究方式表明,当学者不再在自己的象牙塔中推断消费者时，会获得怎样的研究机会！人文学科总以阐释在研究广告，视它为已完成的文本，等待在复杂的互文阅读上训练有素的专家解码。这样的研究虽然在文化价值的社会心理形成上有指导意义，但在这些解释性框架下被重新建构的消费者，最终是想象出的实体，而不是在品味与行为上与学者几乎没有共同点的目标消费者。本书通过在公司的实地工作，强调以生产为中心的方法论在获取目标消费者观点上的重要性。强调广告是一个产业、广告是一个团队打造的产品，表明商家与消费者这两大流行文化的最重要介质，息息相关，协力合作。商家观点与消费者观点的交叉点，是连接商业文献与流行文化学术成果所必需的管道，催生出从单独的商业研究或文化研究的教条中均无法获得的混合视角。①

第二，深入产业实地调查，不仅能提供丰富的经验性细节，还拓展了新观念。当消费者被看成主动生产和传播创意内容的终端用户（而不是被动解释生产者的内容）时，商家、学者和一般读者便能脱离这样的传统观点的限制，即预设"中国问题"就是（独裁）政府与（自由）市场相对。②我认为，消费者能成为打破二元思想的原动力，从而在此过程中，改变我们概念化中国社会变革的方法。

我认为中国政府与跨国资本之间，是同谋关系，而不是对立关系，这暗示政府和市场均不能被视为是改善中国的主要力量。但即便这一驳论，也未必与非此即彼（either/or）的思想有很大不同，因为，此彼皆非（neither/nor）的观点同样陷入二元论窠臼。要摆脱二元怪圈，必须另辟蹊径。

---

① 在营销研究与文化研究间进行交流，已越发紧迫，因为广告业已开始利用批评性的符号学、心理学、社会学、文化人类学、精神分析学和传播学研究提供的资源。专业知识的反向流动，只会有益于学术界青年文化与流行文化的研究。

② 这里的"生产者"可指以下任何类别：企业公司、政府、或任何生产并由上而下散播商业、政治或社会信息的权力机构。

在奥美两个夏季的实地工作,让我对媒体研究这个与广告毗连的领域,有了更深入的认识,它让我意识到,新媒体技术有可能帮助我们脱离观念上的僵局。①我们只要把"作为终端用户的消费者"与"新媒体技术"连在一起,就可能会问:在中国,如果既非政府亦非市场主导,会有什么样的变化动因?答案或许在熟稔技术的中国年轻的消费者身上。"获得解放的"中国终端用户正忙着分散大媒体资本,我也许应该避免描摹这一过于浪漫的景象,因为他们自己也在忙着赚钱。城市 X、Y 世代会怎么平衡自己创业与创意的欲望,现在还不得而知。我预测,一个中国商业性 3D 虚拟世界海皮士(HiPiHi,2007 年秋发布)的开创,会给我们一些启示。海皮士中的居民和第二人生(Second Life)中的居民一样,"创造、居住和管理着自己设计的新世界"(HiPiHi 2007)。但中国版与美国版之间有显著差别。运行第二人生的美国公司林登实验室(Linden Lab),在整个游戏中不出售广告空间,除了私人岛屿,在那里如美国国际商用机器公司(IBM)和丰田汽车(Toyota)之类的大企业可购买自己的土地,并销售自己的商品。但海皮士并不阻拦广告商,因为它的管理者已准许在道路旁边及公共领域的一些区域上矗立广告牌。如此的放任态度暗示,道德和法律上均不阻拦游戏玩家(平均年龄在 15 到 25 岁之间)向大公司出售或出租广告空间。很多人试图成为中国大陆的钟安社,他是第二人生中的首个百万富翁,靠转售和出租自己拥有的虚拟房地产而发财。

被贪婪刺激的用户行为或许转而更能驱动创意动力,或许不能。现在预言还为时尚早,而且没有理由认定,海皮士中的虚拟经济不能同时是创意经济。新技术新兴时尽管随携警诫,但新媒体仍是一个推动者,给中国用户提供通过病毒式效应挑战政府和市场限制的机会。利用即时短信曝光非典流行病、恶搞的萌芽、中国网络女性主义者对性别习俗提

---

① 今天,中国每家优秀的广告商业杂志都设有关于媒体、营销和广告的栏目。

出的挑战,所有这一切,均表明审视中国政府与市场关系的学者,应该从多学科的视角思考新形式的赋权问题。

当然,技术这个工具,统治者与被统治者都能使用,因此,不可过高估计新媒体具有的解放潜力。中国的防火墙和大批因特网警察,足以提醒我们,关于新媒体解放"红色中国"的炒作,不过是又一遭人反驳的错误推论。我认为,未来研究中国政府与市场时,只有将四类概念放在一起探讨,才会有所成效。这两对问题是,"媒体技术"和"作为终端用户的消费者",及他们对"政府"和"市场"的影响。应该推翻目前中国研究领域的行政管理研究、媒体研究、营销研究和传播技术研究间的学科分类,让位给更多跨学科的交流。同样,为鼓励进一步的研究,未来的里程碑应建立在多个前沿之上,引领我们进入大量新轨道:比如,需要着手进行媒体和广告领域的受众实地调查;新闻媒体研究需要补充娱乐媒体研究;需要重视移动媒体(服务于中国大量农村用户)用户研究,重视程度要超过我们现在给予数字媒体的关注度。

流行文化研究与营销研究若能相互折中,这对于西方广告中的两大主导性学科方法,即人文学科中的文化研究和商学院的营销研究,具有什么意义?本书力图对比这两种方法,为理论基点提供有趣的背景。诚如我们在导论中所阅,唐锐涛指出,中国文化的基本特征,不是欲望,是安全需求——我们在中国消费者选择快速消费品时看到的需求(唐锐涛 2005, 118)。然而,跨国广告公司在中国开展的很多广告推广活动,走向一个与此完全相反的方向:他们误以为中国消费者和西方消费者一样,于是在广告推广活动中过分吹嘘对生活方式的渴望,低估安全诉求的重要性。这一观察揭示了一个具有讽刺意味的事实:正因为西方营销实践根植于"欲望",它在认识论上与文化批评有共同基础,而文化批评的任务,就是揭穿营销与消费主义的真相。因此,西方的广告实践及对之的批评,是一块硬币的两面——关于消费的营销说辞与批判理论,均建立在弗洛伊德的力比多理论基础之上。

比如，让·鲍德里亚的著述，启迪过很多年轻的消费文化批评家，就承续了典型的弗洛伊德思想。这位理论家曾经讨论过一个案例：一个摇椅与椅垫商家所做的广告显示出了"暴力性的阳物崇拜的意识形态话语"（Baudrillard 1996, 182）。他认为，我们消费者与物质产品相接触的那一刹那，就是我们"向父性与母性形象的眷恋之情回归之起点"（同上，204）。他的很多追随者视幻影似的广告形象为"失去指涉功能的"怀旧符号，或者是对原来的幻象的一种渴望，而这幻象的缺失更激发了获取它的欲望（Baudrillard 1994；Ivy 1995；Wernick 19978）。很多学者用欲望、拜物教、礼物经济及魔法阐释"过度、无节制（excess）"。文化研究及其相邻领域中关于广告的所有批评文献资料，利用压抑、（消费犹如）强迫性仪式、焦虑和内疚、升华、移情以及相抵触的无意识等精神分析术语，解释广告使人幼儿化的机制，以及消费者遇到"欲望对象"的象征意义。

但那是谁的意义？西方广告研究成果与视觉研究，主要基于弗洛伊德和拉康，一定程度上也基于马克思，大都忽视消费者洞察和消费者行为研究，因此，导致在理论话语中，消费者被迫失语，还自称为消费者及消费者情感说话。那些被给予发言机会的人，往往不是目标消费者。虽然偶尔有一位批评家承认，目标营销（对应大众营销）引出一个"不团结的大多数"的受众反应，但这位批评家仍坚持将广告曲解为统一的意识形态和反应（Wernick 1997, 210）。

文化研究中的民族志学转向（本书也与之保持一致），没有丢弃人类学家和文化批评家提出的有关物质文化和物质消费的意义这个最重要的问题，而是把分析的重担，从"意义是什么"转向"表达了谁的意义"？

如果说文化研究文献不研究目标消费者，以及目标消费者的洞察和行为，商业文献则正好相反。营销学会经营的期刊，视建立目标消费者模型为主要任务。非常仔细地将总的面板（时序－横截面）数据（panel data）集合在一起，解释目标消费者的忠诚度维持、他们的购买行为、信仰体系、知识结构以及综合品牌记忆和广告回忆模式。评估广告效果、测定广告信息,均依赖对目标消费者的抽样调查。从这些认知模式和实证结果中,形成了另一种抽象概念,即消费者被分为"长期忠诚型、游离型(rotators)、实惠选择型等"子群体(McQueen),而他们的好恶,则常被缩减为态度造成的选择产品种类上的行为规律。即便主题转到国际广告时,令人关注的问题不是当地的鉴赏力,而是"是否标准化,离标准化有多远"(Editorial 2002, 291),以及怎样发展"跨文化的广告过程与效果的等效评估标准"(Ewing, Caruana and Zinkhan 2002, 338)。一个显著的例子,是玛丽克·德穆易(Marieke de Mooij)将霍夫斯泰德(Hofstede)的国家文化5维度理论,运用于国际营销(de Mooij 1998)。①她的框架基于两个不妥当的论断:一是国家价值是"稳定的",二是欧洲民族国家代表全球民族国家。规则总有例外。目标消费者被机械化地纳入国家部分。

　　同样,品牌管理学的 MBA 文献,与以消费者为关注焦点的研究一样,着迷于分类思考。典型问题是:怎样界定、管理品牌资产?一个经理怎样评估、维护和提升一个品牌的表现?这类文献中,充满成功(或失败)的营销活动的实用技巧,我虽从中学到很多,但仍常需要去温习大卫·奥格威的《奥格威谈广告》(*Ogilvy on Advertising*)和詹姆斯·特威切尔(James Twitchell)的《震撼世界的20例广告》(*Twenty Ads that Shook the World*),以免太受那些作品图表化思考方式的影响。穿梭于辉煌的符号学顿悟(由人文学科的批评家提供)与最优品牌建构实践的科学建模(由商业学院营销专家建立)之间将近10年,我一直在探寻是否有能协调二者的研究方法。尤其是,我试图寻找能协调符号学与营销学术理论的更好办法。最后,我发现,协调既无意义,也不是理想的目

---

　　① 关于吉尔特·霍夫斯泰德(Geert H. Hofstede)国家文化的 5 – D 维度,见第一章注释1。亦可见他的《文化与组织:心灵的软件》Cultures and Organizations: Software of the Mind (1991)。

标，因为我对两种方法论都持批判态度。我认为，解决办法在于，开放广告研究，寻求多个切入点。本书探索的切入点，是把广告作为一项实践来研究，既根据产业实地调查，也在讨论中国和跨国广告时，汇集商家、消费者和广告商的观点。

广告可以是多学科学术研究之所在，这些研究坚持己见，不向人文学者的批判使命妥协，深入洞察并呈现实地从业人员的专业知识。与战后婴儿潮时期出生的那一代人相比，在品牌构建文化中成长起来的新一代学者，更趋向在文化产业中接受实地调查。这些年轻些的学者或许会用更多方法在广告研究领域进行实验。我相信，随着"批判性"实践获得新的意以，他们将见证消费者文化研究的模式转变。

参考文献

Aaker, David A. 1991. *Managing Brand Equity*. New York: Free Press.
Aaker, David A., and Erich Joachimsthaler. 2000. *Brand Leadership*. New York: Free Press.
"Ad Sector Competition Heats Up." 2004. *Chinese Business Weekly*, September 21. http://www.china.org.cn/english/BAT/107668.htm. Accessed May 20, 2005.
Adorno, Theodor W., and Max Horkheimer. 1972. *Dialectics of Enlightenment*. Trans. John Cumming. New York: Seabury Press.
Ai Mai. 2003. "High-speed Growth Expected in Cable TV Network Industry." http://www.tdctrade.com/report/indprof/indprof_030306.htm, March 24. Accessed May 2005.
Aitchison, Jim. 2002. *How Asia Advertises*. Singapore: John Wiley & Sons.
Allison, Anne. 2006. *Millennial Monsters: Japanese Toys and the Millennial Imagination*. Berkeley: University of California Press.
Anderson, Chris. 2004. "The Long Tail." *Wired*, no. 12.10 (October). http://www.wired.com/wired/archive/12.10/tail.html. Accessed June 2006.
———. 2006. *The Long Tail: Why the Future of Business Is Selling Less of More*. New York: Hyperion.
Anderson, Michael H. 1984. *Madison Avenue in Asia: Politics and Transnational Advertising*. Rutherford, NJ: Fairleigh Dickinson University Press.
Anholt, Simon, and Jeremy Hildreth. 2005. *Brand America: The Mother of All Brands*. London: Cyan Communications.
Aoyagi, Hiroshi. 2005. *Islands of Eight Million Smiles: Idol Performance and Symbolic Production in Contemporary Japan*. Cambridge: Harvard University Asia Center.
Appadurai, Ajun. 1986. *The Social Life of Things*. Cambridge: Cambridge University Press.
"Asia Television Commercials Videotape: Films for the Humanities and Sciences." 1999. Princeton, NJ: Films Media Group.
Asschenfeldt, Christiane. 2005. "iCommons Summit: 2005." San Francisco: Creative Commons.
Baker, Stephen, and Heather Green. 2005. "Blogs Will Change Your Business." http://www.businessweek.com/magazine/content/05_18/b3931001_mz001.htm. Accessed May 2006.
Barboza, David. 2006. "Viacom Testing Limits of Youth TV in China." *International Herald Tribune*, January 10. http://www.iht.com/articles/2005/12/28/business/nick.php. Accessed May 2007.
Barthes, Roland. 1972. *Mythologies*. New York: Hill & Wang.
Baudrillard, Jean. 1994. *Simulacra and Simulation*. Trans. Sheila Faria Glaser. Ann Arbor: University of Michigan Press.
———. 1996. *The System of Objects*. London: Verso.
Beck, Lin&ay. 2007. "China Ex-Food and Drug Safety Chief Sentenced to Death." Reuters. May 29. http://www.reuters.com/article/worldNews/idUSPEK4362920070529?pageNumber=1. Accessed June 2007.
Beech, Hannah. 2004. "The New Radicals." *Asia Times*, February 2, 32—38.
Bell, Edward. 2006. Email exchange.

Benkler, Yochai. 2006. *The Wealth of Networks: How Social Production Transforms Markets and Freedom*. New Haven: Yale University Press.
Bishop, Bill. 2005. "Coke, Pepsi, World of Warcraft, Magical Land, The9 and Shanda." http://bbb.typepad.com/billsdue/2005/04/coke_pepsi_worl.html. April 21. Accessed January 2006.
Blackett, Tom. 2004. "What Is a Brand?" In *Brands and Branding*, ed. Rite Clifton and John Simmons, 13—25. Princeton, NJ: Bloomberg Press.
Blair, Mark, Richard Armstrong, and Mike Murphy. 2003. *The 360 Degree Brand in Asia: Creating More Effective Marketing Communications*. Singapore: John Wiley & Sons.
Bluethinker. 2004. Sine. com, January 31. http://tech.sina.com.cn/it/2004-02-02/1316287002.shtml. Accessed May 2006.
Blustein, Paul. 2006. "Senators Deride U. S. POSltlOn on Chma." *Washington Post*, May 19. http://www.washingtonpost.com. Accessed June 2006.
"Bobo guoji: Chengshi jingying de lixiang jiayuan" (Bobo International: The Ideal Abode for City Elite). 2003. http://jmb.rednet.com.cn, November 19. Accessed 2003.
Bourdieu, Pierre. 1984. *Distinction: A Social Critique of the Judgment of Taste*. Trans. Richard Nice. Cambridge, MA: Harvard University Press.
Brooks, David. 2000. Bobos in Paradise: *The New Upper Class and How They Got There*. New York: Simon & Schuster.
"Bubo zu de xin chonger: Aerkate OT715" (The New Pet Toy for Bobos: Alcatel OT715). 2002. http://topdigital.vip.sina.conrm/:./products/200208. Accessed 2004.
"Bubo zu shangji da gonglue zhi luntan yu dianping" (Commentaries on the Symposium of "A Marketing Offence Targeting Bobos"). 2003. http://finance.sina.com.cn/roll/20030416, April 16. Accessed 2003.
Budde, Paul. 2005. "China—Broadcasting—Cable, Pay, and Interactive TV." Paul Budde Communication Pty Ltd. http://www.budde.com.au/Reports/Contents/China-Broadcasting-Cable-Pay-and-Interactive-TV-3543.html, March 5. Accessed June 2005.
Cai Yugao and Zhu Liyi. 2005. "Shui duozou le tamen de fuyu ganjue: Jiedu Changjiang Sanjiaozhou jumin shouru yu xiaofei de kunhuo" (Who Took Away Their Sense of Affluence? Deciphering the Income and Consumption Bottleneck of Those Residents Living in the Yangtzu River Delta). *Guoji guanggao* (International Advertising), no. 7 (July): 56—57.
Cantrell, Amanda. 2006. "Lenovo's Big Blues." CNN. com, May 19. http://money.cnn.com/2006/05/19/technology/lenovo_story/index.htm. Accessed May 2006.
Cartier, Carolyn. 2001. *Globalizing South China*. Oxford: Blackwell.
CCTV. 2006. "Meiti baojia" (Media Price). Meiti kanli wang (Media Price Net). http://www.mtklw.com.cn/User/mAnalyse-2524.jhtml. Accessed June 2006.
Chan, Jeanette, and Bianca Ip. 2007. "Viewpoint: Departments Pull in Different Directions on Media Integration." *Financial Times*, May 22. http://www.ft.conm/cms/s/d548c88a-0871-11dc-bl1e-000b5dfl0621.html. Accessed May 2007.
Chan Joseph Man 1997 "National Responses and Accessibility to Star TV in Asia." *In Media in Global Context: A Reader*, ed. Annabelle Sreberny-Mohammadi, Dwayne Winseck, et al., 94—106. London: Arnold.
Chan, Viveca (Yinan). 2005. "Zhongguo guanggao de Zhongguo liliang" (The Chinese Power of Chinese Advertising). *Guanggao daguan* (Advertising Panorama), no. 12 (December): 24—27.
Chang, Leslie, and Peter Wonacott. 2003. "Cracking China's Market—Adapting to Chinese Customs, Cultural Changes, Companies from U.S., Europe Find Profit." *Wall Street Journal*, January 9, B1, 1—6.
"Changcheng dichan shouci yi da shoubi jianzheng 'guoji Shenzhen'" (The Great Wall Estate Validates "International Shenzhen" in Grand Style). 2003. http://www.soufun.com, December 25. Accessed 2003.
Chen Beiai. 1997. *Zhongwai guanggao shi* (The History of Chinese and Foreign Advertising). Beijing: Zhongguo

wujia chubanshe.
Chen Gang. 2005. "Zhongjian didan zhi huyan luanyu" (Babbles about the Third Zone). *Guanggao daguan* (Advertising Panorama), no. 12 (December): 28—29.
Chen Gelei. 2005. "Baidu Tang Bohu: Zhongguo guanggao zouxiang shuzi yule xiaodianying de dianji zhi zuo" (Tang Bohu on Baidu. com: The Foundation Stone for the Movement of Digital Entertainment Media in Chinese Advertising). *Guoji guanggao* (International Advertising), no. 12 (December): 34—38.
Chen Jianfu and Zhou Wei. 2002. "Wahaha de xin tonghua" (The New Fairy Tale of Wahaha). *Jingji ribao* (Economic Daily), August 27. http://www.people.com.cn/GB/jinji/33/172/20020827/808874.html. Accessed June 2006.
Chen Peiai and Tong Wenjuan. 2006. "Quefa jingzheng li, tanhe minzu pinpai?" (We Lack Competitive Edge, How Can We Even Talk about National Brands?). *Guanggao daguan* (Advertising Panorama), no. 2 (February): 24—26.
Chen Subai. 2005. "Jiegou Zhongguo chengshi hexin jiating haizi xiaofei" (Deconstructing Children's Consumption in Chinese Urban Nuclear Families). *Guoji guanggao* (International Advertising), no. 6 (June): 67—70.
Chen Xutong, ed. 2006. "Zhongguo you 'minzu pinpai' ma?" (Does China Have "National Brands"?). *Guanggao daguan* (Advertising Panorama), no. 2 (February): 22—51.
Chi Shuangming. 2004. *Caizhi yingxiong Zhang Ruimin* (A Hero of Riches and Intelligence: Zhang Ruimin). Beijing: Zhongguo shangye chubanshe.
Chi Yuzhou. 2005. *Lianxiang ju* (The Saga of Lenovo). Beijing: Zhongguo Broadcast and Television Publishers.
"China Bans Blasphemous Nike Commercial." 2004. *Asian Media Watch*. http://www.asianmediawatch.neffnike. Accessed March 2005.
"China Digital TV Market Operation Report, 2006 - 2007." 2007. *Research and Markets*, February 2007. http://www.researchandmarkets.com/reportinfo.asp?report_id = 452701. Accessed May 2007.
China Online. 2001. "WTO and Policy Forum." http://www.chinaonline.com: 80findustry, December 4. Accessed January 2002.
"China Playing Hard-to-Get." 2007. Bangkok. com. May 12. http://www.bangkokpost.com/120507_Business/12May2007_focus01.php. Accessed May 2007.
China's Commerce Ministry. 2007. "Shangwu bu yu Baojie dacheng 'wancun qianxiang shichang gongcheng' hezuo yixiang" (Commerce Ministry Reached Cooperative Agreement with P&G about the "Ten Thousand Village Project"), April 26. http://news.xinhuanet.com/politics/2007 - 04/26/content_ 6030977.htm. Accessed June 2007.
Chinese Gold Eagle TV Art Festival Committee and CSM, eds. 2004. *Zhongguo dianshi shichang baogao: 2003— 2004* (China TV Report). Beijing Broadcasting College. Beijing: Huaxia chubanshe.
Chinese Population and Development Research Center. 2007. *Renkou yu jihua shengyu changyong shuju shouce: 2006* (The 2006 Statistics Manual on Chinese Population and Childbirth Planning). Beijing: Zhongguo renkou chubanshe.
"Chinese Women Score Lowest Brand Loyalty." 2005. *Media*, September 23, 10.
Clarke, David B., Marcus A. Doel, et al. 2003. *The Consumption Reader*. London: Routledge.
CMM Intelligence. 2005. "The 2005 China Media Yearbook." http://www.cmminteUigence.com/. Accessed May 2005.
"Coca-Cola Moves into China's Bottled Tea Market." 2001. http://www.china.org.cn. Accessed July 2001.
Cody, Edward. 2005. "In Chinese Cyberspace, a Blossoming Passion." *Washington Post*, July 19, A15.
Condry, lan. 2006. *Hip Hop Japan: Rap and the Paths of Cultural Globalization*. Durham, NC: Duke University Press.
Creative Commons. http://creativecommons.org. Accessed July 2006.
CSM Media Research. 2005. "Meiti shuju jingxuan yuebao" (The Monthly Report on Select Media Data). *Guoji*

guanggao (International Advertising), no. 3 (March): 104—105.

CTR Market Research. 2004. "Zhaobiao duan guanggao de shida chuanbo jiazhi" (The Ten Broadcasting Values of Auctioned Slots). *Guanggao ren* (AdMan), no. 11 (November).

——. 2005a. "SVSC-SOFRES Media (CSM) Profile." http://www.ctrchina.cn/en/inve/csm.html. Accessed May 2005.

——. 2005b. "U. S. Advertising Market Shows Strong Growth in 2004." http://www,ctrchina.cn/en/articles/19. html. Accessed May 20, 2005.

Curran, James. 1990. "The New Revisionism in Mass Communication Research: A Reappraisal." *European Journal of Communication* 5 (213): 135—164.

Da Zhi. 2003. "Zhongguo de pangke, wubing shenying" (Chinese Punk: Fussing about Being Sick). http://www, scream-records. net/community/cmmunity043 - punk. htm. Accessed August 2004.

De Lussanet, Michelle. 2003. "Limits to Growth for New Mobile Services." Forrester. http://www, forrester, com/ER/Research/Report/Summary/O, 1338, 15598, 00. html. Accessed June 2006.

De Mooij, Marieke. 1998. *Global Marketing and Advertising: Understanding Cultural Paradoxes*. Thousand Oaks: Sage Publications.

——. 2003. *Consumer Behavior and Culture: Consequences for Global Marketing and Advertising*. London: Sage Publications.

Decker, Charles. 1998. *Winning with the P&G 99: 99 Principles and Practices of Procter & Gamble's Success*. New York: Pocket Books.

Deng Gang. 2001. "Chinese Cartoon to Land in US." *People's Daily*, May 28. http://english.people.com.cn/english/200105/28/eng20010528_ 71242. html. Accessed May 2006.

"Difang xing pijiu" (Local Beers). 2004. *Chenggong yingxiao* (Successful Marketing), July. http://cmarketing. hexun. com/. Accessed June 2005.

Dobson, Chris. 2005. "China's Online World Ready for Great Leap in Ad Opportunities." *Media*, November 18, 17.

Doctoroff, Thomas. 2005. *Billions: Selling to the New Chinese Consumer*. New York: St. Martin's Press.

Duncan. 2005. "Number of blogs now exceeds 50 million worldwide." The Blog Herald. http://www, blogherald. com/2005/04/14/number - of - blogs - now - exceeds -50 - million - worldwide/. Accessed May 2006.

Eckert, Tracy, Juanita Haron, et al. 2004. "Taking Global Brands to Local Success: Marketing Western Snack Foods in China." In *Kellogg on China*, ed. Anuradha Dayal-Gulati and Angela Y. Lee, 161—173. Evanston, IL: Northwestern University Press.

Editorial. 2002. *International Journal of Advertising* 21, no. 3: 291—292.

Einhorn, Bruce, and Alysha Webb. 2001. "Legend Thinks Out of the Box." *Business Week*, June 25. http://www, businessweek. com/magazine/content/01_ 26/b3738144. htm. Accessed May 2006.

Ewing, Michael T. , Albert Caruana, and George M. Zinkhan. 2002. "On the Cross-National Generalisability and Equivalence of Advertising Response Scales Developed in the USA." *International Journal o/Advertising* 21, no. 3: 345—366.

Fang Jun. 2007. "NJ tongqing Zou Qinghou ma?" (Are You Sympathetic with Zong Qinghou?). April 16. http://www, mindmeters. com/showlog. asp? log_ id =5117. Accessed June 2007.

"Fang Lingdian diaochu Dongshizhang Yuan Yue" (An Interview with the CEO of Horizon Research Co.). 2004. *Chenggong yingxiao* (Successful Marketing), no. 7 (July). http://finance. sina. com. cn/x/20040707/1809856558. shtml. Accessed December 2005.

Farquhar, Judith. 2001. "For Your Reading Pleasure: Self-Health Information in 1990s Beijing." In *Chinese Popular Culture and the State*, ed. Jing Wang, a special issue of *positions: east asia cultures critique* 9, no. 1 (Spring): 105—130.

Feldwick, Paul. 1999. "Brand Equity: Do We Really Need It?" In *How to Use Advertising to Build Strong Brands*, ed. John Philip Jones, 69—96. Thousand Oaks, CA: Sage Publications.

———. 2002. *What Is Brand Equity, Anyway?* Oxfordshire, UK: World Advertising Research Center.

Feng Guoying and Zhu Haisong. 2004. *Haler Brothers* (Behind Haier). Guanzhou: Guangdong jingji chubanshe.

Feng Xindong. 2005. "Jianchi yuanchuang Zhongguo xin guanggao" (Insist on Creative Originality for New Chinese Advertisements). *Guoji guanggao* (International Advertising), no. I (January): 107—109.

"FM365 huigui Lianxiang zao 'xuecang'" (FM365 Was Frozen after Its Return to Lianxiang). 2004. *Shantou Info*. http://info.st.gd.cn/ShowNews.php?id = 177149.

Fu Dingwei, Mao Xiaoming, et al., eds. 2002. *Kuaguo gongsi Zhongguo gonglue* (The Invasion Strategies of Transnational Agencies in China). Beijing: Jixie gongye chubanshe.

Fu Hu. 2004. "Guoji 4A liu nian toushi: Chengzhang, tongku, beipan" (A Close Examination of Six Years of International 4As). *Guoji guanggao* (International Advertising), no. 1 (January): 51—54.

Fung, Anthony. 2006. "Think Globally, Act Locally: China's Rendezvous with MTV." *Global Media and Communication* 2, no. I (April): 71—88.

Furman, Greg. 2005. "Exceeding All Expectations." *Media*, September 23, 26—27.

Fussell, Paul. 1992. *Class: A Guide through the American Status System*. New York: Touchstone Books.

Gabriel, Yiannis. 2000. *Storytelling in Organizations: Facts, Fictions, and Fantasies*. Oxford: Oxford University Press.

Gao Tao. 2005. "Libo pijiu de Shanghai gonglue" (The Strategy of Shang hai's Libo Beer). www.globrand.com/2004/12/05. Accessed June 2005.

Gao Yuan. 2002. "Shengji weishi fazhan xin zhanlue: Quyu weishi fuchu shuimian" (The New Development Strategies of Provincial Satellite Stations: The Rise of Regional Satellite [Alliance]). *Guoji guanggao* (International Advertising), no. 11 (November): 90—91.

Garner, Jonathan. 2005. *The Rise of the Chinese Consumer: Theory and Evidence*. Hoboken, NJ: John Wiley and Sons.

Ge Huaisha, ed. 2003a. *Jingyan: Zhongguo shichang zhumin pingpai chenggong anli tudian* (Experiences: Case Studies of Successful Chinese Market Brands). Vol. 1. Changchun: Jilin daxue chubanshe.

———. 2003b. *Jingyan: Zhongguo shichang zhumin pingpai chenggong anli tudian* (Experiences: Case Studies of Successful Chinese Market Brands), Vol. 2. Changchun: Jilin daxue chubanshe.

Gerth, Karl. 2003. *China Made: Consumer Culture and the Creation of the Nation*. Cambridge, MA: Harvard University Asia Center.

Gilmore, Fiona, and Serge Dumont. 2003. *Brand Warriors China: Creating Sustainable Brand Capital*. London: Profile Books.

Gob, Marc, and Sergio Zyman. 2001. *Emotional Branding: The New Paradigm for Connecting Brands to People*. New York: Watson Guptill Publications.

Goldman, Robert. 1992. *Reading Ads Socially*. London: Routledge.

Goodman, David S. G. 2008. "Why China Has No Middle Class: Captains of Industry, Cadres and Professionals." In *The New Rich in China: Future Rulers, Present Lives*, by David Goodman et al. London: Routledge.

Grossman, Lev. 2003. "The Quest for Cool." http://lwww.time.com/time/covers/1101030908/xopener.html. Accessed August 2004.

Gu Yue. 2002. "Deng yan kan zhaobiao" (A Close Look at the Auction). *Guoji guanggao* (International Advertising), no. 10 (October): 88—89.

Guang Xuan. 2005. "2004 nian Zhongguo guanggao ye tongji shuju fenxi" (An Analysis of Statistics of the Chinese Advertising Industry in 2004) *Xiandai guanggao* (Modern Advertising), no. 7 (July): 15—17.

———. 2006. "2005 nian Zhonogguo guanggao ye tongji shuju baogao" (2005 Statistics Report on China's Advertising Industry) *Xiandai guanggao* (Modern Advertising), no. 4 (April): 38—40.

Guangzhou Editing Department of *International Advertising*. 2004. "Guanggao xianzai chuyu shenme shidai?" (What Critical Juncture Has Our Advertising Arrived At?). *Guoji guanggao* (International Advertising), no. 1 (January): 12—13.

"Guangzhou shi guanggao ye diyi kuai mudi ma?" (Is Guangzhou the First Graveyard in Chinese Advertising Industry?). 2006. *Guoji guanggao* (International Advertising), no. 5 (May): 64—71.

Gui Shihe and Liu Yinglei. 2004. "Dang chuangyi yu bentu wenhua xiang zhuang: cong Fengtian guanggao shijian shuoqi" (When Originality Collides with Local Culture). *Xiandai guanggao* (Modern Advertising), no. 1 (January).

Guo Changyang et al. 2002. *Zhongguo zhumin qiye yingxiao anli pinxi* (Case Analyses of Marketing Campaigns for China's Famous Corporations). Guangzhou: Guangdong jingji chubanshe.

Guo Jin. 2005. "2005 nian Zhongguo guanggao ye de bianju" (The Changing Scene of Chinese Advertising in 2005). *Guoji guanggao* (International Advertising), no. 1 (January): 15—19.

Guo Zhenzhi. 2003. "Playing the Game by the Rules? TV Regulation and China's Entry into WTO." Special Issue, "Chinese Media after China's Entry into WTO," no. 4. See http://www.euricom.si/Publ004.html.

"Guochan shouji lirun baojiang xipai jiandi" (Bottoming Out: The Sudden Drop of Profits for Domestic Cell Phone Makers). 2005. *Guoji guanggao* (International Advertising), no. 9 (September): 132.

Guoji guanggao and IAI International Ad Research, eds. 2004. "2003 nian Zhongguo da guanggao gongsi jiben qingkuang diaocha" (A Basic Survey of the Big Ad Agencies in China in 2003). *Guoji guanggao* (International Advertising), no. 7 (July): 12—21.

Guoke. 2003. "Xin xin renlei ji duo xin" (How Trendy Is the Neo-Neo-Tribe). http://campus.etang.com/html/life/heter/daily/life-heter-daily0192.htm. Accessed April 3, 2004.

Gutmann, Ethan. 2005. "Ethan Gutmann's Speech at the First English Jiuping Forum." *The Epoch Times*, Janurary 7. http://english.epochtimes.com/news/5-1-7/25560.html. Accessed June 2005.

Haier. 2007a. http://www.ehaier.com/jsp/category/more_newstone.jsp?col=2&categoryid=KT. Accessed May 2007.

———. 2007b. http://haier.com/abouthaier/corporateprofile/index.asp. Accessed June 2007.

"Haier Goals." 2005. *New York Times Magazine*, November 20, 38.

"Haier Rises through Reform and Opening Up." 2001. *People's Daily* (English edition), August 8.

"Haier's Purpose." 2004. *The Economist*, May 18. http://www.economist.com/business. Accessed May 2006.

"'Haler xiongdi' jiang fengxing milaoshu de jiaxiang" ("The Haier Brothers" Will Travel to the Homeland of Mickey Mouse). 2001. http://www.people.com.cn/GB/wenyu/64/128/20010526/475180.html. Accessed April 2004.

Hall, Stuart. 1991. "The Local and the Global: Globalization and Ethnicity." In *Culture, Globalization, and the World-System: Contemporary Conditions for the Representation of Identity*, ed. Anthony D. King, 19—39. Binghamton: State University of New York.

Hardt, Michael, and A. Negri. 2000. *Empire*. Cambridge, MA: Harvard University Press.

Hargrave-Silk, Atifa. 2005. "Adidas Kicks Off Olympics Marketing." *Media*, December 2, 8.

Hart, Heather, Nicholas Schiavone, and Horst Stipp. 1998. "The Value of Olympic Sponsorship." *Admap*, September. http://www.warc.com/Search/IndexSearch/Browse.asp. Accessed July 2004.

He Qingli. 2004. "'Diyi juchang': Xianqi shoushi xin fengbao" ("The First Theater": Arousing a New Reception Craze). *Guoji guanggao* (International Advertising), no. 12 (December): 120.

Hebdige, Dick. 1979. *Subculture: The Meaning of Style*. London: Routledge.

Hill & Knowlton. 2004. "China Cool Hunt" Survey. April. http://www.hillandknowlton.com/netcoms/index/media_room/press_releases/7. Accessed 2004.

HiPiHi. 2007. http: //www, hipihi. com/index_ english. html. Accessed June 2007.

Hofstede, Geert H. 1991. *Cultures and Organizations: Software of the Mind.* New York: McGraw-Hill.

Howard, Teresa. 2006. "Bill Ford Takes Chamois to Namesake Automaker's Image." USA Today, April 16. http: //www. usatoday, com/money/advertising/adtrack/2006 - 04 - 16 - ford - track_ x. htm. Accessed May 2006.

Howe, Neil, William Strauss, et al. 2000. *Millennials Rising: The Next Great Generation.* New York: Vintage.

Hu Jin. 2005. "Shun xi lan gushi" (The Story about the Blue Strip). *Guoji guanggao* (International Advertising), no. 4 (April): 23—25.

Hu Jin and E Bo. 2003. "Hou Xiandai Cheng kungang Xiandai Cheng yilu zhaoyao" (Postmodern Tower Piggybacked on Soho Modern and Swaggered Along). *Guoji guanggao* (International Advertising), no. 2 (February).

Hu Jing. 2005. "Saatchi 8c Saatchi: shishang wu shi buke wei" (Saatchi 6c Saatchi: Nothing Is Impossible). *Guoji guanggao* (International Advertising), no. 9 (September): 9, 116.

Hu Yanping and Yu Yang. 1998. "Qinchi moshi zhongjie le ma?" (Was This the End to the Qinchi Model?). *Beijing qingnian bao* (Beijing Youth Daily), June 28, 3.

Huang Shengmin. 2003. "2001—2002 nian: Zhongguo guanggao ye fazhan baogao" (The Report on the Development of Chinese Advertising Industry between 2001 and 2002). In *Zhongguo wenhua chanye fazhan baogao: 2003* (The 2003 Blue Book on the Development of Chinese Cultural Industry), ed. Jiang Lansheng, Xie Shengwu, et al., 164—181. Beijing: Shehui kexue wenxian chubanshe.

Huang Shengmin and Chen Subai. 2004. "2002—2003: Zhongguo guanggao ye fazhan baogao" (The Report on the Development of Chinese Advertising Industry between 2002 and 2003). In *Zhongguo wenhua chanye fazhan baogao: 2004* (The 2004 Blue Book on the Development of Chinese Cultural Industry), ed. Jiang Lansheng, Xie Shengwu, et al., 177—192. Beijing: Shehui kexue wenxian chubanshe.

Huang Shengmin and Ding Junjie, eds. 2001. *Zhongguo guangdian meijie jituanhua yanjiu* (Research on the Integration of China's Broadcasting Media). Beijing: Zhongguo wujia chubanshe.

Huang Shengmin and Yang Xuerui. 2005. "Suipian hua lailin, pinpai yu meijie zouxiang hechu?" (The Arrival of Fragmentation: What Should Brands and Media Do?) *Guoji guanggao* (International Ad vertising), no. 9 (September): 25—29.

Huang Yan and Ye Chao. 2001. "Libo guanggao dingwei yibo sanzhe" (The Brand Positioning of Libo: Setbacks). Guanggao daguan (Advertising Panorama), 72.

Huang Zongkai. 2003. "Dianxing wenti tuchu" (Typical Problems Emerged). *Guoji guanggao* (International Advertising), no. 1 (January): 12—14.

Hung, Kineta, Flora Gu, et al. 2005. "Improving Media Decisions in China: A Targetability and Cost-Benefit Analysis." *Journal of Advertising* 34, no. 1 (April). http: //www, backchannelmedia. com/newsletter/articles/1325/IMPROVING-MEDIA-DECISIONS-IN-CHINA-A-Targetability-and-Cost-Benefit-Analysis. Accessed August 2007.

International Advertising Editorial Board. 2005. "Guanyu Zhongguo youwu pinpai de shenceng lunshuo" (A Deep Analysis of Whether China Has Brands or Not). *Guoji guanggao* (International Advertising), no. 5 (May): 11—14.

"Interview with Zong Qinghou." 2007. *Sina. com.* April 8. http: //finance. sina. com. cn/chanjing/b/20070408/17483482198. shtml. Accessed May 2007.

Ivy, Marilyn. 1995. *Discourses of the Vanishing: Modernity, Phantasm, Japan.* Chicago: University of Chicago Press.

Jaffe, Joseph. 2005. *Life after the 30 - Second Spot.* Hoboken, NJ: John Wiley &; Sons.

Jenkins, Henry. 2004. "Understanding Emotional Capital: A proposed initiative of Coca-Cola and faculty and students from the MIT Comparative Media Studies Program." MIT Comparative Media Studies Program.

———. 2006. *Convergence Culture*. New York: New York University Press.
Jhally, Sut. 1990. *The Codes of Advertising*. London: Routtedge.
Ji Feng. 2002a. "Xibu huangjin weishi daodi neng zou duoyuan?" (How Far Can the Golden Satellite of West China Travel?). *Guoji guanggac* (International Advertising), no. 9 (September): 93—94.
———. 2002b. "Yangshi zhaobiao, jinnian zenmo bian?" (CCTV Auctions Ad-Spots: New Changes This Year). *Guoji guanggao* (International Advertising), no. 10 (October): 86—87.
———. 2004. "Yangshi yu longduan dianshi ju youzhi ziyuan" (CCTV Hopes to Monopolize the Resource for Quality TV Drama). *Guoji guanggao* (International Advertising), no. 9 (September): 105—106.
Ji qing yinyue (Hit Light Music). 2004. (June): 95.
Ji Xin. 2002a. "Luyou weishi duoyuan chayihua shengcun" (The Mode o Existence Dependent on Diversification). *Guoji guanggao* (International Advertising), no. 10 (October): 83—85.
———. 2002b. "Nokia qiangpao" (Nokia Made a Running Lead). Guoji Guanggao (International Advertising), no. 11: 56—58.
———. 2003. "Jiangxi weishi" (Jiangxi Satellite TV). *Guoji guanggao* (International Advertising), no. 3 (March): 93—95.
Jiang Ruxiang. 2003. *Chaju: Zhongguo yiliu qiye li shijie yiliu qiye you duoyuan* (Distance: The Gaps between First-Class Chinese Businesses, and World-Class Businesses). Beijing: China Machine Press.
Jiang Wei. 2005. "Zhongguo wangluo guanggao fazhan taishi fenxi" (Analysis of the Trends of China's Internet Advertisements). *Xiandai guanggao* (Modern Advertising), no. 11 (November): 18—20.
"JianLibao 2006 nian lizheng chongfan yinliao diyi jituan" (JianLibao Struggled to Regain Its Number One Status in the Beverage Industry in 2006). 2006. *Zhongguo shipin chanye wang* (Chinese Food Industry Portal). February 15. http://cbi.clii.com.cn/corporation/show.asp?ShowID=526. Accessed June 2007.
"Jiedu zhongguo lanling" (Decoding the Chinese Blue Collar). 2004. *Chenggong yingxiao* (Successful Marketing), no. 7 (July). http://finance.sina.com.cnlx12004070711703856485.shtml. Accessed December 2005.
Jin Ke. 2003. "Baojie jiangjia, wushi wufei" (P&G's Discount Tactics Are Neither Right nor Wrong). *Guoji guanggao* (International Advertising), no. 7 (July): 47-49.
Jones, George, and Andy Martin. 2007. "Game for Entry in a Fantasy World?" *Digital Media* (Hong Kong), March, 40—42.
Jones, John Philip. 2000. "Introducticm: The Vicissitudes of International Advertising." In *International Advertising: Realities and Myths*, ed. John Philip Jones, 1—10. London: Sage Publications.
Kang Ning. 2005. "Baipishu: Zhongguo chengzhen danwei nuxing jiuye renshu" (White Paper: The Number of Employed Women in Chinese Cities and Townships). *Xinhua net*. August 24. http://news.xinhuanet.comJnewscenter/200 5 - 08/2 4/content_ 3 3 9 5 664.htm. Accessed June 2007.
Keane, Michael. 2001. "Television drama in China: Engineering Souls for the Market." In *Global Goes Local: Popular Culture in Asia*, ed. Richard King and Tim Craig, 176—202. Vancouver: University of British Columbia Press.
———. 2002. "Send in the Clones: Television Formats and Content Creation in the People's Republic of China." In *Media in China: Consumption, Content, and Crisis*, ed. Stephanie Hemelryk Donald, Michael Keane, and Yin Hong, 80—90. London: RoutledgeCurzon.
———. 2005. "Television Drama in China: Remaking the Market." *Media International Australia*, no. 115: 82—93.
———. 2007. *Created in China: The Great New Leap Forward*. London: RoutledgeCurzon.
Keane, Michael, and Stephanie Hemelryk Donald. 2002. "Responses to Crisis: Convergence, Content Industries and Media Governance." In *Media in China: Consumption, Content and Crisis*, ed. Stephanie Donald, Michael Keane, and Yin Hong, 200—211. London: RoutledgeCurzon.

Kellner, Douglas. 1995. *Media Culture: Cultural Studies, Identity and Politics between the Modern and the Postmodern.* London: Routledge.
Kerwin, Ann Marie. 2006. "When Clutter Creeps into the Programs." *Advertising Age*, April 25. http://www.adage.com. Accessed June 2006.
Khalfan, Jameel. 2006. "Paper 1. Paper written for 21F036" Advertising and Popular Culture: East Asian Perspective. "March 1. " Massachusetts Institute of Technology.
Klein, Naomi. 1999. *No Logo.* New York: Picador.
Kotler, Philip, Donald H. Haider, and Irving Rein. 2002. *Marketing Places.* New York: Free Press.
Kou Fei. 2003. *Guanggao Zhongguo* (Advertising in China: 1979—2003). Beijing: Zhongoguo gongshang chubanshe.
Kwok, Vivian Wai-yin. 2006. "Hot Bidding For China TV Ads." *Forbes. com.* November 20. http://www.forbes.com/markets/2006/11/20/cctv - advertising - television - markets - emergecx vk ll20markets20. html. Accessed May 2007.
Lannon, Judie. 1999. "Brands and Their Symbols." In *How to Use Advertising to Build Strong Brands*, ed. John Philip Jones, 37—53. Thousand Oaks, CA: Sage Publications.
Lao Han. 2002. "Xi kan Naobaijin guanggao gaixuan yizhe" (Pleased to See the Change of Course of Naobaijin Commercials). *Guoji guanggao* (International Advertising), no. 8 (August): 133—134.
———. 2005. "Aomei jiang minsu jinxing daodi: Zhongguo yidong hesui guanggao chuangyi xitan" (Ogilvy Went All the Way with Folk Art: An Analysis of the Creative Idea behind the New Year Festival TVCs by China Mobile). *Guoji guanggao* (International Advertising), no. 2 (February): 36—38.
Lears, Jackson. 1995. *Fables of Abundance: A Cultural History of Advertising in America.* New York: Basic Books.
Lee, Chin-chuan. 2000. "Chinese Communication: Prisms, Trajectories, and Modes of Understanding." In *Power, Money, and Media*, ed. Chin—chuan Lee, 3—44. Evanston, IL: Northwestern University Press.
Leiss, William, Stephen Kline, et al., eds. 1997. *Social Communication in Advertising.* 2nd ed. London: Routledge.
Lemon, Sumner. 2006. "Chinese Operators to Build Hybrid 3G Networks." *InfoWorld*, November 17. http://www.infoworld.com/article/06/11/17/HNhybrid3gnetworks_ 1. html. Accessed May 2007.
Lenovo. 2006. "Lenovo Reports Fourth Quarter and Full Year 2005/06 Results." http://www.lenovo.com/news/us//en/2006/05/results. html. Accessed May 2007.
———. 2007. http://lenovo.com/news/us//erd2007/05/4QFY06 - 07. html. Accessed June 2007.
"Lenovo Posts 16. 2% Rise in Profit." 2004. *China Online.* http://www.chinaonline/topstories. Accessed December 2004.
Leonard, Mark. 2005. "China's Long and Winding Road." *Financial Times*, July 9—10.
Lessig, Lawrence. 2004. *Free Culture.* New York: Penguin.
Li Chunlin. 2004. "Zhongchan jieceng Zhongguo shehui zhide guanzhu de renqun" (The Middle Class: A Chinese Social Group Worthy of Our Attention). In 2004: *Zhongguo shehui xingshi fenxi yu yuce* (2004: Analysis and Forecast on China's Social Development), ed. Ru Xin, Lu Xueyi, and Li Peilin, 51—63. Beijing: Sheke wenxian chubanshe.
Li Conghua et al. 1998. *China: The Consumer Revolution.* Singapore: John Wiley & Sons.
Li Guangdou. 2004. "Xinxin ren lei shuzihua lianpu" (The Digitalized Face of the Neo-Neo-Tribe). *Xiaoshou shichang* (China Marketing), no. 2, 8—15.
Li Guoqing. 2005. "Wu Litou, jianke, jian wenhua" (Nonsense, Tramps, and Tramp Culture). *Xin zhoukan* (New Weekly), no. 206 (July 1): 24—27.
Li Lin and Yang Linxiang. 2004. "Fufei pindao kaibo: Yangshi shao de yiba xuhua" (The Start of Pay TV: A Deceptive Measure of CCTV's). *Guoji guanggao* (International Advertising), no. 10 (October): 100—101.
Li Weijie. 1997. "Biandi jiujing bu fuhe Zhongguo guoqing" (Alcohol Is Spreading All over the Country: A Con-

dition That Ill-Suits China). *Beijing qingnian bao* (Beijing Youth Daily), February 12.

Li Xiumei. 2004. "Sitai lianhe qidong Zhongguo meijie jinniu shichang." (Four Stations Launched the 'Golden Bull Market' of Chinese Media). *Guanggao ren* (AdMan), no. 4 (April): 108—111.

Lin Jingxin. 2003. "Xiaohu xing bailing gongyu wangluo xingxiao tuiguang fangan" (The Marketing Case of a Small-Sized White—Collar Apartment Complex). http://house.focus.cn/newshtml/51716.html, September 23.

Lin Lingdong. 2000. "Danone (France) Purchases Meilingzhengguanghe in the Blink of an Eye." *China Pulse: SinoFile's Weekly Selection of Important Information on Chinese Society and Economy* 3, no. 47 (December 11—18): 7—10.

Lin Sanzho. 2004. "Zhongguo shichang pijiu pinpai baogao " (The Report on the Beer Brands in Chinese Market). *Shijie shangye pinglun* (World Business Forum). http://cmo.icxo.com/htrnlnews/2004/12/13/506069.htm. Accessed June 2005.

Lin Zimin. 2003. "C xingxiao" (C-Marketing). *Guoji guanggao* (International Advertising), no. I (January): 64—66.

Lindstrom, Martin. 2001. "Country of Origin as a Branding Statement." *ClickZ Network*, January 25. http://www.clickz.com. Accessed June 2006.

Lindstrom, Martin, and Patricia B. Seybold. 2003. *Brand Child*. London: Kogan Page.

Ling Zhijun. 2005. *Lianxiang fengyun* (Legends about Lianxiang). Beijing: Zhongxin chubanshe.

Liu Botao. 2003. "JianLibao DiWuJi tupo wuyi yuan" (JianLibao's Fifth Season Broke through Sales of Five Billion Yuan). China E-Marketing World Wide Web. http://Emkt.com.cn, February 19.

Liu Chuanzhi. 2001. "Legend Holdings Ltd. : 2001/2002 Fiscal Year Interim Results Announcement." Beijing: Lianxiang Group.

Lin Guoji. 2003. "Pindao luodi de linglei siwei" (The Alternative Thinking to Channel Landing). *Guoji guanggao* (International Advertising), no. 4 (April): 11.

Liu Haiming, Zhao Peng, and Zhang Rongda. 2001. *People's Daily*, August 7. http://www.people.com.cn. Accessed May 2004.

Liu Juanjuan. 2006. "Li Delei xipai zhuanxiang" (CEO Li Delei Changed Course). http://it.sohu.com120050503/n243545524.shtml. Accessed June 2007.

Liu Lijun. 2001. "Winning Strategy in China." Ultra China.com, May 25, 1—6.

Liu Lin and Zhang Jiansong. 2006. "Zhongguo yingxiao: 2005 nian dashi ji" (Chinese Marketing: The Chronicle of Events in 2005). *Guoji guanggao* (International Advertising), no. 3 (March): 66—72.

Liu Wei, Wang Weiqun, et al. 2003. "Bubo zu shangji da gonglue" (A Marketing Offensive Targeting Bobos). *Chenggong yingxiao* (Successful Marketing), no. 4. http://www.cmarketing.com.cn.

Liu Yanming. 2003. "Zhongguo dianshi ju: xianzhuang he jidai jiejue de wenti " (Chinese TV Drama: The Present Condition and Problems Awaiting Solutions). *Guoji guanggao* (International Advertising), no. 6 (June): 11—15.

Liu Yinghua. 2005. "Zhang Ruimin cheng Haier guojihua zhi wancheng yiban" (Zhang Ruimin says the Internationalization of Haier Was Only Half Completed). *Guoji guanggao* (International Advertising), no. 9 (September): 23—24.

Liu Zaixing. 2003. "Niersen duihan Yanshi-Suofurui" (Nielsen versus CCTV-CSM). In "Sports and TV," a special issue of *Meijie* (Media), 38—41.

Longyuan huquan. Undated Internet post. "Zouchu liuxing xianxiang de xin xinrenlei" (The Neo-Neo-Tribe That Transcends Fads). http://www.54youth.com.crdgb/paper107/ztlxyzt/hz7.htm. Accessed April 1, 2004.

Love, Tim. 2001. "Think Like the Sun: The Secret to Building Global Lovemark Brands." In *Inside the Minds: Leading Advertisers*. Bedford, MA: Aspatore Books.

Lu Changsheng. 2004. "Tisheng bentu guanggao gongsi hexin jinzhengli de fenxi" (An Analysis of Raising the Bar of the Core Competitive Advantages of Domestic Agencies). *Guoji guanggao* (International Advertising), no. 10 (October): 118—121.

Lu Jinzhu. 2002. "Yangshi guanggao zuihou yizhao" (The Last Trump Card of CCTV Advertising). *Guoji guanggao* (International Advertising), no. 11 (November): 92—93.

Lu Shaofeng and Li Wen. 2005. "Guoji hua Beijing xia Zhongguo guanggao zizhu yundong de yiyi jiedu" (An Interpretation of the Meaning of a Chinese Movement for Autonomy in the Climate of the Internationalization of Chinese Advertising). *Guanggao daguan* (Advertising Panorama), no. 12 (December): 45—48.

Lu Taihong. 2005. *Zhongguo xiaofeizhe xingwei baogao* (Chinese Consumer Behavior). Beijing: Zhongguo shehui kexue chubanshe.

Lu Xueyi. 2004. "Tiaozheng chengxiang guanxi, jiejuehao nongcun nongmin wenti" (Adjusting Rural-Urban Relationships and Resolving Problems Occurred in Villages and in the Lives of Peasants). In 2005: *Zhongguo shehui xingshi fenxi yu yuce* (Analysis and Forecast on China's Social Development 2005), ed. Ru Xin, Lu Xueyi, et al., 175—186. Beijing: Shehui kexue wenxian chubanshe.

Lu Xun. 1926. "Wei Bannong tiji 'He Dian' hou zuo" (Afterthoughts on My Preface for *He Dian* [Bannong's Edition]). In *Huagai ji xubian* (Sequel to the Huagai Collection), Vol. 3, *Lu Xun quan ji* (The complete works of Lu Xun), 284—288. 16 volumes. 1973. Beijing: Renmin wenxue chubanshe.

Lu Yuliang. 2007. "Fight between Beverage Giants Spills Out in Public." *Xinhua. net*. April 14. http://news.xinhuanet. com/english/2007 - 04/14/content_ 5975960. htm. Accessed June 2007.

"Lunli ju huole shoushi lu jiang le" (Family Drama Was in and the Reception Rating Went Down). 2005. *Guoji guanggao* (International Advertising), no. 2 (February): 102.

"Luxury? What It Means in China." 2005. http://in. rediff, com/money/2005/feb/07guestl. htm, February 7. Accessed March 2005.

Ma, Eric Kit-Wai. 2000. "Rethinking Media Studies: The Case of China." In *De-Westernizing Media Studies*, ed. James Curran and Myung-Jin Park, 21—34. London: Routledge.

MacManus, Richard, and Joshua Porter. 2005. "Web 2. 0 for Designers." *Digital Web* Magazine, May 4. http://www. digital - web. com/articles/web_ 2_ for_ designers/. Accessed May 2007.

Madden, Normandy. 2005a. "Coke Brings Fantasy to Life." *AdAge China*, July 4. http://adage. com/china/article. php? article_ id = 46112. Accessed August 2006.

———. 2005b. "Real Winner of Super Girl is Mengniu Dairy." *AdAge China*, October 10. http: lladage. com/china/article. php? article_ id =46903. Accessed August 2006.

———. 2005c. "Western Marketers Make Music in China." *AdAge China*. June 6. http: lladage. condchina/article. php? article_ id =45844. Accessed September 2006.

———. 2006a. "Can Motorola Attract the Youth Market through Music?" http://adage. com/china/article. php? article_ id =110324, July 12. Accessed September 2006.

———. 2006b. "China's TV Market." *AdAge China*. http://www, adage. com. Accessed June 2006.

———. 2007. "Q&A with AsiaVision's Kenny Bloom." *AdAge China*. June 15. http: adage. com/china/article. php? article_ id = 117119.

Maffesoli, Michel. 1996. *The Time of the Tribes: The Decline of Individualism in Mass Society*. London: Sage Publications.

Manalansan, Martin E, IV. 2003. *Global Divas: Filipino Gay Men in the Diaspora*. Durham, NC: Duke University Press.

Manning, Anita, and Calum MacLeod. 2007. "China Denies Role in Pet Food Recall." *USA Today*. April 2. http://www, usatoday, comJnews/world/2007 - 04 - 02 - china - pet - food_ N. htm. Accessed June 2007.

Mao Shijie. 2004. "Gongsi bushi jia" (Our Company Is Not Home). Blog—RexSong. com, March 11. http://www, rexsong. com/blog/articie. asp? id =226. Accessed May 2006.

Marchand, Roland. 1985. *Advertising the American Dream: Making Way for Modernity, 1920—1940*. Berkeley: University of California Press.

Martin, J. 1990. "Deconstructing Organizational Taboos: The Suppression of Gender Conflict in Organizations." *Organizational Science*, 1: 1—22.

Mattelart, Armand. 1991. *Advertising International: The Privatization of Public Space*. Trans. Michael Chanan. London: Routledge.

McFall, Liz. 2002. "Advertising, Persuasion, and the Culture/Economy Dualism." In *Cultural Economy*, ed. Paul du Gay and Michael Pryke, 148—165. London: Sage Publications.

———. 2004. *Advertising: A Cultural Economy*. London: Sage Publications.

McGann, Anthony E, and J. Thomas Russell. 1981. *Advertising Media: A Managerial Approach*. Homewood, IL: Richard D. Irwin.

McQueen, Josh, Carol Foley, and John Deighton. 1993. "Decomposing a Brand's Consumer Franchise into Buyer Types" In *Brand Equity and Advertising*, ed. David A. Aaker and Alexander L. Biel, 235—245. Hillsdale, NJ: Lawrence Erlbaum Associates.

Meng Xiangsheng. 2002. 2001 *Zhongguo niandu zuijia guanggao anli* (Case Studies of the Best Advertising Campaigns in 2001). Beijing: Zhongguo jingji chubanshe.

Miao Su. 2007. "Midi jiekai zaiji, wu da xuanyi kaoyan Zhongguo 3G" (The Mystery Was About to Be Unveiled: Five Trials Facing China's 3G). *Zhongguo jingji wang* (China Economy Net), May 3. http://intl. ce. crd-specialslzxxx12007031051t20070305_ l0578422. sh tml. Accessed May 2007.

Miao Wei, Lu Xiaoxun, et al. 2002. "Bobo zu yu xin wenhua yundong" (The Bobos and the "New Culture Movement"). *Shenghuo zhoukan* (Life Weekly), no. 47 (November 25). http://www, lifeweek. com. crd2003 - 04 - 08/000013313. html. Accessed April 2004.

Miller, Paula M. 2006. "Wahaha: The Chinese Beverage Company's Expansion Is No Laughing Matter." *China Business Review*. http://www. chinabusinessreview, com/public/0409/company_ profile. html. Accessed June 2006.

MindShare. 2004. 'Yangshi zhaobiao duan de meijie jiazhi pinggu' (An Assessment of the Media Value of the Auctioned Segments on CCTV). *Guanggao ren* (AdMan), no. 11 (November): 26—27.

Mitchell, Khristian, Scott Rupp, et al. 2004. "The Challenge of Winning Local Clients for Multinational Advertising Agencies." In *Kellogg on China*, ed. Anuradha Dayal-Gulati and Angela Y. Lee. Evanston, IL: Northwestern University Press.

Moeran, Brian. 1996. *A Japanese Advertising Agency: An Anthropology of Media and Markets*. Honolulu: University of Hawaii Press.

Mooney, Paul. 2003. "Bobos in Shangri-La." *Newsweek* (Atlantic Edition), March 3.

Morley, David. 1997. "Theoretical Orthodoxies: Textualism, Constructivism, and the New Ethnography in Cultural Studies." In *Cultural Studies in Question*, ed. Majorie Ferguson and Peter Golding. London: Sage Publications.

Morrissey, Brian. 2003. "MTV, Motorola Ink $75M Marketing Pact." http: /Iwww, clickz. comlshowPage. html ? page— 2109 5 81, March 13.

Motorola. 2004a. "Motorola and Apple Bring iTunes Music Player to Motorola's Next-Generation Mobile Phone." http://www. motorola. com/mediacenter/news/detail. Accessed August 17, 2004.

———. 2004b. "Orchestrating a World of Personalized Music." http://www. motorola. com. cnlenl-news1200410 7/0 712_ 0 l. asp. Accessed August 2004.

Movius, Lisa. 2005. "Luxury Execs Eye Potential of China." *Women's Wear Daily*, June 13. http://www, movi-us. uslarticles/wwd-ft. html. Accessed December 2005.

Mu Hong and Li Wenlong, eds. 2005. *Guanggao anli: quart an* (Cases of Advertising: The Whole Portfolio). Beijing: People's University.

Murphy, James. 2005. "WE to Target Second-Tier Mainland Brands." Media, November 18: 8.

Nanfang zhoumo (Southern Weekend). 2000. December 7, 11.

"Nation Tunes in to Digital TV Era." 2005. China Daily, March 21. http://www.china.org.cn/english/null/123347.htm. Accessed June 2005.

National Bureau of Statistics. 2004. "2004 nian Zhongguo nongcun pinkun zhuangkuang jiance gongbao" (The 2004 Public Report on Poverty in Chinese Villages). China Population and Development Research Center. http://www.cpirc.org.cnltjsjltjsj_gb_detail.asp?id=4669. Accessed September 2006.

Nelson, Jon P. 2004. "Advertising Bans in the United States" In EH. Net Encyclopedia of Economic and Business History, ed. Robert Whaples. http://www.eh.net/encyclopedia. Accessed June 2005.

Nlie Yanmei. 2002. "Shijie guanggao de weilai zai Zhongguo" (The Future of World Advertisment Is in China). Guoji guanggao (International Advertising) 11: 118.

Nie Yanmei, Ma Xiaoying, et al. 2003. "Kuaguo guanggao gongsi de bentu hua celue tantao" (An Examination of the Localization Strategies of Transnational Advertising Agencies). Guoji guanggao (International Advertising), no. 9 (September): 12—25.

. ussbaum, Bruce. 2005. "Is Ford Innovative?" Business Week, October 31. http://www.businessweek.com/innovate/NussbaumOnDesign/archives/2005110lis_ford_innovat.html. Accessed May 2006.

qye, Joseph S., Jr. 2004. Soft Power: The Means to Success in World Politics. New York: Public Affairs.

Oakes, Tim, and Louisa Schein. 2006. Translocal China: Linkages, Identities, and the Reirnagining of Space. London: Routledge.

O'Connor, Ashling. 2007. "Danone Faces Lawsuit over Biscuit Brand." Times Online. April 19. http://business.timesonline.co.uk/tolgousiness/law/article1674156.ece. Accessed June 2007.

Ogilvy. 2000. "Aomei 360 du pinpai guanli jichu peixun" (Ogilvy 360 Degree Brand Stewardship Basic Training).

Ogilvy, David. 1955. "About Ogilvy China." http://www.ogilvy.com.cn/about_ogilvy_china/main.html. Accessed December 2002.

——. 1985. Olgivy on Advertising. New York: Vintage Books.

Ogilvy & Mather. 2003. "PRD Patriot's Paradox." Hong Kong General Chamber of Commerce. http://www.chamber.org.hk/info/the bulletin/feb2004/brands.asp. Accessed July 2004.

Ogilvy &: Mather Asia Pacific. 1999. "Simmering Within: Asian Mothers and Their Expectations." Internal document.

Ogilvy Guangzhou. 2002. "Shen Li dazao xinshengdai pijiu pinpai" (San Miguel Light Pitches a New-Generation Beer Brand). Guoji guanggao (International Advertising), no. 9 (September): 36—37.

Ohmann, Richard. 1996. "Knowing/Creating Wants." In Making and Selling Culture, ed. Richard Ohmann, 224—238. Hanover, NH: Wesleyan University Press.

Oltchick, Bruce. 2004. Email exchange. February 10.

——. 2006. Email exchange. October 22.

Ong, Janet. 2007. "Lenovo Profit May Rise 11% on Job Cuts, Market Share (Update2)." Bloorrnberg.corn. February 1. http://www.bloomberg.com/apps/news?pid—20601087&sid=aTgbGu6oSkPA&refer-home. Accessed May 2007.

Ong, Xiangdong. 2002. Bentu pinpai zhanlue (Local Brand Strategies). Hangzhou: Zhejiang renmin chubanshe.

Onicek. 2003. "Bentu kehu xuyao de shi shenmo—you Dabisi fengbo yinfa de sikao" (What Do Local Clients Want? Thinking about the Bates Incident). Xiandai guanggao (Modern Advertising), no. 10 (October): 38—40.

Opoku, Robert Ankomah. 2005. "Let's get more serious in branding our nation Ghana." Ghana Home Page, January 11. http://www.ghanaweb.com/GhanaHomePage/NewsArchive/artikel.php?ID=73152. Accessed June 2006.

Ouyang Ming, Zhang Hongxia, et al. 2002/2003. "Does Nationalist Appeal Affect Chinese University Students' Product Evaluation? A Conjoint Analysis." *Asian Journal of Marketing* 9, no. 1. http://www.mis.org.sg/homepage/ajm.htm. Accessed August 2005.

Owen, Stewart. 1993. "The Landor Image Power Survey: A Global Assessment of Brand Strength." In *Brand Equity and Advertising*, ed. David A. Aaker and Alexander L. Biel, 11—30. Hillsdale, NJ: Lawrence Erlbaum Associates.

"P&G Tries to Reach Out to the Masses." 2003. *Times News Network*, July 2. http://economictimes.indiatimes.com.

Park, Albert. 2007. Classroom comment during 21F036, "Advertising and Popular Culture," taught at MIT by Jing Wang.

Paterson, Thane. 2004. "The Branding of China." *Business Week*, November 10. http://www.businessweek.com/bwdaily/dnflash/nov2004/nf20041110_0338_db053.htm. Accessed December 2004.

Patton, Dominique. 2006. "Coca-Cola Gains Control of Kerry Beverages." Beverage.com. August 31. http://www.beveragedaily.com/news/ng.asp?n=70238-coca-cola-kerry-beverages-bottling-china. Accessed May 2007.

Paul, Anthony. 2002. "Asia's Businessman of the Year." *Fortune*. http://www.legend-holdings.com/eng/index2.html. Accessed April 2004.

Png, Ivan. 2004. "Tweaking TV Ads Rules a New Way to Compete." *The Straits Times*, January 27.

Prystay, Cris. 2002. "As China's Women Change, Marketers Notice: Procter & Gamble, Like Others, Tries to Appeal to Evolving Sensibilities." *Wall Street Journal*, May 30, All.

Qiu, Jack Linchuan. 2006. "The Changing Web of Chinese Nationalism." *Global Media and Communication* 2, no. 1 (April): 125—128.

Qu Jianmin. 2004. "Waizi guanggao ke konggu, bentu ziyuan jidai zhenghe" (Foreign-Owned Agencies Can Hold Majority Stakes, Domestic Resources Await Integration). *Guoji guanggao* (International Advertising), no. 6 (June): 11.

Rainey, Mary T. 2001. "Change or Be Changed." In *Inside the Minds: Leading Advertisers*, 11—32. Bedford, MA: Aspatore Books.

Ramos, Joshua Cooper. 2004. "The Beijing Consensus." London: Foreign Policy Center.

Ransdell, Eric. 2002. "The Monternet." http://www.thefeature.com/article?articleid=15322, July 3. Accessed August 2004.

"Readers Ring Up" (Duzhe "lingling"). 2004. *Wo ai yaogun* (I Love Rock), May 30, 60—63.

Richards, Thomas. 1990. *Commodity Culture of Victorian England*. Stanford, CA: Stanford University Press.

Ries, Al, and Jack Trout. 2001 [1981]. *Positioning: The Battle for Your Mind*. New York: McGraw-Hill.

Rinaldi, Larry. 2005. "Has the time come for product placement in China?" *AdAge China*. http://www.adage.com/chinaarticle.php?articie_id=48666. Accessed June 2006.

———. 2006a. Email interview exchange with Jing Wang. June 29.

———. 2006b. Email interview exchange with Jing Wang. July 3.

Roberts, Dexter. 2006. "China's Online Ad Boom" *Business Week*, May 24.

Roberts, Dexter, Frederik Balfour, et al. 2004. "China's Power Brands." *Business Week*, November 8. http://www.businessweek.com/magazine/content/04_45/b3907003.htm. Accessed May 2006.

Roberts, Kevin. 1998. "Brand China" http://www.saatchikevin.com/talkingit/shanghai.html. Accessed March 2002.

Rosenkranz, Eric. 2001. "Rallying the Troops." In *Inside the Minds: Leading Advertisers*, 33—65. Bedford, MA: Aspatore Books.

Roth, Daniel. 2005. "The Amazing Rise of the Do-It-Yourself Economy." *CNNMoney.com*. May 30. http://money.cnn.com/magazines/fortune/fortune_archive/2005/05/30/8261236/index.htm. Accessed May 2007.

Rowdy Swallow (Liumang yan). 2005. "Tamen shuo, tamen xihuan zheyang de nuren" (They say they don't like those women.) BlogChina, November 6. http://liumangyan.blogchina.com/3433473.html. Accessed June 2006.

Sahlins, M. 1976. *Culture and Practical Reason.* Chicago: University of Chicago Press.

SARFT. 2005. "Guangbo dianshi xitong defang waishi gongzuo guanli guiding" (Regulations on the Administration of Domestic and Foreign Affairs in the Radio, Film, and TV Sectors), July 6. http://www.sarft.gov.cn1-managelpublishfile13513030.html. Accessed June 2006.

———. 2006. "SARFT guanyu yinfa 'dianshiju paishe zhizuo beian gongshi guanli zhanxing banfa' de tongzhi" (Regarding the Notice on the Temporary Measures of Administering TV Drama Production), April 11. http://lwww.gov.cnlzwgkl2006-04/1 l/content_ 250700.htm. Accessed June 2006.

Savage, Mike. 2005a. "Can Reality Live up to the China Net Hype?" *Media*, December 2, 3.

———. 2005b. "CCTV Expands Line-up for 06 Airtime Auction." *Media*, September 23, 5.

———. 2005c. "CCTV Auction Results Could Curb Rate Hikes." *Media*, December 2, 10.

———. 2005d. "Nike Turns Up Heat for China Market." *Media*, December 5, 3.

———. 2006. "China Mobile Splits Creative Roster." *Media*, July 4, 1.

Schiller, Dan. 1996. *Theorizing Communication: A History.* New York: Oxford University Press.

Servaes Jan, ed. 2003. *Walking on the Other Side of the Information Highway: Communication, Culture, and Development in the 21st Century.* Penang, Malaysia: Southbound.

Servaes, Jan, and Rico Lie. 2001. "Media versus globalization and localization." *Media Development*, March. http://www.wacc.org.uk/wacd publications/media_ development/archive/200 l_ 3/media_ ver-sus_ globalisation_ and_ localisation. Accessed September 2006.

Shameen, Assif. 2001. "The Deal: AOL and Legend Going online in China." *Asiaweek*, June 22. http://www.asiaweek.com. Accessed May 2006.

Shandwick, Weber. 2005. "Italy, U. S. and Australia Rank Highest as Country Brands—Thailand Is Only Asian Country in Top 10." Circle of Asia, November 15. http://www.circleofasia.com/News.asp?nID=89. Accessed June 2006.

"Shanghai Leads the Nation in Per Capita Disposable Income." 2007. *People's Daily Online.* May 16. http://english.people.com.cn/200705/16/eng20070516_ 375144.html. Accessed June 2007.

Shanghai TV Festival and CSM. 2004. *Zhongguo dianshi ju shichang baogao* (China TV Drama Report: 2003—2004). Beijing: Huaxia chubanshe.

Shaw, Sharon Desker. 2005. "Re-energised Rivals Draw Blood from TCL." *Media*, November 4.

Shen Tianlan. 2004a. "Huigu yu qianzhan: Zhongguo dianshi meiti guanggao shichang jingzheng geju toushi" (Retrospect and Forward Looking: An Analysis of the Advertising Market Competition in Chinese TV Media). *Guanggao ren* (AdMan), no. 4: 118—121.

———. 2004b. "Yadian aoyun, Yangshi dacan" (The Athens Olympics: A Feast at CCTV). *Guanggao daobao* (Advertising Guide), no. 5 (May).

Shi Tao. 1998a. "Dengji, gediao: xinde shehui huati" (Class and Taste: A New Social Topic). http://www.guofeng-net.com. Accessed April 1, 2004.

———. 1998b. *Gediao* (Lifestyles). Beijing: Zhongguo sheke chubanshe.

"Shichang da cankao" (Market References).

———. 2003. *Guoji guanggao* (International Advertising), no. 9 (September): 135.

———. 2005. *Guoji guanggao* (International Advertising), no. 9 (September): 132.

Shou, Peipei. 1996. "Biao wang heyi tianjia" (Why Did the "BiddingKing" Offer Sky-Rocketing Bids?). *Beijing qingnian bao* (Beijing Youth Daily), November 15.

Siewert, Patrick T. 2002. "Remarks at the 8th Annual International Conference on 'the Future of Asia'," May 22. http://www2.coca-cola.com/presscenter.

Simons, Craig. 2003. "Marketing to the Masses." *Far Eastern Economic Review*, September 4. http: l/www. leer. com. Accessed 2004.
Sissors, Jack Z., and Roger B. Baron. 2002. *Advertising Media Planning*. Chicago: McGraw-Hill.
Sister Lotus (Furong jiejue). 2005. "Furong yulu" (Quotes from Sister Loms). http: lljoke. myrice. comlartslxhqylxhqyyll15016517. html. Accessed June 2006.
Smith, Jeff, and Jean Wylie. 2004. "China's Youth Define 'Cool.'" *The China Business Review*. http: llwww, chinabusinessreview, comlpublicl 0407/smith. html. Accessed August 2004.
Stalnaker, Stan. 2002. *Hub Culture: The Next Wave of Urban Consumers*. Singapore: John Wiley & Sons.
Stark, Myra. 2003. "Storytelling." *Ideas from Trends: Saatchi O' Saatchi*. http: //www, saatchikevin. com/workingit/myra_ stark_ 2003ideastrends. Accessed April 2004.
Stockdale, Mark. 1999. "Are All Consumers Equal?" In *How to Use Advertising to Build Strong Brands*, ed. John Philip Jones, 211—223. Thousand Oaks, CA: Sage Publications.
Su Yong and Chen Xiaoping. 2003. *Pingpai tongjian* (Comprehensive Research on Brands). Shanghai: Renmin chubanshe.
Sull, Donald N. 2005. *Made in China: What Western Managers Can Learn from Trailblazing Chinese Entrepreneurs*. Boston: Harvard Business School Press.
Sun Jian. 2002a. *Haier de qiye wenhua* (The Enterprise Culture of Haier). Beijing: Qiye guanli chubanshe.
———. 2002b. *Haier de qiye zhanlue* (The Battle Strategies of Haier). Beijing: Qiye guanli chubanshe.
"Sun New Media Launches FM 365." 2005. *PrimeZone*. http: //www. primezone. condnewsroom/news. html? d = 87940. Accessed May 2006.
Sun Tzu. 2003. *The Art of War*. Trans. Lionel Giles. Ed. Dallas Galvin. New York: Barnes &: Noble.
Sutherland, Anne, and Beth Thompson. 2001. *Kidfiuence*. New York: McGraw-Hill.
Swyngedouw, Erik. 1997. "Neither Global nor Local: 'Glocalization' and the Politics of Scale." In *Spaces of Globalisation*, ed. Kevin R. Cox, 137—166. New York: Guilford Press.
Synovate. 2005. "Synovate Survey Reveals 70% of Asians Don't Pay for Digital Music Downloads." http: //www, synovate. com/current/news/article/2005/1 O/synovate – survey – reveals – 70 – of – asians – don – t – pay – for – digital – musicrdownloads. html, October 3. Accessed June 2006.
———. 2006. "Survey Finds That Digital Music Matters." http: //www. synovate. com/currentJnews/article/2006/05/survey – finds – thatdigital – music – matters. html, May 10. Accessed June 2006.
Tang Ruitao. 2005. "Dui xiaofei dazhong de xinli tansuo" (A Psychological Probe into the Consumer Public). *Guoji guanggao* (International Advertising), no. 7 (July): 118—21.
Tang Yong. 2005. "I Never Said That Haier and Lenovo Are Not Brands." http: //english. people. com. cn/200502/27. Accessed May 2006.
Taylor, Peter J. 2003. "What's Modern about the Modern World-System?" In *The Consumption Reader*, ed. David B. Clarke, Marcus A. Doel, and Kate M. L. Housiaux. London: Routledge.
Thomas, Mike. 2005. "Ford Launches Corporate Ad Campaign." Ford Motor Company. http: //media. ford. comJnewsroom/feature_ display. cfm? release = 21864. Accessed May 2006.
Toffler, Alvin. 1980. *The Third Wave*. New York: William Morrow.
Toffler, Alvin, and Heidi Toffle. 2006. *Revolutionary Wealth: How It Will Be Created and How It Will Change Our Lives*. New York: Knopf.
Travis, Daryl. 2000. *Emotional Branding: How Successful Brands Gain the Irrational Edge*. New York: Crown Business.
Twitchell, James B. 2000. *Twenty Ads That Shook the World*. New York: Crown Publications.
"2 003 Zhongguo guanggao ye niandu shida guanggao gongsi jingli ren" (The Ten Best Managers in Chinese Advertising Industry in 2003).

———. 2004. Xiandai guanggao (Modern Advertising), no. 1 (January): 19—21.
Usui, Yoshito. 2002. *Crayon Shinchan*, vol. 1. Trans. Sahe Kawahara. Originally published in Japanese in 1992 by Futabasha Publishers in Tokyo. Fremont, CA: ComicsOne Corporation.
Veblen, Thorstein. 1994. *The Theory of the Leisure Class: An Economic Study in the Evolution of Institutions*. New York: Dover Press.
Vedrashko, Ilya. 2005. Email exchange. May 7.
Von Hippel, Eric. 2006. *Democratizing Innovation*. Cambridge, MA: MIT Press.
Wang Bin. 2005. "Furong jiejie, Liumang Yah deng wangluo nu xieshou ziliao zhaopian ji" (The Collection of Materials and Photos on Sister Lotus and Rowdy Swallow). Babeijiu Entertainment Online, June 15. http://www.babeijiu.com/bbj171254131480942a.htm. Accessed June 2006.
Wang Chunyan. 2005. "Creative Commons China." Internal document shared with the International Advisory Board of Creative Commons China which I chair.
Wang Jing. 2006. "Xinrui dianying, kaiqi qiche yingxiao xin shidai" (Avant-garde Cinema Opened Up a New Era of Automobile Marketing). *Guoji guanggao* (International Advertising), no. 3 (March): 26—28.
Wang, Jing. 1996. *High Culture Fever: Politics, Aesthetics, and Ideology in Deng's China*. Berkeley: University of California Press.
———. 2001a. "Chinese Popular Culture and the State." In *Chinese Popular Culture and the State*, ed. Jing Wang, a special issue of *positions: east asia cultures critique* 9, no. 1 (Spring).
———. 2001b. "Culture as Leisure and Culture as Capital." In "Chinese Popular Culture and the State," a special issue of *positions: east asia cultures critique* 9, no. 1: 69—104.
———. 2001c. "The State Question in Chinese Popular Cultural Studies." *Inter-Asia Cultural Studies* 2, no. 1: 35—52.
———. 2003. "Framing Chinese Advertising: Some Industry Perspectives on the Production of Culture." *Continuum: Journal of Media and Cultural Studies* 17, no. 3 (September): 247—260.
———. 2004. "The Global Reach of a New Discourse: How Far Can 'Creative Industries' Travel?" *International Journal of Cultural Studies* 7, no. 1 (March): 9—19.
———, ed. 2005a. *Locating China: Space, Place, and Popular Culture*. London: Routledge.
———. 2005b. "The Politics and Production of Scales in China: How Does Geography Matter to Studies of Local, Popular Culture?" In *Locating China: Space, Place, and Popular Culture*, ed. Jing Wang, 1—30, "China in Transition" series, ed. David S. G. Goodman. London: Routledge.
Wang Jisi. 2006. "Peaceful Rise: A Discourse in China." A talk given at the Cold War Studies Centre, London School of Economics-Peking University Public Lecture Series. May 8.
Wang Jixin. 2004. "2005 yangshi zhaobiao huobao" (The Explosive Climaxes of CCTV's 2005 Auction). *Guoji guanggao* (International Advertising), no. 12 (December): 103—104.
Wang Lanzhu, ed. 2002. *Jiaoju shoushi lu* (The Focus on Reception Ratings). Beijing: Beijing Broadcasting College.
Wang Runjue. 2005. "Zuo yule, you tiyu: chengzhang kuaile zhe" (Entertainment on the Left and Sports on the Right: The Pleasure Is Growing). *Guanggao daguan* (Advertising Panorma), no. 9 (September): 72—75.
Wang Xiangdong. 2002. *Bentu pinpai zhanlue* (The Strategies of Local Brands). Hangzhou: Zhejiang chubanshe.
Wang Xiu and Xia Jinbiao. 2002. "Quanmian jianshe xiaokang shehui: shehui zhibiao nanyu jingji zhibiao" (Building a Comprehensive *xiaokang* Society: Social Index Is More Difficult [to Achieve] Than the Economic Index). *sina.com*, November 15. http://finance.sina.com.clgg/20021115/1748279148/shtml. Accessed February 2004.
Wang Yang and Kang Yiren. 2002. *Haier shi hai: Zhang Ruimin de guanli yishu* (Haier Is an Ocean: Zhang Ruimin's Art of Management). Beijing: Minzhu yu jianshe chubanshe.
Wang Yukun. 2004. "Zhongguo xiandai shangye shi shang yongyuan de tong: Suoni yu Lianxiang de renxing guan-

cha" (The Eternal Wound in the History of Corporate China, A Comparative Analysis of Commercial Humanism—Sony vs. Lenovo). Blogchina. com, January 16. http: /Iwww, blogchina. comlnewldisplayl21412. html. Accessed May 2006.

Wang Zhenglun. 2003. "Dianshi ju cuire guanggao toufang" (TV Drama Drove Feverish Ad Spending). *Guoji guanggao* (International Advertising), no. 6 (June): 16—17.

Wang Zhidong. 2007. "An Interview with Zong Qinghou." *Sina. com*, May 9. http: llchanye. finance. sina. com. cn12007 - OS - Og/320502. shtml. Accessed May 2007.

Wang Zho and Qiu Xiaoli. 2004. "Zhongguo lanling jiating xiaofei shilu—shihe wode pinpai zai nail?" (A True Tale about a Chinese Blue-Collar Family—Where Is Our Brand?) *Chenggong yingxiao* (Successful Marketing), no. 7 (July). http: //finance. sina. com. cn/roll/20040707/2001856666. shtml. Accessed July 2005.

Washida, Yuichi. 2003. "Collaborative Structure between Japanese HighTech Manufacturers and Consumers." *Journal o Consumer Marketing* 22, no. 1: 25—34.

——. 2004. Email exchange.

——. 2005. Email exchange.

Watson, James, ed. 1997. *Golden Arches East: McDonald's in East Asia.* Stanford, CA: Stanford University Press.

Weinzierl, Rupert, and David Muggleton. 2003. "What is 'Postsubcultural Studies' Anyway?" In *The Post-Subcultures Reader*, ed. David Muggleton and Rupert Weinzierl, 6—9. Oxford: Berg.

Wen Jing and Zhang Mo. 2007. "Wahaha Daneng jiufen an: Pinpai zhi zheng? Minzu chanye zhi jie?" (The Dispute between Wahaha and Danone: A Fight over the Brand Name? or A Calamity of [Chinese] National Industry?" *Xinhuanet. com*, April 17. http: //mnc. people. com. cnlBIG5/5484915958015623763. html. Accessed May 2007.

Wernick, Andrew. 1991. *Promotional Culture: Advertising, Ideology and Symbolic Expression.* London: Sage Publications.

——. 1997. "Resort to Nostalgia: Mountains, Memories, and Myths of Time." In *Buy This Book: Studies in Advertising and Consumption*, ed. Mica Nova, Andrew Blake, et al., 207—223. London: Routledge.

Wertime, Kent. 2005. "Search Marketing Is the Future, But Give Consumers Control." *Media*, December 2, 17.

White, Amy. 2005. "Motorola Backs Creative Festival." *Media*, December 2, 13.

White, Roderick. 2000. "International Advertising: How Far Can It Fly?" In *International Advertising: Realities and Myths*, ed. John Philip Jones, 29—40. London: Sage Publications.

Williamson, Judith. 1978. *Decoding Advertisements: Ideology and Meaning in Advertising.* London: Routledge.

Wong, Alayne. 2007. *Asia/Pacific Mobile Consumer Services Survey*, 2006. IDC. http: //www, idc. com/. Accessed June 2007.

Wong Xiangdong. 2002. *Bentu pinpai zhanlue* (Brand Strategy in China). Hangzhou: Zhejiang renmin chubanshe.

"World Leisure Expo: Hangzhou China." 2005. http: //www, wl-expo. com/funcms/zwlm/index. html. Accessed July 2005.

Wright, Jeremy. 2006. *Blog Marketing.* New York: McGraw-Hill.

Wu Dong. 2003. "Zhongguo dianshiju shoushi fenxi" (An Analysis of the Reception of TV Drama in China). *Guoji guanggao* (International Advertising), no. 6 (June): 18—20.

Wu, Guoguang. 2000. "One Head, Many Mouths: Diversifying Press Structures in Reform China." In *Power, Money, and Media*, ed. Chinchuan Lee, 45—67. Evanston, IL: Northwestern University Press.

Wu Jing. 2002. "Wahaha shiwu nian pandian" (Taking Stock of Wahaha: Fifteen Years). *Guoji guanggao* (International Advertising), no. 11 (November): 22—24.

Wu Xiaobo. 2003. "Dianxing wenti tuchu" (Typical Problems Emerged). *Guoji guanggao* (International Advertising), no. 1 (January): 12—14.

——. 2005. "Cong konglong dao long" (From the Dinosaur to the Dragon). *Guanggao daguan* (Advertising Panorama), no. 12 (December): 12.

Wuming. 2004. "Haier, Lianxiang, Huawei: Zhongguo mofansheng zhengzai zaoyu nanti" (Haier, Lenovo, and Hua Wei: The Chinese Models Are in a Fix). In *Shiqu Lianxiang* (Losing Lenovo), ed. Wang Kukun et al., 325—329. Beijing: Shijie zhishi chubanshe.

Xiao Tong. 2005. "Jiqing zaoyu jihui" (When Passion Meets Opportunities). *Guoji guanggao* (International Advertising), no. 2 (February): 58—59.

Xiao Yong. 2004. Interview by author. Beijing, June 9.

Xiao Zhiying. 2002. "Chayi hua pinpai yingxiao de sikao" (Reflections on the Marketing Notion of Brand Differentiation). *Guoji guanggao* (International Advertising), no. 10: 55.

Xie, Ying. 2003. "Jiedu Yangshi xinwen pindao 2. 5 fenzhong guanggao shi chang" (An Analysis of the 2. 5 Minute Advertising Segment in the New CCTV News Channel). *Guoji guanggao* (International Advertising), no. 7 (July): 92—93.

———. 2005. "Jiu fenzhong bianqe" (The Nine-Minutes Revolution). *Guoji guanggao* (International Advertising), no. 3 (March): 102—103.

Xie Yungeng and Ni Woyu. 2007. "2006 Zhongguo dianshi baogao: II" (A Report on the 2006 Chinese TV Industry) *Zhongguo xinwen chuban wang* (Chinse News Publication Net). January 30. http://www.media365.com.cn/2007-01/30/content 34208. htm. Accessed May 2007.

"Xin xinrenlei de 'ku' shenghuo" (The "Cool" Life of a Neo-Neo-Tribe). 2003. http://www, xiayidai. com. cn/qczx/ssx/xxrl. Accessed April 3, 2004.

Xinhua News. 2005a. "Per Capita GDP in Yangtze River Delta Passes 4, 000 US dollars." *People's Daily Online*, April 4. http://english. people. com. cn/200504/04/eng20050404 _ 179424. html. Accessed May 2007.

———. 2005b. "Top Statistician on China's Economic Figures after National Census." *People's Daily Online*, December 22. http://english. people. com. cn1200512/22/eng20051222 _ 230128. html. Accessed May 2007.

Xu Baiyi. 1991. *Marketing to China: One Billion New Customers*. Lincolnwood, IL: NTC Business Books.

Xu Chun. 2003. "Quanqiu hua de huanxiang yu guanggao chuangyi de minzu hua" (Globalization as an Imaginary and the Nationalization of Advertising Creativity). *Guanggao ten* (AdMan), no. 6 (June): 91—93.

Yahoo. 2005. "Yahu miaoshu zhong de zhongchan zhe tupu" (The Por trait of the Middle Class by Yahoo). *Guoji guanggao* (International Advertising), no. 3 (March): 46.

"Yahoo China Taps WE Marketing." 2006. *Media and Communications*, September 1. http://media. resonance. com. sg/mailer010906. htm. Accessed September 2006.

Yan Feng. 2003. "Hunan weishi: Guanggao yeji gantou zhishang" (Hunan Satellite TV: The Steady Increase of Its Advertising Revenue). *Guoji guanggao* (International Advertising), no. 9 (September): 94—95.

Yan Guoxiang and Fang Zheng. 2002. "Minzu pinpai zhi si" (The Death of National Brands). *Xiandai guanggao* (Modern Advertising), no. 3 (March): 62—63.

Yan Jun. 2001. "Zhongguo de pangke yu pangke" (Chinese Punk and "Fatsos"). http: llwww, scream-records. netlcommunitylcmmunity042punk. html. Accessed August 2004.

Yan Zhigang. 1998. "Qinchi sunshang le meiyu du" (Qinchi Damaged Its Reputation). *Beijing qingnian bao* (Beijing Youth Daily), September 16, 6.

Yang Haijun. 2005. "Chaoji nusheng: li pingpai you duoyuan?" (Super Girl: How Far Is It Becoming a Brand?). *Guanggao daguan* (Advertising Panorama), no. 9 (September): 30—32.

Yang Huishu and Huang Gang. 2004. "Lanling jieceng xiaofei pinpai quefa" (The Shortage of Blue-Collar Brands). People. com, March 9. http://www, people. com. cnIGB/paper53/11492/1036830. html. Accessed December 2005.

Yang Keming. 2003. Haier bin [a (Haier's Art of War). Beijing: Zhongguo jingji chubanshe.

Yang Wen. 2001. "Zaitan 4C" (More on 4C). *Xiandai guanggao* (Modern Advertising), no. 11 (November): 16—19.

Yang Youzhong. 2002. "Zhongguo pinpai zhuru zheng" (The Dwarf Syndrome of Chinese Brands). *Guoji guanggao* (International Advertising), no. 3 (March): 10—11.

Yardley, Jim. 2003. "Internet Sex Column Thrills, and Inflames, China." *New York Times*, November 30. http://www.chinadaily.com.cn/en/doc/2003-12/01/content_286293.htm. Accessed May 2006.

Ye Maozhong. 2003. *Chuangyi/iusbi quanli* (Creativity Is Power). Beijing: Jixie gongye chubanshe.

Ye Ying. 2003. "Logo de liliang" (The Power of Logo). *Sanlian shengbuo zhoukan* (Life Weekly), March 24.

———. 2004. "Zhang Yadong: Jixu yingyue shiyan" (Zhang Yadong Continues His Experiment with Music). "Lifestyle Monthly" in *The Economic* Observer, April 16, 4.

Yi, Jeannie J., and Shawn X. Ye. 2003. *The Haler Way: The Making ora Chinese Business Leader and a Global Brand*. Dumont, NJ: Homa & Sekey Books.

Yi Ming. 2001. "Xin shuifa de libi kao" (On the Pros and Cons of the New Tax Policy). *Guoji guanggao* (International Advertising), no. 1 (January): 94—95.

"Yidong Bobo zu, Liangxiang zhaoyang E100 xuanchu xin jingying linian" (Mobilizing the Bobo Tribe: Legend's Zhaoyang Notebook E100 Promoted the Concept of the New Elite). 2003. http://www.sina.com.cn, November 19.

Yu Hong and Deng Zhengqiang. 2000. *Zbongguo dangdai guanggao sbi* (The History of Contemporary Chinese Advertising). Changsha, Hunan: Kexue jishu chubanshe.

Yu Jianqiang. 2004. *Meijie zbanlue guangli anli fenxi* (Media Management Strategies: Case Studies). "Media Management" series, ed. Guo Qingguang and Meng Jian. Beijing: Huaxia chubanshe.

Yu Jinjin. 2005. "Guojia tongji ju zhengshi guonei zhongchan jieceng shuju queshi cunzai" (National Bureau of Statistics Confirmed the Existence of the Statistical Data for Defining the Chinese Middle Class). Xinhua Net, January 25. http://news.xinhuanet.com/video/2005-01/25/content_2504048.htm. Accessed June 2006.

Yu Mingyang. 2002. "Guanggao gongsi shichang jingzheng Ii de quanmian tisheng" (The Overall Intensification of the Capacity of Market Competition of Chinese Advertising Companies). In Qiao Jun et al., eds., *Zbongguo guangao bangye jingzbeng Ii yanjiu* (Studies on the Competitive Capacity of the Chinese Advertising Sector). Chengdu: Xinan caijing daxue chubanshe.

Yu Ruidong. 2002. "Liuxing jujiao: wo xing wo ku, xin xin renlei" (Trend Focus: I do what is cool, neo neotribe). China News Service. http://www.chinanews.com.cn/2002-04-25/90/6.html.

Yuan Fang. 2004. "Jiedu xilie guangdian ling" (Reading the Series of SARFT Regulations). *Guanggao ren* (AdMan), no. 11 (November): 29.

Yuan Fang and Wu Qi. 2005. "2004 nian Zhongguo pinpai chengzhang jiance baogao" (The Assessment Report on the Growth of the Chinese brands in 2004). *Guoii guanggao*, no. 4 (April): 12—20.

Yuan Ying and Tian Bin. 2003. "Lanse huoyan de shutu tonggui" (Blue Flames: All Roads Lead to Rome). *Guoii guanggao* (International Advertising), no. 8 (August): 29.

Yudice, George. 2003. *Tbe Expediency of Culture: Users olc Culture in the Global Era*. Durham, NC: Duke University Press.

"Zai Zhongguo, an guize jinzheng" (Play Chinese Rules in China). 2005. *Guojiguanggao* (International Advertising), no. 1 (January): 23.

Zang Zhongtang and Cheng Tao. 2005. "Bodao qudao jingbing jianzheng, Ximenzi Bodao lianmeng mingcun shiwang" (Bird's Retrenchment on Channel Policies, Siemens-Bird Alliance in Tatters). *Nanfang zhoumo* (Nanfang Weekend), March 3. http://www.nanfangdaily.com.cn/zm/20050303/jj/it1200503030043.asp. Accessed June 2005.

Zhang Binwu. 2005. "Changwei: yingxiao yu fei chenmo de daduoshu" (The Long Tail: Marketing and the Great Non-Silent Majority). *Guanggao daguan* (Advertising Panorama), no. 9 (September): 43—45.

Zhang Haichao. 2004. "Pandian 2003 Zhongguo dianshi guanggao" (Taking Stock of the Gains of the 2003 Chinese TV Advertising Market). *Guanggao ten* (AdMan), no. 4 (April): 9—30.

Zhang Haiying. 2004. "Guanggao zhaobiao zhengce de pingjia" (An Assessment of the Policy Regarding Advertising Auctions). *Guanggao ren* (AdMan), no. 4: 21.

Zhang Liming. 2005. "Guonei zhongchan jieceng dingyi de maodun" (The Contradictions about the Definition for the Chinese Middle Class). *Guoji guanggao* (International Advertising), no. 3 (March): 44.

Zhang Ruimin. 2003. "Haier shi hai" (Haier Is an Ocean). In *Jingyan: Zhongguo shichang zhumin pinpai chenggong anli tudian* (Experiences: Case Studies of Successful Chinese Market Brands), ed. Ge Huaisha. Vol. 1. Changchun: Jilin daxue chubanshe.

Zhang Zhian and Liu Jianneng. 2004. *Meijie yingxiao anli fenxi* (Case Studies of Media Marketing). "Media Management" Series, ed. Guo Qingguang and Meng Jian. Beijing: Huaxia chubanshe.

Zhao Nannan. 2002. "'Ling daili' jiaosha Zhongguo guanggao ye" ("Zero Commission" Is Killing Chinese Advertising Industry). *Guoji guanggao* (International Advertising), no. 6 (June): 10—12.

Zhao Shen. 2001. *Zhongguo jindai guanggao wenhua* (Modern Chinese Advertising Culture). Changchun, Jilin: Kexue jishu chubanshe.

Zhao Shuguang. 2004. *Meijie jingjixue anli lCenxi* (Case Studies of Media Economy). "Media Management" series, ed. Guo Qingguang and Meng Jian. Beijing: Huaxia chubanshe.

Zhao Shuguang and Zhang Zhi'an. 2004. *Meijie ziben shichang: Anli fenxi* (Media Capital Market: Case Analysis). Beijing: Huaxia chubanshe.

Zhao, Yuezhi. 1998. *Media, Market, and Democracy in China*. Urbana, IL: University of Illinois Press.

———. 2000. "From Commercialization to Conglomeration: The Transformation of the Chinese Press within the Orbit of the Party State." *Journal olc Communication* (Spring): 3—25.

———. 2003. "Transnational Capital, the Chinese State, and China's Communication Industries in a Fractured Society." javnost—*The Public* 10, no. 4: 53—74.

———. 2004. "When the Tide Goes Out, the Rocks Are Revealed." *New Internationalist*, no. 371, September. http://www.newint.org/issue371/tide.htm.

———. 2005. "The Media Matrix: China's Integration with Global Capitalism." In *The Empire Reloaded: Social Register*, ed. Leo Panitch and Colin Leys, 197—217. London: Merlin Press.

"Zhongguo Bubo zu: dangdai bei faxian de dushi buluo" (Chinese Bobos: An Urban Tribe Waiting to Be Discovered). 2002. http://www.sina.com.cn, December 12. Accessed 2004.

Zhongguo dianshi wang (China TV Net). 2005. "Tebie guanzhu: Jiaoju Zhongguo youxian, guanzhu wangluo fazhan" (Special Report: A Focus on China Cable and Network Development). TV.cn, March 24. http://www.tv.crdgbdsxx/jctj/1111647188.html. Accessed May 2005.

Zhongguo guanggao ye qunian jingying e (Total Billing of Chinese Advertising Industry Last Year). 2007. Xinhua.net, May 29. http://news.xinhuanet.com/fortune/2007-05/29/content_ 6169497.htm. Accessed May 2007.

Zhou Yen, Wang Ying, and Zhu Miao. 2002. "Shuzihua zhi yang: Wangtai lihe yu biaozhun zhizheng" (The Itch for Digitalization: The Marriage and Divorce of Station and Network and the Fight for Standards). *Meijie* (Media), (October): 14—22.

Zhu Haisong. 2002. *Guoji 4A guanggao gongsi fiben caozuo liucheng* (The Basic Operating Manuals on "Traffic" for International 4A Companies). Guangzhou: Guangdong jingji chubanshe.

Zhu Qingfang. 2004. "Jumin shenghuo he xiaofei jiegou de bianhua" (The Changes in the Structure of Livelihood and Consumption). In 2005: *Zhongguo shehui xingsbi fenxi yu yuce* (Analysis and Forecast on China's Social Development 2005), ed. Ru Xin, Lu Xueyi, et al., 81—92. Beijing: Shehui kexue wenxian chubanshe.

Zong Qinghou 2007. "Wahaha yu Daneng jiufen de shishi zhenxiang" (The Truth Behind the Wahaha-Danone Dispute). *Sina.com*, April 13. http://finance.sina.com.cn/chanjing/b120070413/1 004 34 994 96.shtml. Accessed lune 2007.

致　谢

《品牌新中国》一书见证了我学术追求上的改变。2001年，我来到麻省理工学院工作，开始探索学界与广告业界之间的交叉研究，很多个人与机构帮助我成就了这一探险。

项目酝酿初始阶段，蒋经国国际学术交流基金会（美国）予以支持，让我得以利用麻省理工的学术休假（从2003年至2004年），开始撰文写作。自此，哈佛大学出版社编辑林赛·沃特斯（Lindsay Waters）不断敦促、帮助，促使本书比预期提前了很长时间定稿。出版社制作团队伊丽莎白·吉尔伯特（Elizabeth Gilbert）、菲比·科斯马（Phoebe Kosman）、丽莎·克拉克（Lisa Clark）对我准备手稿帮助颇大。丽莎和我一起花了几个难忘的晚上，选择封面设计。伊丽莎白是位很有创意且不知疲倦的协调人，一名非常敬业的编辑。

2002年和2004年，我有幸在跨国广告公司分公司北京奥美工作两个长夏。获此机会，得益于美国有线电视新闻网中国区总编吉米·弗洛克鲁兹（Jamie A. FlorCruz），他介绍我认识他的篮球球友、奥美公关中国区总裁柯颖德（Scott Kronick），柯接纳了我进入北京奥美。Lola Zhang（公司前高级策划）就品牌构建给予我很多指导，Vivian Liu（客户经理）和我多次共进工作午餐，参加关于推广活动概念的头脑风暴会议，我们结伴徜徉于超级市场，在购物中完成营销任务。我还非常感激北京奥美的其他同事，他们是，非常幽默的澳大利亚老板爱德华·贝尔（Edward Bell，战略策划部部长）；智慧、温和的副总裁Raymond Tao；爱玩的Liang Li（前策划）；Mickey Chak（团队策划伙伴）；Sarah Xu，

Linda Li，以及知识中心的 Samuel Liu。当然，还有大中华区奥美董事长宋秩铭。非常感谢北京金佰利的营销主管 Lisa Li，感谢她从广告商角度提出的无数营销洞察。

本书献给一位老友，香港星空传媒（Star TV Hong Kong）前广告销售副总裁、葛瑞集团亚太区前副总裁布鲁斯·奥尔特奇克。布鲁斯是我刚执教时，在明德学院最早的（也是最好的）学生之一。或许他不赞同，但我认为他是我认识的最智慧的广告人之一。他一直坚持称呼我王老师，虽然自我开始研究中国广告以来，我们的师生关系已经逆转。他阅读了本书的一些章节，提出颇具争议的问题，给我寄来极具参考价值的文章，经常从国外给我打电话，讨论重要问题。他的冒险精神、智慧、慷慨的友谊以及独特的幽默，均为我所珍视。与他和他的父亲——梅里尔·奥尔特奇克（Merrill Oltchick）保持联系 26 年之久，真是我的幸运。

还有很多让我受益匪浅的朋友，他们是，新广告事务所营销总裁、北京欢乐传媒集团前营运总管、资深广告人李睿德（Larry Rinaldi），是他帮助我了解中国的植入式广告；我的年轻朋友叶滢（供职于北京《经济观察报》），热情地跟我闲聊中国青年文化与创意文化趋向。无线营销（Wireless Marketing）的塔雷·特兰格奇（Tara Tranguch），为我提供了有关亚洲手机市场的珍贵数据，关于中国新媒体的发展，我们有过很多愉快的交谈。麻省理工学院比较媒体研究项目助理研究员 Shi Song，主动帮助我分类有关中国 X、Y 世代的复杂数据。他与中国人民大学的人口专家 Zhou Yun 教授一起，科学、准确地更新数据库。第一章中分析的力波啤酒电视广告，由上海社会科学院的包亚明提供。上海大学的王晓明介绍我认识了林赛·沃特斯。对于亚洲新新人类和日本广告，我与博报堂的研究室主任、麻省理工学院比较媒体研究项目助理研究员鹫田雄一进行了有益的交流。同事赵月枝，迈克尔·基恩（Michael Keane）、斯蒂法妮·唐纳德（Stephanie Donald）、安东尼·冯（Anthony Fung）、

Jack Qiu 与我一同徜徉了中国媒体的这一新兴领域。尤其感谢赵月枝严格地审阅我的书稿，提出了很多批评意见。来自迈克尔·基恩、迈克尔·达顿（Michael Dutton）和另外两位不知名的阅读者宽厚的评论，帮助我使自己的写作更加精炼。

感谢龙之媒提供的资源，这家中国广告专业书店，让我建起一个中国广告与营销的个人图书馆。他们在北京办事处的工作人员给予我耐心、热情的支持，多年来极仔细地关照我的订单。毫不夸张地说，没有龙之媒，本书不可能得以完成。非常感谢中国广告业界的重要杂志《国际广告》的工作人员，他们让我能从国外直接订阅杂志。麻省理工学院 S. C. Fang Chair 提供的年度研究基金，让我能进行这项代价高昂的广告研究。感谢肯尼斯·范（Kenneth Fang）先生的信任和支持。

关于广告与新媒体课题，我的麻省理工学院同事，外国语言文学系的兰·康迪（Ian Condry）、库尔特·芬特（Kurt Fendt）和爱德华·特克（Edward Turk），比较媒体研究项目的威廉·尤赖秋（William Uricchio）、亨利·詹金斯（Henry Jenkins），给予了很多珍贵启发。感谢我的前系主任菲利普·库利（Philip Khoury）给予我坚定的支持和睿智的专业指导。与麻省理工学院历史、理论与批评项目的研究生 Winnie Wong 交谈，让我在文化理论上颇受启发。她阅读了书稿的若干章节，提出了睿智而富有启迪的评论。正是像她这样的学生使得教学工作令人兴奋又富有挑战。

感谢我以前的学生海伦·唐（Helen J. Tang），帮我迅速统一了参考书目。海伦还帮我编辑了索引、校对文字。CMS 的道格·玻迪（Doug Purdy）帮我在麻省理工学院收集、建立电视广告视频资料。FL & L 的工作人员克里斯蒂·菲利普（Christine Phillips）、KC·科蒂诺维斯（KC Cortinovis）、杰弗·瑞珀林（Jeffrey Pearlin）帮助做了很多后勤方面的工作——克里斯蒂·菲利普和 KC·科蒂诺维斯打印出许多版原稿，杰弗帮我解决了所有与计算机有关的技术问题。

出版此书还有一个让人生怯的任务，就是所引实例需征得同意。与亚特兰大可口可乐这样的大企业集团打交道，几乎不可能，可我却在2007年1月在北京短期访问期间，以令人吃惊的速度迅速处理了大多数中国的版权问题。感谢知识共享中国大陆版的王春燕和她的朋友们（清华大学的博士 Li Xu, Fang Jie, Fu Yulin, Wang Qiuyang, Huang Aiping），帮助我联系上苏州的太湖广告公司的 Zhu Mingping。公司有这样一幅广告图像：夹克衫上印着完美对接、融和的一把叉子和一双筷子（"当东方遇到西方"）①，此为碧凤坊美食街所作的户外广告。这则广告的文案由 Liu Wenzheng 撰写，美术设计是 Chen Huipin。我非常高兴看到这幅设计精妙的广告，因为，其双重意象，完美传达了本书所要表述的一切。

叶茂中广告公司的 Qin Li，北京奥美的 Mickey Chak, Raymond Tao, Vivian Liu, Sarah Xu，金佰利的 Lisa Li 和百度的 Victor Liang 帮我处理了其他各种版权问题。我在麻省理工学院的同事 Chen Tong，中国人民大学教授高旭东和西安交通大学的 Li Yuan 介绍我与海尔取得联系，并不断帮助我与公司协商让与图像问题。我在北京电影学院的朋友崔子恩（小说家、国际知名电影制作人），帮助我重新联系上 Zhang Yujing，参与我奥美青年文化和时尚音乐研究的五位年轻人之一（见第六章）；《经济观察报》的叶滢神奇地找到了 Liu Tianqi（该章中的酷小姐）。Zhang 和 Liu 很慷慨地同意我发表他们的照片。

写作是非常孤独的经历，但众多的友情让我深感幸福。唐·德桑德（Don DeSander）分享了我思想和生活上激动人心的发现；坦尼·巴洛（Tani Barlow）在很多方面与我是同道中人，也是一位知心姐妹；本杰明·怀特（Benjamin White）的精神支持与鼓励，于我是很大的慰藉。两位年轻朋友劳伦斯·冈赛门（Lawrence Gunselman）和贾斯丁·莱夫（Justin Life）的创造力与友谊，给我带来很多欢乐。我还要感激 Leo Ch-

---

① 见本书英文版封面。——译注

ing、崔子恩、戴锦华、简·邓菲（Jane Dunphy）、Su-hui Hsieh、Liang Li、Lisa Li、Lin Chun、Vivian Liu、李睿德、Hsiao-wei Rupprecht、Heidi Sarkozy、Lea Wakeman、王春燕、鹫田雄一、温铁军、Sarah Xu、叶滢、Lola Zhang 的慷慨。还有我的女儿，Candy R. Wei，她虽已离开我多年，但已编织进我的生命。

多年来，我一直得到很多不同学科的年轻学者和学生的鼓励性回应与质询。他们精神上的支持于我非常重要。特别感谢麻省理工学院所有选读我"广告与流行文化"课程的学生，他们是我新媒体实践上最好的老师。我为这些年轻人喝彩，他们是最彻底的先锋派。

特别说明：

第五章的前一版（现在重新修订了），曾以《中国有波波族吗？新部族与城市意象》为题，发表在《中国季刊》（The China Quarterly）第183期上（2005年9月，第532—548页，中国季刊2005年版权）。第六章的部分内容曾以《中国的青年文化、音乐和手机品牌构建》为题，发表于《全球媒体与传播》（Global Media and Communication），第1（2）卷（Sage 出版社2005年版权），经 Sage 出版社同意，此处重做修订。